财政部规划教材
全国高等院校财经类教材

银行监管学

罗　平　吴军梅　主编

中国财政经济出版社

图书在版编目（CIP）数据

银行监管学／罗平，吴军梅主编．—北京：中国财政经济出版社，2015.4
财政部规划教材　全国高等院校财经类教材
ISBN 978－7－5095－6055－6

Ⅰ．①银…　Ⅱ．①罗…②吴…　Ⅲ．①银行监督－高等学校－教材　Ⅳ．①F830.2

中国版本图书馆 CIP 数据核字（2015）第 040571 号

责任编辑：李　媛　　　　责任校对：李　丽
封面设计：华乐功　　　　版式设计：兰　波

中国财政经济出版社 出版
URL：http：//www.cfeph.cn
E－mail：cfeph @ cfeph.cn

社址：北京市海淀区阜成路甲 28 号　邮政编码：100142
营销中心电话：88190406　北京财经书店电话：64033436　84041336
北京财经印刷厂印刷　各地新华书店经销
787×1092 毫米　16 开　15.5 印张　356 000 字
2015 年 4 月第 1 版　2015 年 4 月北京第 1 次印刷
定价：29.00 元
ISBN 978－7－5095－6055－6/F·4874
（图书出现印装问题，本社负责调换）
本社质量投诉电话：010－88190744
打击盗版举报热线：010－88190492、QQ：634579818

前　言
Preface

本书是财政部规划教材，由财政部教材编审委员会组织编写并审定，作为全国高等院校财经类教材使用。

银行监管学是财经金融院校一门重要的专业必修课。本教材主要讲述银行监管的基本原理和银行监管国际标准，讲述我国银行业监管的主要内容及发展过程。本书切合银行监管发展的实际需要，兼顾了教材的理论性与实践性，结构合理、重点突出、紧密结合我国的实践，既可作为财经、金融等院校相关专业的教材，也可供银行业金融机构学习培训使用。

本书由罗平、吴军梅担任主编；由古学彬担任主审；罗平总纂，负责全书的整体结构设计并修改定稿。吴军梅、李良雄负责统稿、撰写或修改编写了所有专栏。程培先和汤国明参加了本书大纲的制定，并对书稿提出了许多好的建议。李良雄、黄燕、程培先、邓明健和汤国明担任副主编。具体分工：吴军梅，第1章；李良雄，第2章和第5章；古学彬，第3章；范文，第4章；邓明健，第6章；方茂扬，第7章和第10章；黄燕，第8章和第12章；赵兴梅、汤茜，第9章；罗平、冯琳琳，第11章。

本书主编罗平长期从事银行监管政策的研究，曾任中国银行业监督管理委员会国际部副主任、培训中心主任，是资本监管和信用风险管理的专家。

本书在写作过程中参阅了大量的国内外文献，在此，对所有文献的作者表示衷心的谢意。由于编者水平所限，书中难免存在疏漏和不足之处，恳请读者指正。

索取教学课件邮箱 13381107988@189.cn

编　者

2015 年 1 月

目　录

Contents

第一章 银行监管的基本原理

【内容提要】

本章介绍了银行监管的内涵、银行监管的必要性、银行监管的理论与变革、银行监管的目标与原则等基本原理，为从整体轮廓上掌握学习银行监管奠定基础。

【重点与难点】

1. 银行监管的必要性
2. 银行监管理论及发展
3. 银行监管的目标

【学习目标】

了解银行监管的理论发展变革，理解银行监管的必要性及目标。

现代经济中，金融业是联系、沟通整个社会经济的媒介，特别是作为金融业核心的银行业，有着举足轻重的地位。商业银行是各国金融体系中数量最多、分布最广的金融企业。它以业务渗透面广、资本总额比重大和服务多样化等特点，成为整个国民经济的中枢。由于现代商业银行的业务渗透到社会生活的各个领域，商业银行本身又是一个高风险行业，一家银行出现危机，很容易在整个银行业引起连锁反应，引发全局性、系统性金融风波，并可能导致整个社会动荡。这种现象在经济领域中被称为“多米诺骨牌效应”。现代商业银行规模庞大，而且在技术运用、空间范围、服务对象、外部性等方面达到了前所未有的广度和深度。同时商业银行与其他产业间的利益关系更趋明显，商业银行的金融业务不断地扩大和创新，又放大了银行业发展的波动性和安全的脆弱性。

在经济全球化的大趋势下，在参与国际经济合作与竞争中，如何提高商业银行抵御国际风险的能力，维护商业银行的安全乃至国家经济安全，加强商业银行风险监管已成为各国普遍关注的问题。要使商业银行在其不断发展并积极参与国际竞争中，实现其对国家经济的积极影响和促进作用，减少或消除其对经济的负面影响和消极作用，就必须按照国际惯例，并依据一国不断发展与完善的规范，对商业银行进行必要的专门监督和行业管理，这就是商业银行监管。

第一节 概 述

一、银行监管的内涵

银行监管是指一个国家（地区）的中央银行或其他金融监管当局依据国家法规的授权对银行市场运行状况进行系统、及时地信息收集和信息处理，以维护市场秩序和防范市场风险，同时对银行实施全面的、经常性的检查和督促，并以此促进银行依法稳健地经营，安全可靠和健康地发展。银行监管实质上是银行监督（Bank Supervision）与银行规制（Bank Regulation）两个名词的合称。银行监督用以确保银行经营和交易活动的稳健与安全，以法律和法规的形式规范银行业的运行模式、行业结构及经营活动。

商业银行作为整个国民经济的中枢，其不仅可以降低交易成本，促进金融交易的增加，还通过提供客户之间的转账结算为整个社会提供高效、快捷的支付服务。而这些职能是在完全竞争条件下实现的，如在自由竞争体系下，银行可以自由地进入和退出，只要有超额利润存在就会有新银行进入。银行服务质量的高低取决于自由竞争的程度，金融商品的价格由大众对银行服务的需求来决定，非效率的银行最终将被市场所淘汰。同样，银行也不受营业地区及资产结构上的限制，可以在任何需要的地区设立分支机构，以最低的成本筹措资金，以最高的利率贷出资金，此时银行经营则完全贯彻市场法则，银行分支机构的数量只受顾客对机构需求量的影响，银行的资金成本由银行业务的效率及银行所承担的风险等因素决定，银行的风险持有过度或不足时，都可能面临破产的危险。另外，存款的利率即各类资金交易环境也是由最终的资金持有者的风险偏好所决定，在竞争性的银行体系下，只有为顾客提供最佳的机构才能生存，这会促使银行不断采用新技术，改进服务方式，提高服务质量，最大限度地满足顾客的需求。因此，自由银行体系可以保护银行以最小的成本提供满足顾客需求的金融商品，实现资源的合理有效配置。

但遗憾的是，上述自由竞争条件下的银行体系是在严格的假定条件下实现的，即假定不存在未来的不确定性、不存在信息不对称和外部效应、公共物品等，而现实中由于信息不对称、外部效应、准公共物品的存在引起了银行借贷市场失灵，银行不能顺利发挥其中介职能。为消除金融市场的市场失灵，需要政府介入银行经营，限制银行的行为或保护存款者的利益。

二、银行监管的必要性

由于银行业高风险、高负债的特点，世界各国都把对银行的有效监管放在重要位置。金融体系脆弱性假说和公共利益说都阐述了对银行的无效监管将会给一国经济造成巨大的损失，乃至灾难性的后果，从而从反面论证了银行监管的必要性。商业银行是依靠负债经营货币的企业，涉及千家万户，具有较高的风险性和公众性，对银行的有效监管能有效维护经济和社会的稳定和发展。

（一）银行体系的内在脆弱性

海曼·明斯基提出的金融体系脆弱性假说（Financial Fragility Hypothesis）认为，金融内在脆弱性是金融业的本性，是由金融业高负债经营的行业特点所决定的。

这种内在脆弱性造成了金融业所经历的周期性困境和危机，当这种金融中介所面临的困境传递和扩散到整个社会经济当中，就会发生经济危机，引发社会动荡。建立在西方经济学的长波理论基础上的金融体系脆弱性假说借助古典的“金融动荡——经济危机——进一步的金融崩溃”的传导机制阐述了金融业市场破产可能性的存在。在整个金融市场当中，作为支付的核心和向大部分经济实体提供非市场性融资的主要来源的银行业是各类金融中介机构中最基本、最重要的，也是最容易引起金融危机的部门，银行是以借短放长的期限变换为杠杆，是高负债经营的企业，易受利率、存款规模和结构、借款人偿债能力等市场和政策环境变化的影响，从而产生风险。同时，银行作为吸收资金和发放贷款的中介机构，在对存款者的流动性负债、对借款人的非流动性的债权转换过程中，由于自身资产与负债的流动性差异，容易造成二者失衡的局面。因此，银行的脆弱性决定了金融体系的脆弱性，因此在金融监管的制度安排中，银行监管处于核心地位。

（二）银行监管符合社会公共利益

现代市场经济中，由于金融市场失灵而导致的金融资源配置不能实现“帕累托最优”状态，政府则会不同程度上对经济活动进行适当干预，银行监管作为一种公共产品，是一种降低或消除金融市场失灵的有效手段。公共利益学说从市场缺陷的角度论证了银行业监管的有效性和合理性。金融市场失灵主要表现为自然垄断、外部效应和信息不对称三个方面。

1. 自然垄断

自然垄断是经济学中一个传统概念。早期的自然垄断概念与资源条件的集中有关，主要是指由于资源条件的分布集中而无法竞争或不适宜竞争所形成的垄断。一般来说，自由金融市场普遍存在竞争，但自由的金融体系在市场竞争机制下迟早会出现垄断。受规模经济的影响，商业银行的机构越庞大、分支机构越多，就能为客户提供更多元化的服务，吸引更多的客户，其在市场中的竞争地位就愈加稳固。一旦一家或少数几家金融机构占据了金融市场内相当的市场份额，就会对其他银行机构进入造成了一定的阻碍，从而减少竞争，形成垄断市场。因此，金融市场上存在的特定金融机构垄断供给权有政策上的合理性，但政府必须同时加强监管，否则就可能造成价格歧视、寻租等不良现象，从而使得社会资源配置效率降低，损害公众利益，服务质量下降，造成有效产出的减少和社会福利的损失。

2. 外部效应

外部效应是指一种商品或服务的提供所形成的社会效应，这种效应使得个体成本与利益产生偏差，也就是社会中的一些个体在生产、消费过程中对其他个体产生了附加效应。银行的外部效应主要是指因银行破产所形成的社会成本高于其自身成本，造成外部负效应。由于银行业主要从事的是借短贷长的业务，与一般的工商企业相比有更高的负债比率，从而严重依赖外部资金来源和公众信任，因此在银行经营过程中始终存在流动性压力和不可忽视的挤兑风险。同时，当一家银行面临危机时也会对公众存款产生强烈的心理震撼，造成整个银行业的“多米诺骨牌效应”，引发金融恐慌，最终产生严重的外部负效应。

3. 信息不对称

信息不对称会产生逆向选择（Adverse Selection）和道德风险（Moral Hazard）。美国经济学家阿克洛夫于1970年提出了著名的旧车市场模型，开创了“逆向选择”的先河。斯蒂格利茨和韦斯将这一模型引入金融市场，“逆向选择”是指风险偏好型的借款人将接受贷款人的出价，而使得风险回避型借款人将退出市场。道德风险是指信息优势一方在使其自身效用最大化的同时，损害信息劣势一方或其他人效用的行为。由于信息不对称的存在，存款者不仅不能准确监测和评估银行的财务状况，也无法监督资金的用途，从而无法区分高流动性银行和低流动性银行，也无法区分经营状况良好的银行和经营陷入困境的银行，因此在他们对银行安全问题有所疑虑时就会提走资金，形成银行挤兑乃至整个银行体系的崩溃。同时，银行不可能全面地对借款人的行为进行监控，借款人拥有不为银行所知的私人信息，且可能有意掩饰其借款前的财务状况和借款后的经济行为，使得银行对借款人的监督相当有限。另外，借款人往往都倾向于更改借款用途，以投入高风险高收益项目，这就是“激励效应”。由于信息不对称的存在，监管部门依据相关法律法规要求市场中的经济主体主动披露必要的公开信息，降低信息不对称的程度，对促进高效的市场形成显得尤为必要。

第二节

银行监管理论及变革

一、银行监管的理论基础

（一）20世纪30年代以前的银行监管理论

金融业从自由发展走向诸多方面的管制，最初是对货币发行的特殊权力，以及中央银行的建立。中央银行建立初期的主要职能，是作为政府银行和发行银行。由于中央银行在发行货币方面具有合法的特殊地位，中央银行由此成为银行的银行，由此中央银行开始承担起监管的特殊职责，对银行系统的稳定性和健全性负责。

以美国的情况为例。1863年，美国国会通过的《国民货币法》，是世界上最早以法律形式确定的金融监管制度，1864 年，被修改并命名为《国民银行法》，其宗旨是确立联邦政府对银行业监督和干预的权力，建立统一监管下的国民银行体系以取代各州银行，协调货币流通、保证金融稳定。《国民银行法》的颁布虽然实现了对全国货币的管理，但没有达到对银行业全面监管的目标。

（二）20 世纪 30 年代到 20 世纪 70 年代的银行监管理论

“严格监管、安全优先”是这个时期银行监管的原则。金融市场具有很强的不完全性。20 世纪 30 年代大危机给予我们的深刻教训，人们所信仰的“看不见的手”仅仅是一种神话而已。由于金融本身的特点和市场信息不完全性，金融市场会出现失灵的现象。在这一时期，维护金融体系安全和弥补金融市场不完全成为金融监管的出发点，在银行监管方面，自由银行制度被放弃，更倾向于直接管制，从而形成了多种银行监管理论，其中这个阶段有代表性的银行监管理论有公共利益论、金融脆弱说、政府管制论。

1. 公共利益论

公共利益论认为，由于市场失灵的存在，如自然垄断、外部效应和信息不对称等问题，导致低效率和不公正的存在。因此需要政府提供金融监管来矫正市场失灵，保护公众利益。当前的现状表明，银行内部从业者也可能利用内部信息为自己谋利或使用非法手段吸引客户，这些都会导致恶性竞争，破坏市场秩序，因此需要政府建立一个权威机构进行监管，从而达到保护社会公共利益的目的。

2. 金融脆弱说

银行是金融中介机构，具有内在脆弱性，这是由银行产生和发展的基础决定的，是难以避免的。银行业的脆弱性来源于以下两个方面：

（1）银行的高负债率。与工商企业相比，银行业具有更高的负债比率，更加依赖外部资金来源。根据巴塞尔委员会 2013 年提出的初步规定，商业银行的杠杆率仅为 3%，这意味着银行的杠杆倍数在 30 倍以上。然而，目前中国商业银行的杠杆倍数大约在 20 ~ 25 倍之间。

（2）银行存在支付危机易于传染。银行属于典型的金融中介机构，其基本功能是进行资金融通。但是，由于银行业较高的杠杆倍数，资产又多配置给不透明的、流动性不高的贷款，因为在存款人与银行之间信息严重不对称的情况下，加剧了公众预期的不确定性，并且银行之间的拆借及其支付系统使它们的财务更紧密地缠绕在一起，使得银行的支付困难产生交叉影响。当大量的银行或一家大银行被认为陷入困境，大部分存款者就会对银行失去基本的信任，他们就会提取存款。另外，银行经营失败涉及的利益相关者众多，具有较高的脆弱性和传染性，一旦金融恐慌引发挤兑，很容易出现连锁的支付危机，最终导致银行破产。

3. 政府管制论

政府管制是政府凭借其法定的权利，为维护和达到特定的公共利益所进行的管理和制约。政府管制按照目前最普遍的分类方法，可分为直接监管和间接监管。

（1）直接监管。直接监管是指由政府职能机构直接实施的干预行为。它包括以下两种：①经济性管制，是指通过对特定产业的进入、定价等主体行为制定政策，进行有效约束，以避免出现竞争主体过多或者过少而引起的过度竞争或竞争不足，造成配置低效率或者资源浪费，影响社会生产效率和服务供给的公正、稳定。经济性管制主要包括价格监管、进入退出监管、质量监管等内容。②社会性管制。社会性管制偏重监管企业的经济行为可能给消费者和社会造成的损失等问题。

（2）间接监管。间接监管即司法机关通过法律途径对不公平行为进行制约，包括对企业兼并的监管，对低价倾销行为的预防、惩戒等。

（三）20世纪70年代到20世纪90年代的银行监管理论

自由化和效率优先是这个时期盛行的银行监管原则。由于20世纪30年代大危机的深刻教训使得人们对银行业经营的安全性成为优先考虑的目标，20世纪30年代到70年代成为银行监管日益广泛的时期，特别是对价格实施直接管制以及对具体的经营行为实施行政管制，这严重束缚了商业银行的自主经营和自我发展，在存款保险制度充分发挥其稳定金融市场的作用以后，银行挤兑的现象大为减少。在这样的背景下，金融机构的效率要求凸显了出来，逐渐超越了其安全性的重要性。这一时期的监管理论主要有管制俘虏理论、金融深化和金融抑制理论。

1. 管制俘虏理论

20世纪70年代后期，经济学对监管的研究已经从政府监管是否必要逐渐转移到监管者应该如何监管上了。监管者是否真正做了其应该做的却越来越引起人们的怀疑，在此基础上产生一种新的监管理论——俘虏论。该理论认为，随着时间的推移，监管机构会越来越为监管对象（即被监管者）所支配，监管者会越来越迁就被监管者的利益而不是保护公共利益，“有理由相信，监管在限制垄断权力方面已经变得越来越没有效率，监管机构往往被某些行业巨头俘虏，成为它们的总管家，它们的监管行为将严重损害正常合理的资源配置，导致行业和部门之间投资以及其他要素的不合理配置”。

2. 金融深化和金融抑制理论

金融深化和金融抑制理论是金融自由化理论的主要部分，1973年麦金农和肖分别出版了《经济发展中的货币与资本》和《经济发展中的金融深化》，对新古典学派的货币理论进行了批评，认为发展中国家普遍存在“金融压抑”现象，即运用政府强制力对利率进行严格管制。其结果是不但不能刺激投资，反而抑制了经济增长。他们的核心主张是取消政府对金融的管制，过渡到由市场力量起主导作用的“金融自由化”阶段，实现“金融深化”。

（四）20世纪90年代至今的银行监管理论

安全与效率并重是这一时期的金融监管理论的特色。与日益兴盛的自由经济理论相比，“政府干预论”的差异主要体现在干预的范围、手段和方式上。金融自由化在20世纪80年代后期和90年代初达到了高潮，许多国家都放松了对金融市场和银行的管制，然而20世纪90年代初相继发生了亚洲金融危机和墨西哥金融危机，使得金融体系的系统性风险再次成为人们关注的热点。这一阶段，大家逐步认为金融自由化和金融管制的放松并不是金融危机的主要原因，很多高度开放的经济体也同时拥有较高的自由度和稳定性。金融监管理论逐步侧重于如何协调安全稳定与效率。这一时期的监管理论主要有信息经济学框架下的金融监管理论、功能观的监管理论、监管激励理论。

1. 信息经济学框架下的金融监管理论

20世纪90年代以来，由于出现了一系列的金融危机，特别是1997年的亚洲金融危机，使得信息经济学分析框架下的金融监管理论不断取得新进展。该理论提出在金融体系中信息不对称和不完全现象，导致即使主观上愿意稳健经营的金融机构，也可能随时因信息不对称问题而陷入困境。然而，由于搜集和处理信息的高昂成本往往使一般的金融中介难以承担，政府则有责任在监管方面采取各种措施改善市场信息问题。

2. 监管激励理论

监管激励理论认为消除监管者与被监管者之间的信息不对称问题，关键在于激励性监管制度的建立，如果监管者能够设计出一套使被监管者（银行）"说真话"的激励性制度安排，就能将两者的管理目标统一起来，从而提高监管效率同时兼顾了银行业的经营效率。

二、银行监管理论的发展

金融监管理论经历了"放松管制——加强管制——放松管制——加强管制——放松管制——加强管制"的发展过程。伴随着经济的发展过程，监管理论不断地推陈出新以追随银行业的发展步伐，形成了放松监管到加强监管的轮回。银行监管理论的发展过程如表1－1所示。

表1－1　　银行监管理论的发展历程

年代	主要经济金融活动形式	金融监管模式和目标	金融监管理论的发展	主流经济学派的政策主张
20世纪30年代前	混业经营，全能银行	央行以"最后贷款人"的身份监管金融机构，自由放任，鼓励竞争	"真实票据理论"、"自由银行学派"，央行的监管职能在理论上得到确立	自由市场经济，反对任何形式的政府干预
20世纪30至20世纪70年代	发达国家实行严格的分业经营	严格的分业监管，防范系统风险	市场不完全性和信息不充分，为严格的分业监管提供了理论基础	国家干预，重视财政政策为主的需求管理
20世纪70年代后至20世纪90年代	突破分业经营壁垒，向混业经营演变	放松监管，注重效率和金融机构的竞争力	以"金融压抑"和"金融深化"为主要内容的金融自由化理论建立	自由主义重新抬头，政府放松管制，推行私有化
20世纪最后10年	向混业经营过度	增加了管制的成分，减少了对银行进行相机抉择的权力	国际监管协作、金融危机处理、全球金融体系的安全成为金融监管理论的主要研究内容	管制为银行带来了高昂的成本
20世纪末至2007年	开启了银行业、保险业和证券业合业经营的新篇章	消除原有的以分业经营、限制竞争为特点的银行业监管制度的影响	金融监管理论逐步侧重如何协调安全稳定与效率	推行功能监管、提倡竞争与效率的改变
2007年至今	禁止商业银行从事高风险的自营交易，将商业银行业务和其他投资银行的业务分隔开来	鼓励多样化，鼓励竞争有效满足各方的商业需求	监管框架必须能够支撑全球银行系统良好、可持续、具备竞争力的运行	建立鼓励和支持金融创新的监管模式，令金融监管跟上金融创新的步伐

第三节 银行监管的目标与原则

一、银行监管的目标

银行监管的目标是监管行为取得的最终效果或达到的最终目的，是实现有效银行监管的前提和监管当局采取监管行动的依据。各国因历史、经济、文化背景和发展情况的不同，对银行实施监管的目标也各不相同，如表1－2所示。

表1－2 主要发达国家银行监管目标比较

国家	银行监管目标
美国	1. 维持公众对一个安全、完善和稳定的银行系统的信心； 2. 为建立一个有效的和有竞争的银行系统服务； 3. 保护消费者的利益； 4. 允许银行体系适应经济的变化而变化。
英国	1. 维持公众对英国金融体系的信心； 2. 保证对金融服务消费者的适度保护； 3. 降低金融犯罪； 4. 推进公众对金融体系的理解。
日本	1. 维护信用、确保存款人的权益； 2. 谋求金融活动的顺利进行以及银行业务健全而妥善的运营； 3. 有助于国民经济的健全发展。
德国	1. 保证银行资产的安全； 2. 维护银行业务的正常运营； 3. 保障国民经济的良好运转。

通过表1－2对发达国家银行监管目标的比较，我们可以看出银行监管的目标主要有以下几个方面。

（一）促进银行和银行体系的安全稳健运行

银行监管的首要目标是促进银行和银行体系的安全稳健运行。这是银行监管的基本目标，也是维护金融业正常发展的前提。银行等金融机构具有内在的脆弱性，极易构成金融风险。只有有效的银行监管才能规范银行主体的行为，使其按照银行法律法规从事业务并参与社会的公平竞争，将金融危机产生的可能性降到最低。因此，各国都把银行监管作为维护金融体系的安全性和稳定性的重要手段。

（二）保护存款人的利益

与金融机构相比，银行存款人在信息获取渠道、交易地位和资金的拥有量等方面均处于弱势地位。有关银行经营状况和银行资产质量的信息在存款人和银行之间的分布是不对称的。银行从事的是高风险的业务，过度的冒险行为会导致呆账死账的增加，在带来高额利润的同时，也可能使银行陷入困境，最终可能会侵害存款人的利益。所以，各国的监管当局都把保护存款人的利益作为银行监管的重要目标。

（三）提高银行体系的效率，促进银行体系公平有效竞争

全球化使各国银行业不仅面临着国内其他金融机构的挑战，也面临着来自世界各国金融服务机构的竞争。在确保金融秩序安全和稳定的前提下，各国的银行监管当局开始侧重于提高银行业的运行效率，在更深层次上促进银行业的公平有效竞争，并把它作为本国银行监管的目标之一。

【案例分析】

我国银行监管目标的制度沿革

自1984年明确人民银行承担金融监管职能之后，我国银行业监管逐渐步入法制化轨道，各项监管法规逐步建立完善。1986年我国颁布了《中华人民共和国银行管理暂行条例》（以下简称《条例》），该《条例》第一条指出了监管目标是“为了加强对银行和其他金融机构的管理，保证金融事业的健康发展和促进社会主义现代化建设”，但是由于当时我国仍处于计划经济体制下，监管当局的工作重心集中在资金分配而不是金融监管上，所以提出的监管目标仅属于原则性的，并不够明确。

1994年8月人民银行颁布的《金融机构管理规定》将监管目标界定为：“维护金融秩序稳定，规范金融机构管理，保障社会公众的合法权益。”该法规出台于20世纪80年代至90年代中期金融秩序比较混乱、金融机构经营不规范的背景下，因此是以规范金融秩序为核心目标。此时，法规对监管目标的解释已经涉及稳定性目标和考虑金融消费者利益方面了。

1995年出台的《中国人民银行法》的第一条规定：“为了确立中国人民银行的地位和职责，保证国家货币政策的正确制定和执行，建立和完善中央银行宏观调控体系，加强对金融业的监督管理，制定本法。”第三十条规定：“中国人民银行依法对金融机构及其业务实施监督管理，维护金融业的合法、稳健运行。”在制度层面上讲，在我国经济转轨时期，银行业尚未建立专业监管机构的情况下，监管政策虽没有对银行业监管目标作单独的规定，但已将维护金融业的合规经营与稳健运行作为监管重点。

2003年通过的《中华人民共和国银行业监督管理法》第一条规定：“监管目标是防范和化解银行业风险，保护存款人和其他客户的合法权益，促进银行业健康发展”，第三条规定：“银行业监督管理的目标是促进银行业的合法、稳健运行，维护公众对银行业的信心。”这是银行监管的法定目标，保持了1995年《中国人民银行法》维护银行业稳健运行的监管倾向，并使保护金融消费者权益的监管目标在制度上得以独立化，保护存款人合法权益的监管目标的重要性得以凸显。此外，“促进银行业合法运行”体现出目前银行业监管机构仍以合规监管为主的监管思路。

在中国银监会成立之后，银行业的监督管理职能得到进一步明确和细化，银行监管目标也随之更加具体清晰，银监会在已有法定监管目标的基础上，结合国外银行业监管经验，提出了我国银行业监管的四个具体目标：①通过审慎有效的监管，保护广大存款人和

消费者的利益；②通过审慎有效的监管，增进市场信心；③通过宣传教育工作和相关信息披露，增进公众对现代金融产品、服务和相应风险的识别和了解；④努力减少金融犯罪，维护金融稳定。

二、银行监管的原则

银行监管的原则是监管过程中监管当局的行为准则。一般包括以下几个方面。

（一）依法原则

依法监管与严格执法是各国金融监管当局共同遵守的一项原则。金融监管必须依据现行的金融法规，保持监管的严肃性、权威性、强制性和一贯性，不能随心所欲，凭个人好恶办事，甚至知法犯法、执法犯法、有法不依。坚持这一原则具体要做到：一是金融监管当局及其工作人员在执行监管公务时，也就是在办理金融机构的市场准入、性质确定、业务范围核准、经营项目界定、金融新产品审批以及例行检查、违规处理等公务的过程中，应坚持依法办事、严肃执法；二是金融监管工作者自身应遵守各种法规，学法、知法、懂法，坚持执法的连续性、一贯性和不可例外性。

（二）独立原则

独立原则就是指银行业监督管理机构及其监管工作人员依法独立履行监督管理职责，受法律保护，地方政府、各级政府部门、社会团体和个人不得干涉。实践证明，干预银行业内部管理的行为对监管双方都会产生消极影响。

（三）综合性原则

综合性原则的含义是全面的，它包括：各种金融监管手段即经济手段、行政手段、法律手段等要综合运用，以实现有效监管；金融监管的方式、方法或工具要综合运用，即监管工具要现代化、系统化，日常监管与重点监管、事前督导与事后监察要同时运用；金融监管机制和方案要科学系统化、最优化，确保金融监管的优质高效。

（四）"三公"原则

"三公"原则即公平、公正、公开。监管对象，不论其性质、规模、背景如何，都必须在统一标准下展开合理竞争，金融监管当局也要按照统一的监管标准和监管方式对它们实施监管，这样才能从根本上规范金融机构的市场行为，保证金融市场良好有序地运行。

（五）统一原则

统一原则要求金融监管达到：一是各级金融监管机构要统一监管标准和口径，不能各自为政、自行其是、重复监管、自相矛盾或留下缺口；二是宏观金融监管与微观金融监管要统一，微观金融政策、措施、监管方法等不能同宏观金融政策相抵触；三是国内金融监管与国际金融监管要统一，尤其是在各国国内经济与世界经济逐步接轨的情况下，国内金融监管的政策、法规、措施也要与国际接轨，要基本符合巴塞尔银行监管委员会颁布的《有效银行监管的核心原则》的规定。

（六）协调原则

协调原则是指"内部自律"与"外部监管"相结合。由于世界各国金融实践活动的差异，其金融监管分别采用了自律模式、法制化模式及政策干预模式。但是，要保证监管的及时和有效，客观上需要"外控"与"内控"有机结合。这是因为，外部强制管理不论有多缜密严格，也只是相对的，如果监管对象不配合、不协作，故意设法逃避，外部监管则难以收到预期的效果；反之，如果将全部希望放在“内控”上，则可能诱导一些金融机构开展违规经营，产生金融风险。

（七）适度原则

适度原则主要是指监管适度与合理竞争的结合。金融监管的根本宗旨就是通过适度的金融监管，实现适度的金融竞争，形成和保持金融业适度竞争的环境和格局。检验金融监管效果的根本标准是：能否促进金融业和社会经济的顺利发展。如果监管过严或过度，不允许竞争和创新，就必然限制金融业的健康发展，削弱一个国家金融业的市场竞争力。反之，如果监管不到位，金融市场将出现恶性竞争，使得金融市场秩序混乱，加剧金融风险。近些年来，各国金融监管当局普遍依据适度原则，允许金融企业进行有利于金融业发展的公平、适度竞争，允许有利于经济发展的扩大金融消费的金融业务创新，以便扩大金融市场和创造客户需求，使金融监管达到“管而不死，活而不乱”。

（八）稳健原则

稳健原则是指要保证金融业稳健运行，努力防范金融风险。安全稳健与风险预防及风险管理是密切相连的，因此，必须进行风险监测和管理。监管技术手段指标体系是着眼于金融业安全稳健及风险性预防管理的。安全稳健并不是金融业存在和发展的最终目的，其最终目的是满足社会经济的需要，促进社会经济稳健、协调地发展。

（九）效率原则

以最低的监管成本获得最佳监管效果是金融监管当局的重要原则之一。在许多国家，金融监管的费用由被监管者承担，这迫使监管者尽可能地节约监管资源，减少监管成本，提高监管效率，否则将受到被监管者的质疑和投诉。

主要概念

银行监管　逆向选择　外部性　准公共物品

复习思考题

1. 银行监管的含义是什么？
2. 金融市场失灵的表现有哪些？
3. 银行监管理论经历了哪些发展阶段？
4. 银行监管理论有哪些新的发展和趋势？
5. 简述银行监管的目标与原则。

第二章 银行监管体系和银行监管法律

【内容提要】

本章主要阐述机构监管、功能监管、综合监管和双峰监管这四种银行监管体系的优缺点，指明世界上不存在最优的监管组织结构，并介绍我国银行监管体系演进、主要内容以及监管工作的成效。此外，本章还介绍了《银监法》的立法背景、特点以及主要内容。

【重点与难点】

1. 机构监管、功能监管、综合监管和双峰监管的优缺点
2. 我国银行监管体系的基本内容
3. 银监会的职责与监管措施

【学习目标】

掌握银行监管的四大组织模式，熟悉我国银行外部监管体系的演进和主要内容，熟悉《银监法》出台的背景和特点，掌握银监会的职责与监管措施。

第一节
银行监管体系

一、银行监管体系的含义

银行监管体系有广义和狭义之分。广义的银行监管体系是指一国为实现对银行业监督管理而设计的一整套机制和组织机构的总和，其包括由谁监管和如何进行监管两个基本要素。狭义的银行监管体系则专指银行监管主体的组织结构，也就是对银行监管主体的构成、职责和权力分配而设计的制度安排。

二、国际上主要的银行监管体系

当前国际上经典的银行监管体系主要包括机构监管、功能监管、综合监管和双峰监管四种。

（一）机构监管（Institutional Approach）

机构监管即分业监管，是从金融机构的牌照类型及法律属性（如银行、证券公司、保险公司等）角度出发对监管机构进行划分，各类监管机构是从审慎监管与行为监管两个层面着手监管。这意味着银行的所有监管事项都由银行监管机构统一负责，而不论银行具体从事何种业务。机构监管是现代银行监管体系的最原始形式，目前采用该监管模式的国家和地区有中国、中国香港特别行政区和墨西哥等。

机构监管具有以下优点：①银行监管机构与其他金融监管机构之间分工明确，监管范围交叉较小，且该模式易于操作实施，为很多发展中国家选用。②有助于银行监管机构的专业化，提高银行监管人员的专业监管水平，增强监管深度。③有利于防止权力过于集中导致的单点失效，即唯一的监管机构监管实效导致金融监管“全盘皆输”的风险与问题。④避免银行监管机构与其他金融监管机构的交叉监管和重叠监管，降低被监管者的成本，也间接降低了消费者的成本。

机构监管的缺点也比较明显，主要包括：①监管边界模糊，导致无人监管或过度监管。银行综合性经营使其业务界限趋向模糊，一些交叉性业务或将无人监管或过度监管。同时大型金融集团的出现，很难从法律上界定其属于银行监管机构还是其他金融监管机构的监管，这也就可能出现监管空白。②监管标准不一致，造成不公平后果。在机构监管模式下，当银行与其他金融机构经营相同或相似的业务时，由于银行监管机构的监管规则和监管手段与其他金融监管机构不尽相同，从而产生同类业务按照不同的监管标准进行监管的情况，造成监管差别，进而某些金融机构可以借此获得特殊的竞争优势，打破市场公平竞争的局面。③监管资源浪费。在机构监管模式下，银行监管机构为了实施有效监管，在其内部必须安排一定的组织机构，比如监管规则的指定机构、监管执法机构、日常保障机构等，而其他金融监管机构也有相同或类似的内部设置，这样其实是对社会资源的浪费。

④监管协调成本较高。银行监管机构与其他金融监管机构之间相互沟通从而全面掌握各项金融业务或整个金融市场信息的成本较高，较难针对整个金融系统的风险制定有效应对预案和采取强制监管措施。

（二）功能监管（Functional Approach）

功能监管是从金融业务类型的角度出发对监管机构进行划分，不同业务类型对应不同的监管机构。具体而言，银行业务由银行监管机构负责，证券业务由证券监管机构负责，保险业务由保险监管机构负责等。目前，巴西、法国、意大利和西班牙等国采用此种监管模式。

与机构监管相比，功能监管的优势主要体现在以下几个方面：①易于保持监管一致性。凡从事银行业务的，都由银行监管机构采用统一标准予以监管，从而在较大程度上规避了监管套利，实现公平原则。②提高监管的专业性和针对性。现代金融市场瞬息万变，金融产品纷繁复杂，银行监管机构不可能拥有全面监管所有金融业务和金融活动所需要的人才、资源和专业知识。在此情况下，让银行业务置于对该业务最熟悉、最有经验的银行监管机构的监管之下就极为必要。③促进金融市场的统一和发展。在有多种金融机构共同参与的特定类型（功能）的金融市场，如银行间债券市场，按照功能监管模式则由特定监管机构在市场运行方面实施统一监管，无疑比按照机构原则由不同监管机构各行其是实施条块分割式的监管更有利于市场自身的规范运行和发展壮大。在这个意义上，功能监管显然更符合金融市场自身运行的逻辑。④有利于提高金融创新和监管效率。由于功能监管关注金融产品与服务的基本功能，并且据此设立相应的监管机构和监管规则，能够更为有效地解决有关金融创新产品的监管权责归属问题。而且，因为没有任何一家监管机构拥有最终决策权，多家监管机构间的公平竞争可能有助于提高监管效率。

功能监管也有其固有的局限，主要包括：①监管边界难以明确界定。由于金融创新和金融工程的发展已经并且正在创造出大量难以准确划归任何既定传统类别的边缘性金融产品，所以很难将其明确地划归某具体监管机构。这就很有可能出现监管权的积极冲突（重复监管）和消极冲突（监管真空），还可能抑制金融创新，甚至导致金融业务流向不受监管的离岸市场。②增加合规成本，加重监管负担。一家提供不同功能性产品的银行同时要面对多家监管机构，需要频繁接受不同机构的监管，增加了银行的合规成本和时间成本。③监管缺乏灵活性。如银行监管机构在制定监管规章时，一般只考虑银行业务的整体特点，很少会考虑不同金融机构在银行业务上的不同特点，并据以做出相应调整。④难以良好实现审慎监管目标。以风险防范和控制为核心的审慎监管要求集中考虑特定金融机构整体上的风险和清偿能力，在金融集团的情况下还要求集中考虑集团层面的整体风险状况。而功能监管关注的是特定金融机构的各种业务和产品，而不是机构本身，因此银行监管机构都不能完整地获得一家银行的所有业务及风险信息，自然就无法从整体上把握银行所面临的审慎性风险。

（三）综合监管（Integrated Approach）

综合监管是由一家统一的综合性监管机构负责对整个金融体系的监管，其既负责审慎监管也负责商业行为及消费者权益保护。因为对于较小的金融市场而言，一家综合型监管机构足以监管金融市场中的所有金融业务；对于较大且更为复杂的金融市场而言，综合监管模式也因其一体化和灵活性的优点被视为首选，因而综合监管的应用较为广泛。目前，加拿大、德国、瑞士、英国、新加坡、日本、卡塔尔等国采用这一监管模式。

综合监管的主要优点有：①改善监管环境。统一监管机构更具有一致性和协调性，可倡导统一的监管理念，制定统一的监管目标，提供统一的监管法规、工具、方法等，更有效地利用监管资源监管被监管对象所有的经营业务；避免多重监管机构不同的监管水平、强度和方法的差异，避免被监管者面临不同的监管约束而容易钻监管的空子；避免多重机构监管容易引发的不公平竞争、重复或交叉监管、多种分歧等问题；也使消费者在其利益受到侵害时，能便利地进行投诉，降低相关信息的费用。②适应性强，有效监管创新。金融业务创新日新月异，统一监管体制可迅速适应金融创新的需要，对新机构、新业务、新产品能及时形成监管实务，避免监管真空的出现，降低新的系统性风险。同时也可减少多重监管制度对金融创新的阻碍。③能够获得监管“规模经济”和“范围经济”。综合监管不仅可以节约监管和机构运行成本，而且相对权力较大，可以吸引一些专业技术人员的加盟，更为有效地发挥金融监管人才的作用。由于存在着监管规模经济，监管机构能够有效地降低成本，能够更为充分的利用“共享资源”。同时，单一监管机构可以以较低的成本为具有不同需要的市场主体提供多种监管服务，从而获得“监管范围经济”。④避免监管缺位。统一监管机构职责明确、固定，能为金融机构提供良好的社会服务，对整个金融系统的风险责无旁贷，克服其他体制相互扯皮、推卸责任、缺乏有效沟通与协作的弊端，减少监管缺位的现象。

综合监管缺点有以下四个方面：①可能产生监管的单点失效。若综合监管机构忽略了金融系统某方面的风险或某类金融机构的风险状况，缺乏额外的监管机构来弥补这种漏洞，由此而导致的严重后果可想而知。也就是说，综合监管缺乏发现监管漏洞的检验和制衡机制。②统一监管机构缺乏竞争性，权力巨大，极易出现官僚主义倾向，可能导致潜在的有价值的信息损失，对潜在问题反应迟缓。③如市场规模较大的话，统一监管机构可能会因为工作量过于繁重而难于管理。④综合监管者可能会形成“团体思维”，将注意力和监管资源过度投向其认为对金融系统构成最大风险的机构或业务，而忽视其他机构或业务，导致尾部风险而引起金融不稳定。

（四）双峰监管（Twin Peaks Approach）

双峰监管是指由两个监管机构分担监管职能，其中一个机构负责监管银行安全性及稳健性，而另一个机构则监管银行业务操守。目前，采用双峰型监管的国家主要有澳大利亚和荷兰。

双峰型监管的优点有：①缓和银行系统安全稳健维护和消费者权益保护之间的内在矛盾。双峰监管按监管目标来分设监管机构，使得既有专门监管机构来确保银行体系的稳健性，另外还有监管机构给予消费者以足够的保护。②监管机构各司其职，不存在功能重叠。两类监管机构可以分别聘用各自领域内的专家，负责审慎监管的机构主要聘用银行业务及经济方面的专业人士，负责行为监管的机构主要雇佣实施监管规则的专业人士，以便充分履行各自的监管职责。③行为监管机构可以给予消费者特别是零售消费者充分的保护，同时确保信息透明度和市场操守。行为监管机构不仅有权制定监管规则，还有权设立仲裁调解机构和开展机构巡查项目，制定各种形式的消费者利益补救措施。

双峰型监管的主要缺点有：①在目标优先性的选择上主观性太强。从银行体系整体来看，当两个目标存在矛盾时，仍无法同时兼顾两者。从实践来看，当审慎监管与保护消费者的目标发生冲突时，一般更强调银行系统稳健性，会以前者为重。②与功能监管类似，双峰监管模式也使一家银行需要同时接受两个监管部门的监管，容易造成银行管理成本的上升和监管效率的下降。③双峰监管受制于成熟的信息披露体系，因为消费者保护主要通过对商业行为监管来实现，其中最重要的一环就是完美的信息披露，但这对评级机构和审计机构要求比较高。

综上所述，上述四种银行监管组织模式都有各自的优缺点，并没有好坏之分。世界上不存在最优的监管组织模式，也不存在万能的监管组织模式。各国选择银行监管组织模式的关键是要与本国金融体系的发展相适应，并使其保持稳健性、效率性。这一观点从美国和英国在 2007 年金融危机之后所进行的金融监管体制改革中也可以得到明证。美国在 2007 年金融危机之后通过了《金融监管改革法案》，成立金融稳定监管委员会，负责监测和处理威胁国家金融稳定的系统性风险，同时在美国联邦储备委员会下设立新的消费者金融保护局，将美国联邦储备委员会打造成“超级监管者”，全面加强对大金融机构的监管。尽管如此，美国此次金融监管体制改革其实并未涉及不同模式间的改变，其仍然大体上维持分业监管的体制。而英国在 2007 年金融危机之后，通过了《2012 年金融服务法案》，正式撤销了金融服务局（FSA），将其职能分拆由审慎监管局（PRA）和金融行为局（FCA）两个机构承担。PRA 作为英格兰银行的附属机构，以提升受监管机构的安全性和稳健性为目标，负责存款机构、保险机构和系统重要性投资公司的审慎监管；FCA 作为一个独立机构，直接对英国财政部和议会负责，以保证金融市场的良好运行、金融消费者获得公平待遇为目标，负责约 26000 家金融机构的行为监管，并负责 PRA 监管范围外的约 23000 家金融机构的审慎监管。同时，英格兰银行理事会内设的下属委员会——金融政策委员会（FPC）将负责宏观审慎监管，它将专注于识别、监测和管理系统性风险，以帮助英格兰银行实现保护和强化金融系统稳定性的目标，同时支持政府实现经济增长、增加就业等经济目标。英国通过金融监管体系的改革，使英格兰银行监管职能进一步强化，实现了宏观审慎监管与微观审慎监管职能的统一，实施审慎监管和行为监管相结合的“准双峰”的金融监管体制。

三、我国银行监管体系

随着我国金融体制改革不断深化，银行业体系不断发展、完善，现已形成了多元化的银行机构体系，这也促进了我国银行监管工作的从无到有、从粗浅认识到不断深化、完善，逐步形成了目前较为成熟的银行监管体系构架。

（一）我国银行监管体系的演进

我国银行监管体系的发展演变主要经历了以下四个时期：

1. 计划经济“大一统”管理时期（1949～1978 年）

1948 年 12 月，在华北银行、北海银行、西北农民银行等三家银行基础上成立了我国首家金融监管主体——中国人民银行。1950 年 11 月，我国颁布了《中央人民政府中国人民银行试行条例》，明确规定中国人民银行在政务院的领导下行使货币政策制定和商业银行监管的双重职能。1952年，中国人民银行逐步建立起全国垂直领导的组织架构，实现了从货币政策到金融机构的统一化管理。然而，从1949年至1979年期间，我国国民经济基本上还是计划经济管理，金融机构稀少、金融业务简单，因而实际上是由政府直接对中央银行进行调控和行政管制。当时的中国人民银行兼具商业银行与中央银行功能，既从事商业银行经营，又行使银行监管职能，可以说既是运动员又是裁判员。自上而下的中国人民银行体制实现了计划经济时代强有力的行政管理，也成为政府进行信贷资金调控的重要手段，这一体制与我国当时高度集中的银行结构相互适应。这一时期的银行监管职能主要体现在中国人民银行内部的统一信贷计划和现金计划，没有形成现代意义上的银行监管。

2. 初级时期（1979～1991年）

我国于1979年1月恢复了中国农业银行，并于同年3月改革了中国银行的体制，使中国银行成为国家指定的外汇专业银行，还设立了国家外汇管理局。之后，又恢复了国内保险业务，重新建立中国人民保险公司；各地还相继组建了信托投资公司和城市信用合作社，出现了金融机构多元化和金融业务多样化的局面。1983年9月17日，国务院颁布《关于中国人民银行专门行使中央银行职能的决定》，授予中国人民银行金融监管和货币政策制定的职能，同时规定了中国人民银行的十项具体职责，这初步确立了由中国人民银行进行全面金融监管的基本监管框架。这一时期，中国人民银行不仅行使中央银行管理职能，还行使商业银行监管部门的职能，成为一个专业的商业银行监管主体。但是由于各家银行事实上尚未完全自主经营，实际的经营活动属于半计划半市场，因此这段时期的银行监管体系也不是真正的符合国际惯例的银行监管。这一时期的银行监管重点是金融市场准入以及银行机构政策落实、现场稽核、日常管理等合规经营方面。

3. 形成时期（1992～2002年）

1992年，我国商业银行改制基本完成，我国金融体制初步尝试了银行、证券、保险等机构的混业经营，但随后出现的金融市场混乱及金融失控使政府认识到金融监管的重要性，并且开始着手建立金融监管的分业监管体系。1992年8月，证监会正式成立，证券行业监管由证监会负责。1993年国务院颁布了《关于金融体制改革的决定》，明确提出了银行业、证券业、保险业分业监管。中国人民银行设置了银行司、保险司、外资金融机构司等职能部门对不同业务进行对口管理，中国人民银行下属的银行司负责我国商业银行的监管。1995年3月，《中华人民共和国中国人民银行法》的颁布也正式以法律形式明确了中国人民银行作为我国中央银行的重要地位，这也标志着我国的金融监管体制开始逐渐法制化和规范化。1998年，中国保险监督委员会正式成立，开始行使保险业监管职能。

4. 发展时期（2003年至今）

2003年3月6日，根据国务院提请十届全国人大一次会议审议的国务院机构改革方案，将设立中国银行业监督管理委员会，即银监会。2003年4月28日，银监会正式挂牌，行使原由中国人民银行行使的对银行、金融管理公司、信托投资公司和其他存款类金融机构的监督管理职权及相关职权，标志着我国金融业在继证券业、保险业、实施专业化监管后，银行业也进入分业化监管时代。至此，我国金融业形成了各司其职、分工明确、协作互动的“一行三会”分业监管格局。这一阶段，我国的银行业监管逐步迈向现代化和专业化，监管理念由单纯的合规监管向合规监管和风险监管并重转变，银行不良贷款状况、资本充足率等风险指标有较大改观，有力维护了我国金融市场的稳定发展，保障了金融竞争秩序。

2013年8月，为进一步加强金融监管协调，保障金融业稳健运行，国务院正式批复同意建立金融监管协调部际联席会议制度。部际联席会议制度的主要职责和任务包括：货币政策与金融监管政策之间的协调；金融监管政策、法律法规之间的协调；维护金融稳定和防范化解区域性系统性金融风险的协调；交叉性金融产品、跨市场金融创新的协调；金融信息共享和金融业综合统计体系的协调；国务院交办的其他事项。部际联席会议由中国人民银行牵头、“三会”及外汇局组成，必要时可邀请国家发改委、财政部等有关部门参加。联席会议办公室设在央行，由其承担金融监管协调日常工作。联席会议重点围绕金融监管开展工作，不改变现行金融监管体制，不替代、不削弱有关部门现行职责分工，不替代国务院决策，重大事项按程序报国务院。联席会议通过季度例会或临时会议等方式开展工作，落实国务院交办事项，履行工作职责。联席会议建立简报制度，及时汇报、通报金融监管协调信息和工作进展情况。联席会议制度将有望解决近几年来迅速崛起的诸如跨行业、跨金融市场业务创新或监管套利、监管标准不统一、第三方理财、P2P等非金融企业从事金融业务诸多监管空白地带等问题。

（二）我国银行监管体系的主要内容

1. 监管主体与被监管对象

（1）监管主体。2001年3月，国务院发展研究中心成立“金融改革与金融安全课题组”，提出了加强金融监管，成立专门的银行监管部门的观点。2002年年初，中央金融工作会议召开前夕，课题组的报告公布，分拆央行业务的声音开始出现。尽管2002年1月28日《金融时报》头版头条驳斥“央行分拆说”、“银行监管局说”以及更为激进的“银监会说”，但2003年3月6日，根据国务院提请十届全国人大一次会议审议的国务院机构改革方案，将设立中国银行业监督管理委员会。2003年4月28日，中国银监会正式挂牌亮相。银监会的成立既是解决我国日益集聚的银行风险、维护金融安全的需要，也是解决我国既有银行监管体系诸多弊病、提高银行监管效率、促进我国银行业改革不断深入的需要，还是我国银行业迎接经济金融全球化浪潮冲击、全面与国际接轨、走向国际市场的需要。银监会自成立以来，始终立足于微观经济层面与银行业主体的稳健运行，关注宏观经济运行态势及其宏观经济政策、产业政策调整对银行业的影响，重点监测银行业自身运营状况和风险管理水平的变化，尽职履行对银行业监督管理职责。

同时，银监会根据履行职责的需要设立派出机构，并对派出机构实行统一领导和管理。目前银监会在省一级设银监局，市一级设立银监分局，县一级则视监管对象和任务设置必要的办事机构。银监会对设在地方的派出机构实行垂直管理，派出机构在银监会的授权范围内，履行监督管理职责。截至2013年年底，银监会系统机构总数2075个，其中包括：银监会机关、监事会、金融工会，36个银监局，306个银监分局，1730个监管办事处，另设北戴河培训中心、沈阳培训中心、顺德培训中心、廊坊培训中心。

（2）被监管对象。银监会的监管对象包括银行业金融机构和非银行业金融机构两类。银行业金融机构是指在我国境内设立的商业银行、城市信用合作社、农村信用合作社等吸收公众存款的金融机构以及政策性银行。非银行业金融机构是指在我国境内设立的金融资产管理公司、信托投资公司、财务公司、金融租赁公司、汽车金融公司以及经银监会批准设立的其他金融机构。根据《中国银行业监督管理委员会2013年报》，截至2013年年底，银监会监管的对象共有法人机构3949家，从业人员355万人，其中包括2家政策性银行及国家开发银行、5家大型商业银行、12家股份制银行、145家城市商业银行、468家农村商业银行、122家农村合作银行、1803家农村信用社、1家邮政储蓄银行、42家外资法人金融机构、1家中德住房储蓄银行、68家信托公司、176家企业集团财务公司、23家金融租赁公司、5家货币经纪公司、17家汽车金融公司、4家消费金融公司、987家村镇银行、14家贷款公司以及49家农村资金互助社。这些被监管对象资产总额达151.4万亿元，同比增长13.3%，负债总额141.2万亿元，增长13.0%；不良贷款余额1.18万亿元，比年初增加1016亿元，不良贷款率1.49%，同比下降0.07%。商业银行加权平均核心一级资本充足率和一级资本充足率均为9.95%，较年初均上升0.14%，加权平均资本充足率为12.19%，较年初下降0.29%；贷款损失准备金余额为1.67万亿元，拨备覆盖率为282.7%。为此，我国银行业整体上保持平稳健康运行的态势。

2. 监管目标、理念与标准

银监会结合具体工作实践，具体、深刻地诠释了监管目标、监管理念和监管标准，提出了银行监管的四个目标、四项理念和六条良好监管标准，即“四四六”。其中，监管目标是银行监管的总体工作方向，而监管理念和标准则是实现这些监管目标所运用的指导思想、工作思路与衡量准则。经过几年的实践检验，“四四六”已经成为指导我国银行监管的基本原则和行动纲领。

（1）监管目标。科学监管必须要有清晰、准确的目标。银监会在监管工作实践中提出了以下四项具体目标：①通过审慎有效的监管，保护存款人和其他客户的合法权益。监管机构作为公共管理部门，首先要代表存款人和消费者监督管理银行经营活动，保护其合法权益免受不当侵害。②通过审慎有效的监管，维护公众对银行业的信心。银行业风险具有传染性，增进公众信心对维护金融体系平稳运行至关重要，是各国监管当局重要的监管目标之一。③通过宣传教育和信息披露，增进公众对现代银行业金融产品、服务的了解和相应风险的识别。与发达市场相比，我国银行业金融机构及其客户对市场规则的理解和认识还不够深入，监管机构要努力增强公众的金融意识、风险意识，推动建立良好的信用文化。④努力减少银行业金融犯罪，维护金融稳定。我国银行业金融机构公司治理和内控机制还有待完善，法律制度环境还需进一步改善，减少金融犯罪将是我国银行业监管的长期任务。

（2）监管理念。监管理念既是对监管实践经验的总结、归纳和提炼，又是监管的行动指南。银监会的监管理念是“管法人、管风险、管内控、提高透明度”。其中“管风险”，即以风险作为银行业监管的重点，围绕各项风险的识别、计量、监测和控制，不断改进监管方法和手段，促使银行业稳健经营。“管法人”，即注重对银行法人机构的监督和管理，强调法人机构风险内控的体制机制和资源建设，强调法人总部对各级各类分支机构的管控能力。“管内控”，即强调银行业金融机构风险内控的有效性。监管不能也不应该代替银行内部管理，而重在指导和监督银行不断完善其内控机制、制度、技能和文化。“提高透明度”，即要求银行业金融机构披露相关信息，提高信息披露质量，同时要求监管部门提高履行职责的透明度，接受公众监督，其目的在于加强市场约束，对监管形成有益的补充，并增进市场信心。

近年来，我国银行业以信贷业务为主、利差收入占比过高的情况有了改观，但信贷资产仍占主要地位。据此，银监会及时确立了“准确分类——提足拨备——充分核销——做实利润——资本充足”的持续监管路线图，即在抓好贷款准确分类的基础上，要求银行根据分类贷款的风险，充足地提取损失准备，进而真实地反映利润，准确地计算资本充足率。这一监管路线图已成为规范监管工作程序、突出监管工作重点、实施审慎监管的有力抓手。

（3）监管标准。良好的监管标准是提高银行业监管有效性的标杆与衡量准则。为了促进银行业监管目标的实现，银监会在监管工作中提出了良好监管的六大标准：①促进金融稳定和金融创新共同发展；②努力提升我国银行业在国际金融服务中的竞争力；③各类监管设限要科学、合理，有所为，有所不为，减少一切不必要的限制；④鼓励公平竞争、反对无序竞争；⑤对监管者和被监管者都要实施严格、明确的问责制；⑥高效、节约地使用一切监管资源。

3. 审慎监管框架

完善的审慎监管框架主要包括三大组成部分：审慎全面的监管规则，行之有效的监管工具和科学合理的监管组织体系。

（1）审慎全面的监管规则。银行业监管规则体系主要由法律、行政法规、部门规章、规范性文件四个层次构成，法律、行政法规是基础和主干，部门规章和规范性文件构成了实际监管工作中的依据和准绳。银监会成立以来，不断建立、健全监管法律法规，先后发布实施了600多份监管规章、规范性文件，清理、废止了84份，极大地充实和完善了监管规则体系，初步形成了涵盖信用风险、市场风险、操作风险、流动性风险等主要风险的审慎监管法规框架，为银行业监管工作的具体实施提供了高质量的监管规则支持。

国际金融危机爆发以来，银监会深入跟踪研究国际监管标准改革及其对我国银行业经营和监管的影响，实质性参与国际监管标准讨论和制定。在此基础上，立足我国实际，积极借鉴国际监管改革成果，与时俱进地补充完善我国银行业监管标准。在深入研究、反复论证、多次征求意见的基础上，2011年4月，银监会发布了中国银行业实施新监管标准的指导意见，在全球主要经济体中较早地将国际金融监管改革共识进行了本土化，这将为进一步促进我国银行业安全稳健运行奠定更加坚实的制度基础。

（2）行之有效的监管工具。在动态完善和不断做实流动性、拨备覆盖率、风险集中度、不良资产率等传统审慎监管工具的基础上，随着国际金融监管改革的不断推进，我国银行监管又陆续引入或更新了资本、拨备、流动性、杠杆率等银行监管工具，银行监管的工具箱不断得以充实和完善。有以下四方面重点：

一是资本。资本监管既注重推动银行资本金数量与业务规模和风险水平相适应，促进银行提高风险计量水平和资本的风险敏感性，又重视通过加强资本在全面风险管理中的作用来改善银行的风险管理机制。监管要求上始终重视资本质量和损失吸收能力，并要求商业银行建立良好的资本补充机制，优先考虑补充核心资本，强调股东持续注资的责任和内部积累能力，还要求银行真正发挥资本对资产扩张的制约作用。同时，还建立留存超额资本、逆周期超额资本以及系统重要性附加资本监管要求。

二是拨备。在拨备覆盖率的基础上，结合中国实际，建立了贷款拨备率（总拨备与总贷款的比值）监管工具，监管部门原则上按两者孰高确定银行业金融机构贷款损失准备监管要求。新监管标准要求贷款拨备率不低于2.5%，拨备覆盖率不低于150%；并根据经济周期、贷款质量和盈利状况，对贷款损失准备监管要求进行动态化和差异化调整，进一步缓解银行体系的亲周期性。

三是流动性。在传统流动性比例、存贷款比例、核心负债依存度等监管指标的基础上，引入流动性覆盖率和净稳定融资比率指标，建立多维度的流动性风险监管指标和监测指标体系，提升流动性风险监管的有效性。

四是杠杆率。为防止银行业金融机构杠杆率的过度积累，设立了杠杆率监管标准。杠杆率监管制度的建立，在宏观审慎层面，有利于防止银行业金融机构资产负债表的过度扩张和过度承担风险，控制系统性风险；在微观审慎层面，可以对采用风险加权的资本充足率形成补充，有利于确保整个银行体系保持一定水平的合格资本。

（3）结合国情的监管组织体系。我国当前的银行业监管组织体系既反映了国际银行业监管的基本共识，也反映了我国银行业发展实际，体现了以机构监管为主、兼顾功能监管的理念。根据我国银行业发展阶段特征，按照不同银行业金融机构的类别，目前设立了负责大型银行、中小型银行、外资银行、政策性银行、非银行金融机构和农村合作金融机构监管的部门，分别为银行监管一部、二部、三部和四部、非银行金融机构监管部、合作金融监管部等。我国在不断强化机构监管的同时，又先后成立了创新业务监管部、信息科技中心、案件稽查局等功能监管部门，加强对创新业务、IT信息科技风险、各类案件风险等的功能监管。同时，银监会也注重加强市场风险监管等专业功能监管团队的建设，并不断强化其与机构监管团队之间的协调合作。

2007年开始，银监会在试点基础上稳步推行主监管员和主查员制度。主监管员按照被监管的法人机构设置，以实现对机构风险的全面监控，突出机构监管理念。主查员按照项目原则设置，以实现对同质同类机构高风险领域的专业排查，突出功能监管理念。主监管员和主查员制度的建立，充分发挥了监管部门单兵作战能力和团队作战能力，体现了机构监管与功能监管的有机结合。

4. 强有力的持续监管

合理的监管标准和规则是银行业监管的起点，如何持续有效地执行、实施这些规则同样重要。提高监管的有效性，需要强有力的持续监管。

（1）准入监管。作为有效监管的第一道防线，把好“准入关”是建设高效、公平并富有竞争性的银行业体系的重要前提，更是“风险关口前移”的关键所在。准入监管强调科学、合理设限，有所为、有所不为，减少一切不必要的限制。具体而言，准入程序遵循依法、简化、规范和透明的原则；准入标准突出科学合理设限，审核的核心是银行业金融机构的经营状况和管控能力；准入审批时限突出高效原则，根据缓急程度制定明确的行政回复时限。经过多年努力，银行业准入监管实现了一系列新突破，调整、发布了多项准入监管规章，对完善金融服务、促进市场公平竞争、鼓励金融创新起到了积极作用。

（2）现场和非现场监管。现场和非现场监管是持续监管的核心所在，主要内容包括：

在单一法人和集团并表的基础上收集、监测与分析银行统计报告及报表，制定监管计划，实施非现场监管；通过派驻检查人员实地检查对监管信息进行核实，开展现场检查等。银监会成立以来，完成了非现场监管指标、报表体系和非现场监管信息系统的开发使用，进一步挖掘、建设了"银行早期风险预警综合系统"等多个非现场监管子系统，规范了非现场监管流程，修订颁布了新的监管评级制度；加强了现场与非现场监管的联动，规范现场检查操作规程，推进现场检查软件的开发使用，提高现场检查效果，加大对违规行为和风险问题的查处力度，持续监管的有效性和专业性得到大力提升。

（3）监管纠正。监管者在核实监管规则未能得以遵循时可以行使监管纠正权力。通过责令暂停部分业务、停止批准开办新业务、限制分配红利、取消高管人员任职资格等措施，银监会对于银行业金融机构违反审慎经营规则的或者经营行为严重危及其稳健运行、损害存款人和其他客户合法权益的，进行了严肃查处，促使其纠正，对已不再具备继续生存能力的机构也执行了市场退出安排，以保护整个银行体系的稳健性。据统计，2003～2010年，银监会共查处银行业金融机构违规金额7.37万亿元，处罚违规银行业金融机构14780个，取消高级管理人员任职资格1459人。高风险城市商业银行、城市信用社和非银行金融机构的风险处置工作基本完成，已有28家城市信用社实现市场退出或完成改制，近30家非银行金融机构进行了破产清算或重组。这些监管纠正措施的实施体现了监管工作的持续性，大大增强了监管的效力。

（4）监管的执行力。为强化监管执行力，除了现场和非现场监管以外，监管部门以审慎会谈、约见谈话和风险提示制度作为非现场监管的补充和延伸，向银行提出监管部门所关注的问题，并要求银行限期采取有效措施化解风险隐患。审慎监管还强调查处结合，通过对现场检查项目开展后续检查，跟踪机构整改情况，对银行不及时纠正、整改措施不落实、整改效果不好或拒绝执行监管要求的情况，依法采取进一步的监管措施，不断提高监管执行力。监管政策的后评价也是体现监管执行力的一项重要内容，银监会对银行业对外开放政策、银行并表监管指引、"三个办法一个指引"等多项已经出台的监管政策开展了后评价，深入推进监管制度的落实。

（三）我国银行监管的工作成效

银监会自成立以来，始终保持国际眼光和前瞻视野，积极借鉴国际先进理念和良好实践，同时紧密结合我国国情及银行业发展实际，探索构建了符合中国实际的银行业监管模式。

十年来，银监会积极构建宏观审慎和微观审慎相结合的监管框架。提高逆周期审慎监管能力，防止银行业经营发展亲周期波动加剧风险积累、冲击实体经济。建成全面覆盖信用风险、市场风险、操作风险等传统风险和信息科技风险、表内外业务关联风险、交叉传染风险等新型风险的监管法规体系，先后发布实施600多份监管规章、规范性文件，监管法规制度的完备性、针对性和实用性不断提高。丰富和完善审慎监管"工具箱"，在实践中自主形成了不良资产率、流动性、风险集中度、拨备覆盖率等简单实用的审慎监管工具。同时，充分借鉴国际监管改革最新成果，稳步推进资本、杠杆率、拨备等一系列新监管标准的中国化，监管效能大幅提高。

在不断完善监管制度的同时，银监会持续优化监管手段方法，增强制度执行力。银监会实行“高风险、高频率、高强度，低风险、低频率、低强度”的差异化监管方法，坚持市场准入、非现场监管与现场检查有机结合、紧密联动，并积极运用现代信息科技提高监管效能，先后自主开发和推广运用非现场监管指标监测系统、大额风险预警系统、现场检查分析系统等。

银监会还深度参与国际监管改革，成为金融稳定理事会和巴塞尔银行监管委员会正式成员。与51个国家和地区签署谅解备忘录或合作协议，跨境监管合作明显加强。

第二节 银行监管法律

一、概述

银行监管法律是指调整国家在对银行业金融机构监督管理过程中所形成的经济关系的法律规范的总称，是一国为监管银行业金融机构而颁布的所有法律、法规、规章的总和。银行监管法律不仅规范、指导、制约、保护着银行业金融机构，为银行业金融机构提供基本的行为准则，而且也为银行监管机关的监管活动提供标准和方法，确立其监管权威地位，从而维持正常有效的监管秩序。

世界各国有关银行监管的法律规范一般散见在其中央银行法、商业银行法或其他的金融立法中。例如，美国没有统一系统的银行监管法典，而是根据银行变革需要制定了众多的银行监管法律法规。1864 年美国通过了世界上第一部银行监管的法律《国民银行法》，随后又陆续公布了《联邦储备法》（1913 年）、《1993 年格拉斯—斯蒂格尔法》（又称《1933 年银行法》，于 1999 年被废止）、《1980 年存款机构放松制与货币控制法》、《1989 年金融机构改革、复兴与实施法》、《金融服务现代化法案》（1999 年）以及美联储的大量的监管规章。经过 100 多年的发展，美国逐步形成了一套完善、发达、高效的银行监管法律体系。英国也没有统一的银行监管法律，其有关银行监管的规定则散见在《英格兰银行法》（1946 年）、《国民储蓄银行法》（1971 年）、《消费者信贷法》（1974 年）、《1979 年银行法》、《委托储蓄银行法》（1985 年）、《1987 年银行法》、《金融业务法》（1986 年）、新《英格兰银行法》（1998 年）、《金融服务和市场法案》（1998 年）等法律法规中。欧盟银行监管法律主要有：《关于取消对银行及其他金融机构在设立和提供服务自由方面的限制的指令》（简称《1973 年指令》）、《关于协调有关信用机构设立和经营业务的法律、规则和行政规章的理事会指令》（简称《银行指令 1 号》）、《银行指令 2 号》（1989 年）、《并表监管指令》（1992 年）、《资本充足率指令》（1993 年）、《欧洲议会和欧洲理事会有关信用机构设立和经营的指令》（2000 年）、《欧洲议会和欧洲理事会关于信用机构重组和清算的指令》（2000 年）等。

我国是世界上少有的制定专门性的银行监管法的国家。2003 年 12 月 27 日，第十届全国人大常委会第六次会议通过了《中华人民共和国银行业监督管理法》（以下简称《银监法》)，并于2004年2月1日起实施。2006年10月31日第十届全国人民代表大会常务委员会第二十四次会议通过了《关于修改〈中华人民共和国银行业监督管理法〉的决定》，并于2007年1月1日起施行。此外，我国银行监管规定还体现在其他众多的法律法规规章中，如《中华人民共和国中国人民银行法》(2003年修正)、《中华人民共和国商业银行法》(2003年修正)、《中华人民共和国票据法》(2004年修正)、《中华人民共和国外资银行管理条例》(2006年)、《中华人民共和国外资银行管理条例实施细则》(2008年)、《商业银行贷款损失准备管理办法》(2011年)、《商业银行理财产品销售管理办法》(2011年)、《银行业金融机构董事(理事)和高级管理人员任职资格管理办法》(2013年)、《商业银行保理业务管理暂行办法》(2014年)、《商业银行流动性风险管理办法(试行)》(2014年)等。

二、《银监法》的立法背景

目前，我国已建立起了较为系统的金融体系，金融市场的资源配置效率不断提高。但是，在金融事业快速发展的同时，金融风险也逐步显现。在银行领域，银行违法经营、不良贷款等问题已经成为我国经济和金融健康发展的隐患，并对国家安全和社会稳定构成了潜在的威胁。特别是我国加入世界贸易组织后，银行业面临的外部竞争压力逐步增强，如何在经济全球化和金融市场一体化的国际环境中，提高银行业金融机构的风险管理水平和国际竞争能力，已经成为我国社会经济与金融发展中亟须解决的问题。

在这种背景下，为进一步提高银行业的监管水平和银行业金融机构的风险管理能力，促进我国金融业健康、持续地发展，2003年，第十届全国人民代表大会第一次会议决定，对我国现有的金融监管体制进行改革，成立中国银行业监督管理委员会，统一监管银行、金融资产管理公司、信托投资公司及其他存款类金融机构。这次银行监管体制改革后，中国银监会承担了原来由中国人民银行履行的对银行业金融机构的监管职责，但却缺乏法律依据。因此，有必要制定银行业监督管理法，赋予银监会对银行业金融机构的监管职责。

银行业监督管理法既是我国银行监管体制改革后，加强依法监管，提高银行监管水平的需要，也是新的历史时期，我国金融法制建设的发展与深化。1995年以前，我国的金融监管工作缺乏明确的法律依据，金融事业快速发展的同时，金融风险也在不断积聚。1995年，中国人民银行法和商业银行法的颁布实施，对于规范金融监管、促进我国银行业的健康发展发挥了重要作用。我国银行业基本建立了风险管理体系，风险管理意识和水平明显提高，银行风险基本上得到了有效的控制。但是，随着经济全球化和金融市场一体化的发展，金融业务的信息化水平不断提高，我国银行业面临的发展环境也在发生变化。2001年，我国加入了世界贸易组织，金融业进一步对外开放，金融活动的国际化特征日益明显。同时，金融创新的深度和广度都在不断扩展。在这种背景下，银行的经营管理和监管工作面临着许多新的问题。促进我国银行业的健康发展，维护金融秩序，降低金融风险，保护金融消费者的利益等，客观上也需要通过立法规范银行业金融机构的经营管理行为和监管活动，调整各金融主体之间的权利义务。

三、《银监法》颁布的重大意义

《银监法》的颁布和实施，是我国银行业发展进程中的一件大事，对完善我国的金融监管法律制度，加强银行业的监督管理，提高监督管理水平，规范监督管理行为，保护存款人和其他客户的合法权益，维护银行业安全、稳健、高效运行，促进银行业的健康发展具有十分重要的意义。

《银监法》第一次确定了我国银行业监督管理的目标和原则，第一次赋予银行业监督管理机构比较完整的监管权，第一次在法律中提出银行业审慎监管的概念。《银监法》是一部监管授权的法律，有效地解决了银监会履行职责的法律授权问题，明确了银监会的地位和监管职责，界定了监管对象和监管范围，确定了监管目标和监管原则，强化了监管措施，为银监会履行监管职责提供了法律依据。《银监法》也是一部保障权利的法律，为银行业监管涉及的有关利害关系人的权利提供了法律保障。根据《银监法》的规定，银监会及其工作人员是监管工作的主体，依法履行职责受法律保护；银行业金融机构是被监管对象，有权拒绝不合法的监督检查，在合法权益受到侵害时有权寻求法律救济；存款人和其他客户是银行业金融机构的服务对象，保护其合法权益是立法宗旨之一。《银监法》还是一部完善监管制度的法律，作为银行业监督管理的基本法，它集中规定了银行业监管的重点和主要内容，极大地丰富和完善了我国的金融监管法律制度，是完善社会主义法制，建设法治政府，实施依法治国的具体体现。

四、《银监法》的主要特点

《银监法》共6章52条，对银行业监管目标、监管对象、监管原则、监管的独立性、监管者的保护、监督协调机制、监督管理机构的设置和要求、监督管理机构的具体职责、监督管理机构的权限、法律责任等作了明确的法律规定，呈现出以下两个主要特点：

第一，《银监法》大量吸收和借鉴了国际银行监管的先进理念和其他国家（地区）银行业的法律制度。《银监法》在条文设计时大量借鉴了巴塞尔委员会《有效银行监管的核心原则》所提出的银行监管的最佳做法，参阅了巴塞尔委员会发布的其他指导性文件，以及美国、英国、德国、日本、韩国、新加坡、香港和台湾等国家和地区银行业的法律制度。《银监法》除“法律责任”和“附则”外共有42条，其中50%以上的条款都直接体现了核心原则的思想。在吸收和借鉴国际先进经验基础上制定的《银监法》将为提高我国银行业监管的有效性奠定良好的法律基础。

第二，《银监法》既强化了监管手段和措施，也对监管权力的运作进行了规范和约束。一方面，《银监法》对监管机构使用监管手段和措施给予了适当授权，为实施有效银行监管提供了必要的法律支持。如《银监法》规定，监管机构有权要求与银行业金融机构董事和高级管理人员进行监管会谈，有权区别不同情况，对未遵守审慎经营规则的银行业金融机构采取递进的监管强制措施等。同时，“法律责任”一章还授权监管机构对违反法律、法规的银行业金融机构直接负责的董事、高级管理人员和其他责任人员采取纪律处分、罚款、取消任职资格和禁止从事银行业工作等处罚措施。另一方面，《银监法》也对监管权力的运作进行了规范和约束，形成了对监管机构严格的监督制约和问责机制。如

《银监法》规定监管机构应当建立监督管理责任制度和内部监督制度，规定了监管机构行使监管权力、采取监管措施时的程序要求和监督制约措施；规定国务院审计、监察等机关，依法对银行业监管机构实施外部监督，要求监管机构增强工作透明度，接受社会公众监督；规定了监管机构履行职责和义务、行使监管权力、采取监管措施相应的法律责任。《银监法》以法律形式，系统地建立了对政府机构的监督制约和问责机制，这是我国法律体系中的一次立法创新。

五、《银监法》的主要内容

（一）银行业监管的立法目标

银行业监管的目标是对银行业实施监管的总体方向、要求和应达到的目的。明确银行业监管的目标，有利于规范银行业监管行为，提高监管活动的针对性和有效性。根据《银监法》第3条的规定，我国银行业监管的目标包括以下两个方面：

第一，促进银行业的合法、稳健运行，维护公众对银行业的信心。促进银行业的合法、稳健运行，不仅要求银行业金融机构应依法开展经营活动，遵守市场秩序，符合市场规范，而且要求银行业金融机构建立健全各类规章制度，加强风险管理，完善内部控制，保持充足的资本和健全的财务状况，实现稳健性运行。同时，银行业监管机构要从维护公众的利益出发，严厉打击和惩处金融违法行为，提高监管活动的透明度，提升监管水平，强化对银行业经营活动的社会监督，确保整个银行体系的稳定。

第二，保护银行业公平竞争，提高银行业竞争能力。我国银行业金融机构不公平竞争的现象普遍存在，总体竞争能力较差，因而银行业监管机构在加强监管时，还需要鼓励促进银行业金融机构业务创新，向市场提供更多的金融产品和服务，维护公平竞争的市场秩序，不断提高核心竞争力，促进银行业整体效率的提升。

（二）银行业监管的原则

银行业监管原则是对银行业监督管理行为的总体规范，在实施具体监管过程中这些原则必须得到遵守和体现。监管原则是提高监管水平、维护银行业金融机构合法权益的需要。根据《银监法》规定，银行业监管活动应遵守以下几项原则：

1. 依法、公开、公正和效率的原则

依法监管原则是指银行业监管机构必须在法定职权范围内，依照法律行政法规的规定行使监督管理权力。监管本质上是一种行政行为，依法监管是行政法的基本原则，可以避免监管权力的滥用。银行业监管机构在实施监督管理过程中，必须依照上位法制定其职责范围内的规章和其他规范性文件，必须依法行使准入审批权、现场检查和非现场监管权、行政处罚权等。

公开原则是指银行业监管机构必须公开实施监管，除依法应当保密的除外。为了保护被监管主体的权益，银行业监管机构必须公开监管立法、政策，公开监管执法行为，公开行政复议的依据、标准、程序等。

公正原则是指银行业监管机构必须对金融市场的参与者一视同仁，平等对待。公正原则从实体上要求依法监管、不偏私，平等对待相对人，不歧视，合理考虑相关因素，不专断等；从程序上要求对涉及自身利害争议的处理应实行回避制度，应听取相对人申辩意见等。

效率原则是指银行业监管机构应以最低的监管成本，获得最高的监管效益。银行业监管机构应当严格遵循监管程序和时限，精简监管队伍，对监管行为进行成本—效益分析，有效分配和使用监管资源，降低银行体系的风险损失，实现监管目标和效果的最大化。

2. 独立监管原则

独立监管原则是指银行业监管机构依法独立履行监管职责，不受地方政府、各级政府部门、社会团体和个人的干涉。独立监管原则的确立既结合了我国银行业监管的实际需要和国际通行做法，又考虑到了我国的政治体制和中央与地方的事权划分，确保了银行业监管机构独立行使监管权，从而更好地维护银行业金融机构合法、稳健运行，维护银行业秩序，促进我国金融事业健康发展。

3. 协调监管原则

协调监管原则是指银行业监管机构应当和中国人民银行、证券监管机构、保险监管机构等建立协调合作、互相配合的机制。协调监管原则在分业监管模式下可以确保各监管机构就维护金融稳定、跨行业监管和重大监管事项等问题定期进行协商，从而衔接和协调货币政策，以及对银行业、证券业、保险业的监管政策，避免出现监管真空和重复监管，提高监管效率，从而维护整个金融体系的稳定、效率和竞争力。其中，建立监管信息共享机制是监管协调原则的重要组成内容。

4. 跨境监管合作原则

随着银行业国际化和金融市场全球化、一体化的发展，各国越来越重视国际银行监管的合作问题，逐步实施有效的跨境监管。跨境监管合作原则可以确保所有跨境银行都能得到其母国和东道国监管当局的有效监管，母国和东道国监管当局应就跨境银行建立合理的监管分工和合作，定期交流、协商银行业监管的目标、原则、标准、内容、方法以及实际监管中发现的问题，促进跨国银行的稳健发展。

（三）监督管理职责

根据《银监法》第 15 ~32 条的规定，银监会在监管中主要有以下职责：

1. 规章、规则制定权

银监会依照法律、行政法规制定并发布对银行业金融机构及其业务活动监督管理的规章、规则。由于修订法律一般需要经过漫长的程序，由银监会制定的规章、规则来具体规定银行业金融机构的运营规则，具有灵活、易于根据金融市场的发展变化随时进行修订和完善的优点。银监会制定和发布的规章、规则，构成了银行业监督管理法律体系的重要内容。

2. 市场准入、退出及其业务的审批权

银监会审批银行业金融机构及其分支机构的设立、变更、终止及其业务范围。其中，银行业金融机构的设立，银监会应当自收到申请文件之日起 6 个月内做出批准或者不批准的书面决定；对银行业金融机构的变更、终止，以及业务范围和增加业务范围内的业务品种，银监会应当自收到申请文件之日起 3 个月内做出批准或者不批准的书面决定。银监会对以上事项决定不批准的，应当说明理由。

3. 对银行业金融机构股东资格的审查权

申请设立银行业金融机构，或者银行业金融机构变更持有资本总额或者股份总额达到规定比例以上的股东的，银监会应当对股东的资金来源、财务状况、资本补充能力和诚信状况进行审查，以防止不善经营者或者恶意经营者规避准入管理，以投资方式间接进入并控制银行。

4. 对银行业金融机构高级管理人员任职资格的审核权

目前按照所任职务的重要程度，银监会对银行业金融机构高级管理人员任职资格的审核方式分为核准制和备案制两种。其中，属核准制的由监管主管领导负责签发正式核准文件；属备案制的由主办部门以“备案回复通知书”回复报文机构。在审核对象方面，包括所有被监管机构的董事层、经理层和其他风险控制起决定作用的人员，以及各级分支机构的负责人。在审核内容方面，银监会主要考察高级管理人员的银行经验、其他业务经验和个人品行及有关专业经验，确定以前的行为是否会暴露出其在业务能力、判断能力及品行方面存在问题。

5. 对银行业金融机构实行现场和非现场监管权

银监会应当对银行业金融机构的业务活动及其风险状况进行非现场监管，建立银行业金融机构监督管理信息系统，分析、评价银行业金融机构风险，实现有效监测银行业金融机构的各种风险。同时，银监会应当对银行业金融机构的业务活动及其风险状况进行现场检查。现场检查的范围包括合规经营与风险状况，体现了合规监管与风险监管并重的原则。检查的目的是要通过对银行业金融机构的业务活动、财务活动和管理活动的现场检查和处理，确保银行业金融机构会计报表、统计资料的真实性；保障银行业金融机构审慎经营，提高经营管理水平；保障金融资产的完整，维护金融体系的安全；保护存款人的合法权益。

6. 建立银行业金融机构监管评级体系和风险预警机制的职责

银监会根据监管评级的结果，增加对高风险机构的监管措施的强度，对持续稳健经营的机构则采取常规的监管措施，对问题严重的机构采取特殊的监管措施，以此来合理地分配监管资源，提高监管资源的使用效率和监管的有效性。同时，银监会对银行业金融机构的风险进行早期预警，及时采取预防措施，将风险控制在可以接受的水平之内，实现风险的防范和化解。总之，银监会根据银行业金融机构的评级情况和风险状况，确定对其现场检查的频率、范围和需要采取的其他措施。

7. 建立银行业突发事件的发现、报告制度的职责

银监会发现可能引发系统性银行业风险、严重影响社会稳定的突发事件的，应当立即向其负责人报告；银监会负责人认为需要向国务院报告的，应当立即向国务院报告，并告知中国人民银行、国务院财政部门等有关部门。银监会应当会同中国人民银行、国务院财政部门等有关部门建立银行业突发事件处置制度，制定银行业突发事件处置预案，明确处置机构和人员及其职责、处置措施和处置程序，及时、有效地处置银行业突发事件。

8. 对银行业金融机构数据信息资料的编制、发布权

银监会负责统一编制全国银行业金融机构的统计数据、报表，这是对银行业金融机构实施有效监管的基础，也是银监会履行职责的必要条件。同时，由于银行业是一个垄断性

的行业，银行活动具有较大的外部性，涉及千家万户，必须提高银行业金融机构信息数据的透明度，因而银监会还要按照国家有关规定将所汇总编制的信息资料予以公布。

（四）监督管理措施

根据《银监法》第33~42条的规定，银监会可以采取以下监管措施：

1. 要求银行业金融机构报送资料

中国银监会及其派出机构根据履行职责的需要，有权要求银行业金融机构按照规定报送资产负债表、利润表和其他财务会计、统计报表，经营管理资料以及注册会计师出具的审计报告。这是中国银监会及其派出机构开展非现场监管的重要措施。

2. 现场检查的具体措施

中国银监会及其派出机构根据审慎监管的要求，可以采取下列措施进行现场检查：①进入银行业金融机构进行检查；②询问银行业金融机构的工作人员，要求其对有关检查事项作出说明；③查阅、复制银行业金融机构与检查事项有关的文件、资料，对可能被转移、隐匿或者毁损的文件、资料予以封存；④检查银行业金融机构运用电子计算机管理业务数据的系统。值得一提的是，进行现场检查必须经银行业监管机构负责人批准，且检查人员不得少于两人，并应当出示合法证件和检查通知书，否则银行业金融机构有权拒绝检查。

3. 审慎性监管会谈

中国银监会及其派出机构根据履行职责的需要，可以与银行业金融机构董事、高级管理人员进行监督管理谈话，要求银行业金融机构董事、高级管理人员就银行业金融机构的业务活动和风险管理的重大事项作出说明。

4. 责令银行业金融机构进行信息披露义务

中国银监会及其派出机构应当责令银行业金融机构按照规定的原则、内容、方式和程序，真实、准确、及时、完整地向投资者存款人和相关利益人披露反映其经营管理和财务状况的主要信息，如财务会计报告、风险管理状况、董事和高级管理人员变更以及其他重大事项等信息。

5. 违反审慎经营规则的强制措施

银行业金融机构违反审慎经营规则的，中国银监会或者其省一级派出机构应当责令限期改正。逾期未改正的，或者其行为严重危及该银行业金融机构的稳健运行，损害存款人和其他客户合法权益的，经中国银监会或者其省一级派出机构负责人批准，可以区别情形，采取下列措施：①责令暂停部分业务，停止批准开办新业务；②限制分配红利和其他收入；③限制资产转让；④责令控股股东转让股权或者限制有关股东的权利；⑤责令调整董事、高级管理人员或者限制其权利；⑥停止批准增设分支机构。

银行业金融机构整改后，应当向中国银监会或者其省一级派出机构提交报告。中国银监会或者其省一级派出机构经验收，符合有关审慎经营规则的，应当自验收完毕之日起3日内解除对其采取的前款规定的有关措施。

6. 接管、重组或撤销

银行业金融机构已经或者可能发生信用危机，严重影响存款人和其他客户合法权益的，中国银监会可以依法对该银行业金融机构实行接管或者促成机构重组。银行业金融机构有违法经营、经营管理不善等情形，不予撤销将严重危害金融秩序，损害公众利益的，中国银监会有权予以撤销。

银行业金融机构被接管、重组或者被撤销的，中国银监会有权要求该银行业金融机构的董事、高级管理人员和其他工作人员，按照要求履行职责。在接管、机构重组或者撤销清算期间，经中国银监会负责人批准，对直接负责的董事、高级管理人员和其他直接责任人员，可以采取下列措施：①直接负责的董事、高级管理人员和其他直接责任人员出境将对国家利益造成重大损失的，通知出境管理机关依法阻止其出境；②申请司法机关禁止其转移、转让财产或者对其财产设定其他权利。

7. 查询与申请冻结

经中国银监会或者其省一级派出机构负责人批准，银行业监督管理机构有权查询涉嫌金融违法的银行业金融机构及其工作人员以及关联行为人的账户；对涉嫌转移或者隐匿违法资金的，经银行业监督管理机构负责人批准，可以申请司法机关予以冻结。

8. 对与涉嫌违法事项有关的单位和个人采取的措施

中国银监会及其派出机构依法对银行业金融机构进行检查时，经设区的市一级以上银行业监督管理机构负责人批准，可以对与涉嫌违法事项有关的单位和个人采取下列措施：①询问有关单位或者个人，要求其对有关情况作出说明；②查阅、复制有关财务会计、财产权登记等文件、资料；③对可能被转移、隐匿、毁损或者伪造的文件、资料，予以先行登记保存。银行业监督管理机构采取前款规定措施，调查人员不得少于两人，并应当出示合法证件和调查通知书；调查人员少于两人或者未出示合法证件和调查通知书的，有关单位或者个人有权拒绝。对依法采取的措施，有关单位和个人应当配合，如实说明有关情况并提供有关文件、资料，不得拒绝、阻碍和隐瞒。

（五）法律责任

根据《银监法》第43~49条的规定，违反《银监法》规定的行为应承担下列法律责任：

1. 监管人员违法行为的法律责任

银行业监督管理机构从事监督管理工作的人员有下列情形之一的，依法给予行政处分；构成犯罪的，依法追究刑事责任：①违反规定审查批准银行业金融机构的设立、变更、终止，以及业务范围和业务范围内的业务品种的；②违反规定对银行业金融机构进行现场检查的；③未依法报告突发事件的；④违反规定查询账户或者申请冻结资金的；⑤违反规定对银行业金融机构采取措施或者处罚的；⑥未依照法定程序对有关单位或者个人进行调查的；⑦滥用职权、玩忽职守的其他行为。

银行业监督管理机构从事监督管理工作的人员贪污受贿，泄露国家秘密、商业秘密和个人隐私，构成犯罪的，依法追究刑事责任；尚不构成犯罪的，依法给予行政处分。

2. 擅自设立银行业金融机构或者非法从事银行业金融机构业务活动的法律责任

擅自设立银行业金融机构或者非法从事银行业金融机构的业务活动的，由国务院银行业监督管理机构予以取缔；构成犯罪的，依法追究刑事责任；尚不构成犯罪的，由国务院银行业监督管理机构没收违法所得，违法所得五十万元以上的，并处违法所得一倍以上五倍以下罚款；没有违法所得或者违法所得不足五十万元的，处五十万元以上二百万元以下罚款。

3. 银行业金融机构违法行为的法律责任

（1）银行业金融机构有下列情形之一，由国务院银行业监督管理机构责令改正，有违法所得的，没收违法所得，违法所得五十万元以上的，并处违法所得一倍以上五倍以下罚款；没有违法所得或者违法所得不足五十万元的，处五十万元以上二百万元以下罚款；情节特别严重或者逾期不改正的，可以责令停业整顿或者吊销其经营许可证；构成犯罪的，依法追究刑事责任：①未经批准设立分支机构的；②未经批准变更、终止的；③违反规定从事未经批准或者未备案的业务活动的；④违反规定提高或者降低存款利率、贷款利率的。

（2）银行业金融机构有下列情形之一，由国务院银行业监督管理机构责令改正，并处二十万元以上五十万元以下罚款；情节特别严重或者逾期不改正的，可以责令停业整顿或者吊销其经营许可证；构成犯罪的，依法追究刑事责任：①未经任职资格审查任命董事、高级管理人员的；②拒绝或者阻碍非现场监管或者现场检查的；③提供虚假的或者隐瞒重要事实的报表、报告等文件、资料的；④未按照规定进行信息披露的；⑤严重违反审慎经营规则的；⑥拒绝执行违反审慎经营规则所采取的监管措施的。

（3）银行业金融机构不按照规定提供报表、报告等文件、资料的，由银行业监督管理机构责令改正，逾期不改正的，处十万元以上三十万元以下罚款。

（4）银行业金融机构违反法律、行政法规以及国家有关银行业监督管理规定的，银行业监督管理机构除依法采取上述处罚外，还可以区别不同情形，采取下列措施：①责令银行业金融机构对直接负责的董事、高级管理人员和其他直接责任人员给予纪律处分；②银行业金融机构的行为尚不构成犯罪的，对直接负责的董事、高级管理人员和其他直接责任人员给予警告，处五万元以上五十万元以下罚款；③取消直接负责的董事、高级管理人员一定期限直至终身的任职资格，禁止直接负责的董事、高级管理人员和其他直接责任人员一定期限直至终身从事银行业工作。

4. 其他违法行为的法律责任

阻碍银行业监督管理机构工作人员依法执行检查、调查职务的，由公安机关依法给予治安管理处罚；构成犯罪的，依法追究刑事责任。

主要概念

机构监管　功能监管　综合监管　双峰监管　一行三会　四四六　《银监法》　协调监管原则　独立监管原则

复习思考题

一、单选题

1. 下列不是综合监管优点的是（　　）。

A. 改善监管环境　　B. 适应性强，有效监管创新

C. 避免监管缺位　　D. 有利于防止权力过于集中导致的单点失效

2. 下列说法不正确的是（　　）。

A. 我国目前形成了银行业监管体系框架

B. 中国人民银行负责宏观层面的审慎管理、政策制定和市场干预

C. 银监会负责商业银行的微观审慎监管

D. 保监会和证监会对银行不做任何监管

3. 目前我国银行业监管最主要的还是（　　）。

A. 中国人民银行的监管　　B. 银监会的监管

C. 商业银行内部监管　　D. 银行业协会的自律监管

4. 银行业金融机构的设立，银监会应当自收到申请文件之日起几个月内做出批准或者不批准的书面决定？（　　）

A. 1　　B. 3

C. 6　　D. 12

5. 下列表述正确的有（　　）。

A. 中国银监会有权查询、冻结涉嫌金融违法的金融机构的账户

B. 中国银监会有权审查银行业协会的章程

C. 中国银监会应就突发事件向中国人民银行报告

D. 中国银监会进行现场检查时，检查人员不得少于两人

二、多选题

1. 机构监管的缺点是（　　）。

A. 监管边界模糊，导致无人监管或过度监管

B. 监管标准不一致，造成不公平后果

C. 监管资源浪费

D. 缺乏竞争性，权力巨大

2. 金融部际联席会议制度的主要职责和任务包括（　　）。

A. 货币政策与金融监管政策之间的协调

B. 金融监管政策、法律法规之间的协调

C. 维护金融稳定和防范化解区域性系统性金融风险的协调

D. 交叉性金融产品、跨市场金融创新的协调

E. 金融信息共享和金融业综合统计体系的协调

3. 银监会的监管理念是（　　）。

A. 管法人　　B. 管风险

C. 管内控　　D. 提高透明度

4. 根据《银监法》规定，银行业监管活动应遵守以下哪些原则？（　　）

A. 依法、公开、公正和效率的原则　　B. 独立监管原则

C. 协调监管原则　　D. 跨境监管合作原则

5. 银行业金融机构违反审慎经营规则的，国务院银行业监督管理机构可以采取的措施有（　　）。

A. 责令限期改正

B. 责令暂停部分业务，停止批准开办新业务

C. 限制分配红利和其他收入

D. 停止批准增设分支机构

三、思考题

1. 试述机构监管、功能监管、综合监管和双峰监管各自的优缺点。

2. 简述我国银行业监管体系发展演进的基本路径是什么？

3. 简述“四四六”内容。

4. 简述《银监法》出台的背景及其意义。

5. 根据《银监法》规定，银监会有哪些监管职责？

第三章 巴塞尔协议

【内容提要】

本章主要介绍巴塞尔银行监管委员会和巴塞尔协议Ⅰ、Ⅱ、Ⅲ的形成与发展，阐述历次巴塞尔协议形成背景、原则和主要内容；重点讨论资本监管制度的演进逻辑，巴塞尔协议Ⅱ的风险管理技术处理和巴塞尔协议Ⅲ的核心内容。

【重点与难点】

1. 巴塞尔协议 Ⅰ、Ⅱ的主要内容
2. 巴塞尔协议Ⅲ的产生背景、核心内容及其影响
3. 巴塞尔协议Ⅲ处理信用风险、市场风险和操作风险的方法

【学习目标】

了解巴塞尔协议的形成、发展和演进逻辑，掌握巴塞尔协议Ⅲ的核心内容。

第一节

巴塞尔银行监管委员会（BCBS）

一、巴塞尔银行监管委员会简介

1973 年，布雷顿森林体系固定汇率制度瓦解迅速引发了巨大的动荡。1974 年 12 月 26 日，西德联邦银行监管部门发现梅赫斯塔特银行外汇敞口达到其资本的 3 倍后，吊销了其执照。其他与梅赫斯塔特银行有未结清交易的银行也因此遭受了严重的损失，引发了国际维度上的崩溃。同年 12 月，纽约的富兰克林国民银行也在遭受巨额外汇损失后倒闭。次年 2 月，为了应对国际金融市场的这些混乱状况，改善管理技术和全球银行监管的质量来增强金融系统稳定性，十国集团国家的央行行长商讨建立了银行监管委员会，命名为巴塞尔银行监管委员会（BCBS）（以下简称巴塞尔委员会），其秘书处设在瑞士巴塞尔的国际清算银行。

巴塞尔委员会第一次会议于 1975 年 2 月召开，此后每年定期召集三至四次会议。巴塞尔委员会开始只有十国集团国家作为其成员，但根据 G20 峰会的要求，2009 年 3 月份和 5 月份巴塞尔委员会先后两次扩大成员，目前包括 27 个成员国/地区的 45 家机构和 7 个国际组织。巴塞尔委员会各国的代表机构为中央银行，但如果中央银行不负责银行业审慎监管，那么银行监管当局也是代表机构。比如，我国的中国人民银行和中国银行业监督管理委员会同为成员机构，瑞典的中央银行和金融监管当局也同为成员机构，而美国方面的代表则多达 4 个，即联邦储备理事会、货币监理署、联邦存款保险公司以及纽约联邦储备银行。

在成立初期，巴塞尔委员会为其成员国在银行监管问题上的合作提供了平台。根据十国集团行长们的要求，巴塞尔委员会的首要任务原本是探讨改进“早期预警”系统的方法。其后，巴塞尔委员会曾研究过国际合作的形式，以便弥补监管上的漏洞，提高监管水平，改善全球监管质量。其主要方式有三种：交换在监管安排方面的信息；提高国际银行业务监管技术的有效性；建立资本充足率的最低标准及研究在其他领域制定标准的有效性。现在巴塞尔委员会的宗旨是在于加强银行监管的国际合作，共同防控银行风险，保证国际银行业的安全和发展。

巴塞尔委员会的一项重要工作任务是杜绝国家监管中的漏洞，它遵循着两项基本原则：任何境外银行机构都不可逃避监管；监管在各成员国之中应当是充分的。1983 年 5 月，巴塞尔委员会制定了一份名为“银行境外机构的监管原则”的文件，提出了东道国与母国监管当局之间监管责任分工的原则。1990 年 4 月，为了改善信息在各国之间的交流，又发布了 1983 年协议的补充规定。1992 年 6 月，该协议的某些原则又被重新整理为“最低标准”。这些标准也通知了其他银行监管当局，并邀请他们共同认可上述标准。目前，巴塞尔委员会仍在不断地通过各种途径推动“标准”的制定。1996 年 10 月，巴塞尔委员会发布了一份由联合工作组制定的对跨国银行监管的报告，报告提出了克服有效统一监管国际银行跨境业务难题的建议。这项报告随后被140个国家认可，帮助建立了监管者在国内和东道国之间的关系。

长期以来，巴塞尔委员会在资本充足率的研究上付出了大量的精力。1988年7月，巴塞尔委员会通过了巴塞尔协议Ⅰ，规定银行必须根据自己的信用风险水平持有一定数量的资本。2004年6月，巴塞尔委员会正式发布了巴塞尔协议Ⅱ，新的资本协议对于统一银行业资本及其计量标准做出了卓有成效的努力，在信用风险和市场风险的基础上，新增了对操作风险的资本要求；在最低资本要求的基础上，提出了监管部门监督检查和市场约束的新规定，形成了资本监管的“三大支柱”。2009年以来，基于本轮国际金融危机的教训，巴塞尔委员会对现行银行监管国际规则进行了重大改革，发布了一系列国际银行业监管新标准，并于2010年12月发布了巴塞尔协议Ⅲ。新的资本协议体现了微观审慎监管和宏观审慎监管有机结合的监管新思维，按照资本监管和流动性监管并重、资本数量和质量同步提高、资本充足率与杠杠并行、长期影响与短期效应统筹兼顾的总体要求，确立了国际银行业监管的新标杆。除了有关协议和资本标准的工作外，委员会研究过并曾形成了出版文件的其他监管问题，其中包括对银行外汇头寸的监管、银行国际贷款的管理（国别风险）、银行表外业务风险的管理、防止犯罪分子利用银行系统洗钱、大额风险的监管、衍生产品的风险管理指南和利率风险管理。目前，正在探讨的其他议题包括对金融集团的监管、风险管理和与报告、披露和会计有关的问题。由于所有上述议题的复杂性，很多技术性工作是由各方面专家组成的分委会承担。值得一提的是，巴塞尔委员会并不具备任何凌驾于国家之上的正式监管特权：其文件从不具备、亦从未试图具备任何法律效力。不过，他制定了广泛的监管标准和指导原则，提倡最佳监管做法，期望各国采取措施，根据本国的情况通过具体的立法或者其他安排予以实施。这样，巴塞尔委员会鼓励采用共同的方法和共同的标准，但并不强求成员国在监管技术上的一致性。

巴塞尔委员会许多年来一直与国际证监会组织、保险监管者保持密切合作，不仅就关于银行和证券公司的衍生产品活动的管理、报告和披露等发布了多篇联合报告，还建立了银行、证券与保险监管者联合工作小组，努力为维护金融系统的稳定而共同采取有效措施。巴塞尔委员会还与国际会计标准委员会、国际会计师联合会、国际审计事务委员会、国际商务协会等一些外部组织一起研究了银行与会计、审计等方面的诸多技术性问题，出台了包括有关同业银行确认程序、银行监管者与外部审计师之间的关系和外汇合同的统一规则等文件。2012年6月，巴塞尔委员会发布了《有效风险数据整合能力和风险报告原则》，旨在强化银行的风险数据整合能力和风险报告实践，还发布了《银行内部审计职能》，强化内部审计职能。巴塞尔委员会还与欧盟成员国监管者组成的“联络小组”、“银行监管者离岸集团”、“拉丁美洲和加勒比银行监管与检查组织理事会”等许多监管集团保持着密切的联系，并通过各种方式为这些组织提供帮助，包括提供有关文件、参与有关会议、秘书处提供一定的协助和召开各集团首脑会议协调未来的工作等。此外，为了使更多的国家参与在巴塞尔进行的工作，巴塞尔委员会一直鼓励其成员与其他银行监管当局之间的联络与合作。通过上述合作与联系等途径，巴塞尔委员会所确定的原则得以广为传播。十国集团以外的许多国家都支持“所有国际银行活动均应被置于监管之下”这一根本性目标，因而如今世界上绝大多数国家的监管当局均与其他监管当局进行合作，并对其境内设立与经营的银行公司实施了有效监管。此外，巴塞尔委员会也一直努力促使各国监管当局认识到在国际银行业务领域的相互依赖性。在不同国家监管者之间建立密切的私人关系也对处理与解决各个银行出现的问题提供了极大的帮助。

三十多年来，巴塞尔委员会先后发布了许多银行监管、风险管理的原则、指引和稳健做法，为全球监管当局分享监管技术和经验提供了重要平台，增强了全球银行监管标准的一致性，巴塞尔委员会实际上已经成为银行监管国际监管标准的制定机构。

拓展阅读

巴塞尔委员会章程

Ⅰ. 目的和作用

1. 使命

巴塞尔委员会（BCBS）是银行宏观审慎监管的全球标准制定者，为银行监管合作事项提供了论坛。其任务是加强全球银行的监管，维持金融稳定。

2. 活动

巴塞尔委员会从以下几个方面来达成其使命：

A　交换银行业和金融市场的信息，帮助识别现有的或潜在的国际金融系统风险；

B　共享监管事项、方法和技术促进共同理解，促进跨境合作；

C　建立和促进监管以及指导原则和实践的全球标准；

D　解决可能为金融稳定带来风险的监管和监督上的空白；

E　监控成员国巴塞尔协议标准的实施，确保他们及时、有效、一致地实施其标准；

F　在政策制定过程中咨询非巴塞尔协议成员国的央行和监管当局，促使巴塞尔委员会的准则、指导和实践在成员国以外顺利实施；

G　协调和配合其他金融行业标准制定者和国际组织，尤其是那些有关促进金融稳定的组织。

3. 法律地位

巴塞尔委员会并不拥有任何正式的超越国家的权威，其决策没有法律效力。相反，巴塞尔委员会依赖于其成员的承诺，实现其使命。

Ⅱ. 成员

4. 巴塞尔委员会成员

（1）巴塞尔委员会成员包括银行监管当局和中央银行；

（2）咨询过委员会后，巴塞尔委员会主席可以邀请其他组织成为委员会观察员；

（3）委员会成员和观察员的身份要定期审查；

（4）以新成员国家银行对全球金融稳定的作用来作为接收新成员的依据，委员会将会向其监督机构提出改变成员的建议；

(5) 秘书处将在其网站上发布委员会成员和观察人士的名单。

5. 成员的责任

巴塞尔委员会成员的责任有：

A 协助完成巴塞尔委员会的使命；

B 促进金融稳定；

C 不断提高银行监管的质量；

D 为巴塞尔委员会的标准、准则和良好实践做出积极贡献；

E 在委员会预先规定的时间内实施和应用委员会的标准；

F 接受和参与委员会对国内规则和监管实践一致性、有效性的评估；

G 促进全球利益，参与委员会工作和决策。

Ⅲ. 监管

6. 央行行长和监督负责人小组（GHOS）

GHOS 是巴塞尔委员会的监管机构，委员会向 GHOS 汇报并寻求其重大决策的支持。此外，GHOS 还将：

A 支持巴塞尔委员会章程和文件的修改；

B 确定巴塞尔委员工作计划的大方向；

C 从其成员中任命巴塞尔委员会主席。如果巴塞尔委员会主席不再是 GHOS 成员，GHOS 将委任一个新主席。

Ⅳ. 组织

7. 结构

巴塞尔委员会的内部组织结构包括：

A 委员会；

B 小组、工作小组和任务小组；

C 主席；

D 秘书处。

8. 委员会

委员会是巴塞尔委员会最终决策机构，负责确保其职责的实现。

8.1 责任

委员会的责任是：

A 巴塞尔委员会在 GHOS 提供的大方向下发展、指导和监控工作计划；

B 建立和促进巴塞尔委员会标准、准则和良好实践；

C 建立和解散小组、工作小组；批准和修改他们的命令，和监控他们的进展；

D 建议 GHOS 修改巴塞尔委员会的章程；

E 决定组织规定。

8.2 委员会会议次数

委员会通常 4 年举行一次会议。然而，委员会主席可以根据需要决定附加会议。

8.3　委员会会议的代表

委员会主席主持委员会会议，所有成员国和观察员有权任命一个代表参加委员会会议，其代表应该是该国相应组织的高级官员。委员会会议上的代表应该是银行监管机构的主管，银行政策的制定者，央行行长或者金融稳定机构的主管。

8.4　决定

委员会的决定须是由其成员所达成的共识。

8.5　决定的沟通

应通过巴塞尔委员会的网站沟通委员会的决定，委员会应当在合适的时间开展对其决定的沟通。

9. 小组、工作小组和任务小组

巴塞尔委员会的工作大多在小组、工作小组和任务小组之间展开，秘书处应罗列政策可行的巴塞尔小组和工作小组。

9.1　小组

巴塞尔委员会小组直接向委员会汇报。他们由巴塞尔委员会成员国的资深员工组成，巴塞尔委员会小组组成了巴塞尔委员会内部结构的一部分，因此没有特定的交付或结束日期。

9.2　工作小组

工作小组由成员国的专家组成，支持巴塞尔委员会小组的技术工作。

9.3　任务小组

任务小组在有限时间内执行特定任务，通常是由成员机构的技术专家组成。然而，这些分组是由委员会划分，来处理需要提示该委员会的注意具体问题。在这种情况下，他们被称为高级任务小组。

10. 主席

主席指导委员会的工作使之与委员会的使命相一致。

10.1　任命

主席是由 GHOS 任命，每次任期 3 年，可以连任一次。

10.2　责任

主席的责任有：

A　召集和主持委员会会议。如果主席不能出席委员会会议，他或她可以指定秘书长代表他/她主持会议；

B　监控巴塞尔委员会工作计划的进展，并提供会议之间的业务指导，弘扬委员会的决策和指导；

C　合适时候向 GHOS 汇报；

D　对外代表巴塞尔委员会，并且是巴塞尔委员会的主要发言人。

11. 秘书处

秘书处设在国际清算银行（BIS），支持委员会的工作的组织，由主席指导其工作。秘书处主要是由专业人员组成的，大多数临时借调的委员会成员。

11.1 责任

秘书处的责任有：

A 为委员会、小组、工作小组和任务小组提供支持和协助；

B 确保所有委员会成员及时和有效获取信息；

C 促进小组、工作小组和任务小组之间的协调；

D 促进委员会成员和非成员之间的密切联系；

E 促进委员会和其他机构之间的合作；

F 维持委员会记录，管理委员会网站，处理委员会的沟通；

G 完成委员会和主席交付的其他任务。

11.2 秘书长

秘书长向主席汇报并指导秘书处的工作。秘书长管理分配给秘书处的资金以及人力物力资源。他/她也协助主席对外代表委员会。

秘书长的选举由委员会和/或 GHOS 以及国际清算银行的高级代表把关，任期通常为3年。

11.3 副秘书长

副秘书长向秘书长报告并协助其完成他/她的职责。如果秘书长缺席，可授权副秘书长代替。副秘书长由秘书长和主席一起选举。

11.4 秘书处的位置

秘书处在巴塞尔的国际清算银行。

Ⅴ. 巴塞尔委员会标准、准则和良好实践

12. 标准

巴塞尔委员会提出了宏观审慎的银行监管标准。巴塞尔委员会期望在成员国和国际活跃银行中全面实施该标准。委员会通过各自法律制定过程来将其标准与当地立法框架相融合。

13. 准则

准则制定的标准被认为是良好的银行的审慎监管，特别是国际活跃银行。他们通常通过提供额外的指导补充委员会标准以保障准则顺利实施。

14. 良好实践

良好实践通常描述实际观察到实践，目标为促使共同的理解和提高监督或银行实践。

委员会鼓励其成员将他们的实践与应用本身及其监督机构的实践相比较，识别潜在的需要改进的地方。

Ⅵ. 非成员国的征求意见

15. 非成员国的征求意见

与第二节所描述的活动相一致，委员会致力于通过以下结构和机制广泛征求非成员国意见。

15.1 巴塞尔协商小组

巴塞尔协商小组为深化委员会与世界各国的银行探讨监管问题提供了一个论坛。它在早期通过聚集不同国家的高级代表、非委员会成员的国际组织和区域组织的过程中，广泛促进了委员会与非成员国监管当局的对话。

15.2 银行监管的国际会议

银行监管的国际会议为全世界的监管者提供了一个讨论共同关心的问题的场所。

15.3 委员会小组、工作小组、任务小组的参与者

非会员成员以观察者的身份参与为委员会的政策制定工作做出贡献。

15.4 金融稳定培训学院（FSI）

金融稳定培训学院与BCBS和BIS一起协助世界各国实施审慎标准，BCBS支持FSI的活动。这些都是针对中央银行和监管机构高层决策者，并提供一系列的地区论坛宣传BCBS的标准，让参与者更新在委员会的工作，共享监管实践和担忧，并建立和维持强大的联系。

15.5 区域组织的银行业监管

BCBS支持全球银行业监管的地区组织的工作和活动。秘书处工作人员可参与这些组织会议，以交流思想并将有关信息向BCBS反馈。

Ⅶ. 与其他国际金融机构的联系

16. 国际合作

BCBS与其他国际金融标准制定者和公共部门机构合作，以求实现政策发展和实现的更好协调。在执行他们支持这一合作的职责中，主席和秘书处将特别注意需要遵守BCBS的正当程序和治理安排。

与其他国际金融标准制定者一起，BCBS负责银行、证券和保险部门组成的联合论坛的工作，在这里标准制定者共同关心的问题可以得到解决。

BCBS是金融稳定委员会（FSB）的成员，参与FSB的工作制定，协调和促进有效监管的实施。

Ⅷ. 公共协商过程

17. 起草标准、准则和良好实践的公共协商过程

原则上，BCBS将寻求所有利益相关方的政策建议。协商过程将包括向利益相关方发行公开邀请，委托其在一个指定的时间段向委员会提供政策建议。磋商期间通常要持续90天，但也极有可能更短或更长。除非回应者要求保密处理，作为一般规则，公共邀请提出的建议将被发表到BCBS网站。

二、巴塞尔委员会的发展历程

随着时代的变化与金融业的演变，巴塞尔委员会也在与时俱进。巴塞尔委员会主席英韦斯便在2013年纪念委员会成立25周年的会议上明确了巴塞尔委员会今后四个方面的工作：

第一，巴塞尔委员会从一个协调和信息共享的组织演变为标准制定者。尽管1975年的协议是第一个实质性协议，也是首个公开文件，然而它不是一个标准化的文件，相反，它是一个对于跨国经营的银行，监管职责应当如何划分的协议。其目标是确保没有银行可以逃避监管，它并没有试图统一监管标准，并且该协议主要是针对监管者，而不是银行本身。随后几年，巴塞尔委员会开始对银行如何管控风险设定了期望，巴塞尔协议Ⅰ的出台标志着委员会这项新职责的开始。1974年，严重的危机加速了改革的进程，在这种情况下，19世纪80年代初的拉美债务危机，引发了要求银行提高其资本基准、要求监管者在该方面建立国际标准的政治压力。从那时候开始，巴塞尔委员会作为标准制定者的角色开始慢慢成长。巴塞尔委员会10年的时间发布了它的前10个文件，而仅2013年巴塞尔委员会就发布了30多个文件，并且相信以后这个数字将不断上升。但是所有公众的关注都集中在巴塞尔委员会标准的制定，其信息共享等“幕后”职责也是非常重要的，因为没有强有力的监督和合作，调控很难是成功的。

第二，国际金融市场的日益先进化和复杂化。最初的巴塞尔协议的魅力在于其简单，但是它已经跟不上日益复杂的金融工具发展的步伐。这种变化为社会发展提供了巨大的益处，但是巴塞尔协议Ⅰ已经无法满足其监管需求。巴塞尔委员在巴塞尔协议Ⅱ中做出的回应则标志着委员会改革的另一个转折点，即从“一刀切”的体制转变为使用不同内部模型的区别化方法。这意味着监管制度更好地与银行潜在风险相一致，监管并不再是简单地或完全地在银行间统一了。如其他任何变化一样，它已经带来了一些不容置疑的好处，但同时它也在创造我们现在仍在面对的一系列新的挑战。

第三，全球化的发展。作为十国集团的产物，巴塞尔委员会的要求最初可以覆盖全球大部分真正在国际市场上活跃的银行。不过，随着银行和金融市场日益跨越国界实现一体化，使得标准制定者对所有国际活跃银行难以自圆其说。在20世纪90年代和21世纪初，巴塞尔委员会很好地利用了核心原则联络小组（CPLG）来寻求十国集团之外成员的意见。在开发巴塞尔协议Ⅱ时，CPLG做出了富有建设意义的贡献。但是，随着非委员会成员国家规模和重要性的增长，这种安排也变得愈发站不住脚。2009年，由于委员会在全球经济危机时起到有效协调作用，巴塞尔委员会开始从本质上从十国集团向二十国集团（G20）转变。如今，巴塞尔委员会对全球银行资本的覆盖率已从60%增长至90%，更大的包容性反过来也提高了巴塞尔委员会标准的合法性和认可度。

第四，从微观到宏观审慎的思考角度的转变。在巴塞尔委员会的历史中，主要集中在微观审慎问题。在危机以前，非常普遍的一种视角是，假定银行个体是稳定的，那么金融体系本身也将是保持正常的。但是金融危机给了我们深刻的教训，金融稳定性不能仅仅通过微观审慎工具来保障。巴塞尔协议Ⅲ代表了巴塞尔委员会发展又一重要的一步。巴塞尔协议Ⅲ大幅度加强了微观审慎的框架，并且在逆周期缓冲时，它同时提出了第一个有关宏观审慎工具的国际协议。对于系统重要性银行（包括全球和国内）的框架的后续工作进一步扩大了巴塞尔委员会在相关领域的介入。

第二节

巴塞尔协议Ⅰ

一、巴塞尔协议Ⅰ的产生背景

从20世纪60年代开始，银行业金融创新层出不穷，银行开始突破传统银行业务的限制，投机之风盛行。其中，特别是国际大型商业银行在业务呈现出全球化、金融操作与工具不断创新以及加大投机活动等发展过程中，越来越脱离国内的银行管制，再加上国际银行监管又十分薄弱，使银行监管出现很大的漏洞，致使其风险不断累积，一些银行受到巨大损失，严重危害各国存款人的利益。结果在1974年，连续有三家大型国际商业银行，即德国赫斯德特银行、纽约富兰克林国民银行和英国—以色列银行相继倒闭，使许多国家的客户遭受巨大损失，也促使监管机构在惊愕之余开始全面审视拥有广泛国际业务的银行监管问题。于是，巴塞尔委员会在1975年发布了《银行海外分支机构监管原则》（又称《库克协议》）。该协议对海外银行监管责任进行了明确的分工，规定监管的重点是现金流量与偿付能力，这是国际银行业监管机关第一次对国际商业银行实施监管。同时，该协议也提出两个值得注意的问题：一是特定的国际银行集团的结构问题对具体监管的影响；二是强调监管当局之间信息交流的重要性。

由于各国的监管标准存在较大差异，东道国与母国之间监管责任划分的实际适用上也存在不同意见，因而巴塞尔委员会于1983年5月对1975年《库克协议》进行具体化与细化。比如，明确了母国和东道国的监管责任和监督权力，分行、子行和合资银行的清偿能力、流动性、外汇活动及其头寸各由哪方负责等，由此体现"监督必须充分"的监管原则。这两份协议并没有实质性差异，其总体思路都是"股权原则为主，市场原则为辅；母国综合监督为主，东道国个别监督为辅"，但是两者对清偿能力等监管内容都只提出了抽象的监管原则和职责分配，未能提出具体可行的监管标准。

1988年7月，巴塞尔委员会通过了《关于统一国际银行的资本计算和资本标准的协议》（简称巴塞尔协议Ⅰ）。巴塞尔协议Ⅰ主要针对的是信用风险和市场风险，旨在通过实施资本充足率标准来提高国际银行系统的稳定性，消除因各国资本要求不同而产生的不公平竞争。同时，巴塞尔协议Ⅰ比1975年《库克协议》和1983年协议又前进了一大步，因为通过对资本充足率的规定，银行业监管机关可以加强对商业银行资本及风险资产的监管，对衍生工具市场的监管也有了量的标准。

二、巴塞尔协议Ⅰ的核心内容

（一）巴塞尔协议Ⅰ制定总原则

巴塞尔协议Ⅰ的资本充足率作为国际活跃银行监管的标准，并将表外业务纳入资本监管，这无疑是一个巨大的进步。巴塞尔协议Ⅰ设计的总原则是：根据不同资产信用风险的大小，设定各项内资产和表外项目的风险权重；将各项资产乘以其对应的风险权重得到总的风险加权资产，总资本除以总的风险加权资产不得低于8%。巴塞尔协议Ⅰ出台以后，不仅被用于国际活跃银行的监管，还广泛地为许多国家所接受，被用于国内的商业银行监管。

（二）巴塞尔协议Ⅰ的主要内容

巴塞尔协议Ⅰ的制定旨在增强国际银行业的安全性和稳健性，消除国际银行业不平等竞争的根源。该协议包括三方面内容：

1. 明确监管资本构成

监管资本包括三个层次的资本。第一个层次是核心资本，也称一级资本，主要包括实收资本或普通股、公开储备（股票发行溢价、资本公积、盈余公积、留存利润）；第二个层次是附属资本，也称二级资本，主要包括未公开储备、重估储备、不超过风险加权资产1.25%的一般准备、混合资本债务工具、长期次级债务工具；第三个层次是三级资本，1996年巴塞尔委员会发布《关于市场风险资本要求补充规定》允许短期次级债券作为三级资本抵御市场风险。

2. 确定资本应覆盖银行的信用风险，并明确风险权重计算方法

根据资产类别、性质以及债务主体，按照0%、10%、20%、50%和100%五个风险档次，计算信用风险加权资产。其中表内加权风险资产的具体计算公式为：

表内加权风险资产＝Σ（表内资产×风险权数）在计算表外资产时则是根据其所承受的不同的信用风险，规定相对应的信用换算系数，目的在于将表外项目资产转换为表内项目资产，然后再根据表内项目对应的风险权数进行加权风险资产的计算。表外加权风险资产的具体计算公式为：表外加权风险资产＝Σ（表外项目资产×信用换算系数×表内对应项目资产的风险权数）。加权风险总资产数额即为表内加权风险资产与表外项目加权风险资产的加总。

3. 确定最低资本充足率要求

资本与表内外风险加权资产的比率不得低于8%，核心资本与表内外风险加权资产的比率不得低于4%。

巴塞尔协议Ⅰ在推进全球银行监管一体化方面具有划时代意义，该框架所体现的以资本约束风险，进而保持银行体系稳健性的思路，资本、风险加权资产和资本充足率成为银行资本监管的核心三要素。

三、巴塞尔协议Ⅰ的主要问题

20世纪90年代以来，伴随国际金融市场发展、金融创新和管制放松浪潮和风险管理技术更新，巴塞尔协议Ⅰ暴露出风险管理和实施的缺陷，其有效性面临挑战。

（一）涵盖的风险种类少，未全面反映银行面临的风险

巴塞尔协议Ⅰ和1996年的《关于市场风险资本要求补充规定》，仅考虑信用风险和市场风险，没有考虑商业银行面临的银行账户利率风险、操作风险、声誉风险、流动性风险等其他风险。随着风险计量手段的改进，商业银行管理信用风险和市场风险有效性大为增强。与此同时，随着利率管制的放松，银行越来越多地借助计算机系统进行业务操作以

及银行业务的复杂化，操作风险、银行账户利率风险、业务外包风险以及交叉风险却呈不断上升的趋势，直接威胁银行的生存，应在监管制度上予以高度关注。

（二）缺乏风险敏感性，不能有效区分资产的风险

巴塞尔协议Ⅰ根据债务人身份不同对各类债权分别给予了0%、20%、50%和100%的风险权重。风险权重的设计没有反映一些信用风险的决定因素，如对于所有企业贷款，无论企业所处的行业、市场地位、规模、财务实力和管理水平统一给予100%的风险权重，要求银行安排相同数量的监管资本显然不能反映资产的真实风险程度；对各类资产的风险加权资产简单进行相加，根本未能考虑资产分散化效应；对各类银行施加同样的资本要求，在监管制度上未反映银行风险管理水平差异。缺乏风险敏感性的资本监管制度对商业银行的信贷行为产生反向激励，促使商业银行更多地发放高风险贷款，因为高风险贷款的利率高，可以提高商业银行的资产回报率，但这将导致资产实际风险程度上升，与监管当局强化资本监管的初衷背道而驰。例如，银行通过证券化，即可将这部分资产的监管资本风险权重由100%减少至20%，但实际风险没有任何减少。监管资本套利会导致整个银行系统风险加大。

（三）导致监管资本套利，弱化了资本监管的有效性

所谓监管资本套利是指商业银行在无需或只需少量降低风险水平的情况下，减少监管资本要求的做法，因为金融创新使得银行越来越容易通过“粉饰”提高其报告的资本充足率，但并没有提高其稳健性。监管资本已不能代表银行吸收风险的实际能力。监管资本套利方法包括：一是所谓“为我所用”（Cherry - picking）的方法，即通过资产证券化的手段将资产从表内剔除，保留那些相对经济风险监管资本要求较少的资产（高风险资产）。二是重构金融合同，将资产负债表内信用风险转化为几乎等价的对资本需求较少的表外头寸。三是对一些特定的金融工具，将其头寸从银行账户转移到交易账户，通过采用内部模型法降低资本要求。

（四）采用经合组织俱乐部法，不能充分反映国家转移风险

巴塞尔协议Ⅰ对国家转移风险采取了极端简单化的处理方法，对经合组织成员国的债权分配0%的风险权重，而对非OECD成员国的债权给予100%的歧视性风险权重。这一方面造成国与国之间巨大的风险权重差距（最多为100%），致使信用分析评判中的信用标准扭曲为国别标准；另一方面则容易对银行产生误导，使银行放松对OECD成员国贷款信用风险的警惕，同时不利于持有非OECD成员国的资产。

第三节

巴塞尔协议Ⅱ

一、巴塞尔协议Ⅱ修订的原则与目标

由于巴塞尔协议Ⅰ简单、易于操作，且经过十多年的实施，已成为名副其实的国际银

行业竞争规则和国际惯例，在加强银行业监管、防范国际金融风险中发挥出了重要作用。随着金融领域竞争的加剧与金融创新的日新月异，新的风险管理技术迅速发展，使得巴塞尔协议Ⅰ渐渐显得不能适应时代的需要，也在执行过程中遇到了越来越多的问题。在这样的背景下，1999 年 6 月，巴塞尔委员会决定修订巴塞尔协议Ⅰ，提出了以三大支柱——资本充足率、监管部门监督检查和市场纪律为主要特点的新资本监管框架草案第一稿，并广泛征求有关方面的意见。2004 年 6 月 26 日，十国集团的央行行长一致通过《资本计量和资本标准的国际协议：修订框架》（简称巴塞尔协议Ⅱ），并承诺从 2007 年 1 月 1 日开始实施巴塞尔协议Ⅱ。

巴塞尔协议Ⅱ的起草、修订工作的技术含量非常高，修订原则是力求反映业界风险管理技术进步和监管理念的更新，但又不可避免地包含了大量的妥协因素，以满足不同国家监管部门的需要。巴塞尔协议Ⅱ同时包含了制度约束和激励结构两方面因素，只有平衡实施三大支柱才能实现两者的有机结合，各国特别是新兴市场国家实施巴塞尔协议Ⅱ面临重大的挑战。巴塞尔协议Ⅱ资本监管方式在两个方面发生重大转变，一是由基于规则向基于过程的转变；二是从设定监管资本向基于经济资本配置的转变。

巴塞尔委员会表示，巴塞尔协议Ⅱ力求实现五个方面的目标：一是促进安全稳健性（保持总体资本水平不变）；二是促进公平竞争；三是更全面地反映风险；四是更敏感地反映风险；五是新资本协议实施的重点是"国际活跃银行"，基本原则适用于所有银行。制定新资本协议的指导思想是：商业银行的监管要求与其主要风险更紧密地联系起来，为银行提高风险计量与管理水平提供奖励。具体做法是：充分强调银行内部风险评估在资本充足率决定中的作用。

二、巴塞尔协议Ⅱ实施风险管理的技术背景

20 世纪八九十年代，在全球放松金融管制的推动下，通讯和计算机技术在银行业的广泛采用，以及金融工程发展的共同推动下，欧美大型银行风险管理技术和手段变革速度加快，主要呈现出以下三个趋势：

（一）风险计量模型的广泛运用

以风险价值（VaR）模型为代表的风险计量技术最初运用于交易性业务，随着金融市场的发展，欧美大型银行不断扩大风险模型的运用，将其扩大到信用风险和操作风险，采用量化工具来识别、计量风险，并进行风险定价。

（二）风险管理工具多元化

传统上，商业银行主要通过资产负债表的合理匹配和优化组合等方法管理风险。伴随着金融市场的发展，商业银行通过采用期货、远期、互换和期权等手段进行风险对冲，风险管理的主动性增强。

（三）经济资本配置技术的发展

为最大限度地提高资本使用效率，商业银行越来越多地采用经济资本技术，采用模型的方法在不同业务条线和不同机构之间配置资本。在 20 世纪，随着全球化金融市场的形成，流动性充足，金融市场运行平稳，使得按模型计量的风险和相应的资本显著低于按 1988 年巴塞尔协议Ⅰ计算的资本要求，因此欧美大型银行强烈呼吁改革资本监管规则，

以尽可能降低监管成本，提升股本收益率。

三、巴塞尔协议Ⅱ的核心内容

与1988年巴塞尔协议Ⅰ相比，巴塞尔协议Ⅱ的篇幅扩大了近10倍，复杂程度提高，确立了资本监管的“三大支柱”：即第一支柱最低资本要求；第二支柱监管当局的监督检查；第三支柱以风险披露为基础的市场约束。巴塞尔协议Ⅱ的总体框架如图3-1所示。

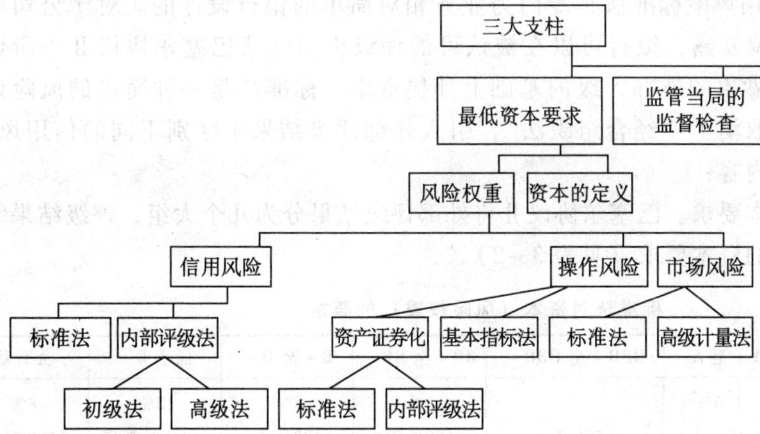

图3-1 巴塞尔协议Ⅱ的总体框架

（一）第一支柱：最低资本要求

商业银行必须持有足够的资本，应对信用风险、市场风险和操作风险。巴塞尔协议Ⅱ框架下最低资本要求与1988年巴塞尔协议Ⅰ一致，并沿用了1988年巴塞尔协议Ⅰ的资本定义，唯一例外的是，若银行使用内部评级法计算信用风险加权资产时，贷款损失准备计量方法和计入二级资本的数量与1988年巴塞尔协议Ⅰ的规定有所不同。巴塞尔协议Ⅱ保留了1996年巴塞尔委员会发布的《关于市场风险资本要求补充规定》的内容，未对市场风险的资本监管规则做出重大调整，仅进一步明确了交易账户的定义。在第一支柱框架下：

资本充足率计算公式：资本充足率＝资本/总风险加权资产（信用风险＋市场风险＋操作风险）

商业银行资本充足率最低要求是：资本充足率≥8%；核心资本充足率≥4%。

巴塞尔协议Ⅱ处理信用风险、市场风险和操作风险的方法见表3-1。

表3-1 处理三种风险的方法

信用风险	市场风险*	操作风险
（1）标准法	（1）标准法	（1）基本指标法
（2）内部评级初级法	（2）内部模型法	（2）标准法
（3）内部评级高级法		（3）高级计量法

1. 信用风险

针对1988年巴塞尔协议Ⅰ缺乏风险敏感性的弱点，巴塞尔协议Ⅱ进行了重大创新，即按照外部和内部信用评级来确定信用风险暴露的风险权重，以期资本要求能敏感反映资产的风险度。

根据巴塞尔协议Ⅱ，银行可从表3－1中的三种方法中选择一种方法，计量应对信用风险的最低资本要求。

（1）标准法。信用风险标准法是专门为业务相对简单的银行设计的。对于公司风险暴露和资产证券化风险暴露，银行可以在被认可的评级机构（或巴塞尔协议Ⅱ中所说的外部信用评级机构）做出的外部评级的基础上计提资本。标准法是一种简单的风险计量方法，巴塞尔协议Ⅱ取消了“经合组织法”，引入外部评级结果来区别不同的信用风险。标准法主要包括两大内容：

①风险权重及资本要求。巴塞尔协议Ⅱ将外部评级结果分为几个大组，评级结果级别高的资产，享受较低的资本要求（见表3－2）。

表3－2　　标准法对资本（风险权重）的要求

（%）	AAA至AA－	A＋至A－	BBB＋至BBB－	BB＋至BB－	B＋至B－	低于B－	无评级
主权	0%（0% W）	1.6%（20% W）	4%（50% W）	8%（100% W）	8%（100% W）	12%（150% W）	8%（100% W）
*	1.6%（20% W）	4%（50% W）	8%（100% W）	8%（100% W）	8%（100% W）	12%（150% W）	8%（100% W）
**	1.6%（20% W）	4%（50% W）	4%（50% W）	8%（100% W）	8%（100% W）	12%（150% W）	4%（50% W）
***	1.6%（20% W）	1.6%（20% W）	1.6%（20% W）	4%（50% W）	4%（50% W）	12%（150% W）	1.6%（20% W）
公司	1.6%（20% W）	4%（50% W）	8%（100% W）	8%（100% W）	12%（150% W）	12%（150% W）	8%（100% W）
证券化	1.6%（20% W）	4%（50% W）	8%（100% W）	28%（350% W）	扣除（＝1，250%）	扣除（＝1，250%）	扣除（＝1，250%）

注：*为采用方案一的银行（以主权评级为基础）；**为采用方案二的银行（以银行自己评级为基础）；***为采用方案二的银行（贷款期限<3个月）。W为风险权重（Risk Weight）。

商业银行可以采用两种方案确定对其他银行债权的风险权重：方案一是与主权评级挂钩，按所在国家的主权评级降一档确定对银行债权的资本要求；方案二是直接根据该银行的外部评级确定风险权重。

为解决1988年资本协议框架下的“资本套利”，巴塞尔协议Ⅱ专门规定了资产证券化风险暴露的资本要求，对评级较低的资产证券化风险暴露设置了高于相同评级的非证券化风险暴露的风险权重。

相比之下，巴塞尔协议Ⅱ下调了住房抵押贷款的风险权重，同时降低了零售业务贷款的风险权重，并将满足一定条件的中小企业（SMEs）贷款视作零售贷款处理。

②信用风险缓释。标准法的另一个重要内容是：扩大了标准法下可以用于降低资本要求的合格抵押和质押品、保证主体和信用衍生产品的范围。巴塞尔协议Ⅱ将这类工具统称为信用风险缓释工具，包括绝大多数金融产品。根据银行风险管理能力的差异，允许商业银行使用简易法和综合法考虑抵押和质押工具的风险缓解效应。标准法扩大了合格保证人的范围，包括符合一定外部评级条件的各类公司。信用评级为“A-”或以上的企业（包括保险公司在内）和证券公司，均可作为合格保证人。巴塞尔协议Ⅱ极大地扩大了金融抵押和质押物的范围，评级为“BB-”或以上的主权债券、其他评级为“BBB-”以上的债券、上市公司股票、共同基金以及黄金等，均可充当抵押和质押品。

（2）内部评级法。内部评级法针对的是风险计量和管理系统更为复杂的商业银行而设计的。银行可以内部计量的风险参数计算信用风险权重。内部评级法试图将使监管资本要求（即监管当局要求的资本）与银行内部估计的经济资本（即银行认为应对其业务涉及的各种风险所需要的资本）更加一致。

内部评级法是巴塞尔协议Ⅱ的核心内容，包括三个方面内容：一是银行必须能够估计一套用于计算信用风险资本的风险参数；二是银行必须采用统一的风险权重函数计算风险权重；三是使用内部评级法的银行必须达到一系列合格标准。

内部评级法力求计算银行潜在经济损失，其中包括两项：一是预期损失，即银行能够合理预计的自身资产可能发生的平均损失，这将由银行的贷款损失准备金覆盖；二是非预期损失，即超出银行预期的损失，是基于信用资产组合潜在损失的统计分布，使用99.9%置信水平做出的估计（指银行在下一年度，损失超出最低资本要求的概率，为千分之一）。

估计银行信用风险资本要求的风险参数包括：一是违约概率，指在特定时间内，借款人违约的概率；二是违约损失率，指银行预期违约将带来的损失率（等于1-回收率）；三是违约风险暴露，反映了银行预期的借款人使用借款承诺或使用其他信用工具的总额；四是期限，长期贷款面临更大的信用风险。

为保证内部评级法下信用风险资本计量的审慎性，巴塞尔协议Ⅱ要求采用内部评级法的银行必须满足一系列要求，具体包括：内部评级体系的设计、内部评级的流程、内部评级体系的公司治理、风险基础、风险量化过程、IT系统、内部评级体系的验证和使用测试等许多方面。

此外，考虑到商业银行的实际情况，为鼓励商业银行逐步向高级方法过渡，巴塞尔协议Ⅱ将内部评级法分为初级法和高级法两种：①内部评级初级法，是根据内部评级初级法的要求，银行只需要估计债务人的违约概率，其他参数由监管当局统一规定；②内部评级高级法，即采用内部评级高级法的银行，银行应满足更高的标准，可以自行估计违约概率、违约损失率、违约风险暴露以及期限等风险参数。

2. 市场风险

市场风险是因市场价格波动而导致表内外头寸损失的风险，包括交易账户中受到利率影响的各类工具及股票所涉及的风险、银行的外汇风险和贵金属等商品风险，它们同样需要计提资本金来进行约束。巴塞尔协议Ⅱ未对市场风险的资本监管规则做出重大调整，依然遵循《关于市场风险资本要求补充规定》的内容，所以对市场风险的计量办法仍是标准法和内部模型法。其中，标准法是将市场风险分解为利率风险、股票风险、外汇风险、商品风险和期权的价格风险，然后对各类风险分别进行计算并加总；内部模型法也就是基于银行内部 VaR 模型的计量方法，这是将借款人分为政府、银行、公司等多个类型，分别按照银行内部风险管理的计量模型来计算市场风险，然后根据风险权重的大小确定资本金的数量要求。

3. 操作风险

操作风险是指由内部程序、个人或系统的不足或失败造成的损失风险。操作风险包括法律风险，但不包括声誉风险和策略风险。将操作风险纳入资本监管是巴塞尔协议Ⅱ的重要创新之一，扩大了资本覆盖风险的范围。操作风险的资本计量方法有三种：

（1）基本指标法。这种方法要求以最近3年平均年收入的15%计提资本要求。

（2）标准法。标准法将年度总收入按照不同的产品线进行拆分，并分别给予不同的操作风险权重。商业银行操作风险资本要求等于各产品线操作资本要求的资本之和。采用标准法计提操作风险资本要求，商业银行必须符合巴塞尔协议Ⅱ提出的各项最低标准。

（3）高级计量法。高级计量法是以银行内部估计操作风险为基础，计算资本要求的操作风险资本计量方法。商业银行采用高级计量法必须符合巴塞尔协议Ⅱ关于数据和计量方法的标准，并且得到监管当局的事前批准。

4. 过渡期

巴塞尔协议Ⅱ允许银行采用信用风险内部评级法和操作风险高级计量法计量资本要求，是资本监管方法的重大改变。为防止采用新的方法导致商业银行资本要求大幅度下降（资本充足率显著上升），巴塞尔委员会对采用内部评级法和高级计量法导致规定了过渡期内资本底线要求。实施高级方法4年内（假定2006年年底正式实施巴塞尔协议Ⅱ。如果某银行推迟实施内部评级法，则作顺延调整）的资本底线的具体实施方案见表3－3。

表3－3　　未来4年的资本底线

	2005年年底起	2006年年底起	2007年年底起	2008年年底起
内部评级初级法	双轨制计算	95%	90%	80%
内部评级高级法	双轨制计算或定量影响分析	双轨制计算	90%	80%

（二）第二支柱：监管当局的监督检查

许多银行监管当局在要求商业银行满足最低资本充足率标准的同时，都已经在不同程度上加强对商业银行资本充足率的监督检查，以提高单个银行乃至银行体系的稳定性。巴塞尔委员会把这些行之有效的做法引入了巴塞尔协议Ⅱ，提出了四项原则，形成了巴塞尔协议Ⅱ的第二支柱——监管当局的监督检查，但实施这四大原则的具体监管作法，由各国自行确定。其主要内容如下：

1. 商业银行对确保资本充足负首要责任

银行应建立资本评估程序，针对自身的风险状况，对资本充足水平进行评估，并制定保持相应资本水平的战略。商业银行管理层对银行持有充足资本以应付面临的风险负有主要责任。商业银行确定内部资本的目标水平应有充分的依据，符合其整体风险状况和经济环境。完善的资本评估程序应包括五个方面的内容：

（1）董事会和高级管理层的监督。银行管理层制定明确的资本规划，并监督资本规划的实施。

（2）健全资本评估程序的基本要素包括：识别、计量和报告所有实质性风险的政策和程序；根据风险状况调整资本水平的程序；根据风险状况确定银行资本充足率目标的程序；完善内部控制、检查和审计程序。

（3）评估程序应覆盖的风险。资本评估程序应覆盖银行面临的所有实质性风险，包括信用风险、市场风险、银行账户的利率风险、流动性风险、其他风险（重点是操作风险）。

（4）监测和报告。银行应建立一套完善的系统，以监测和报告银行的风险以及风险变化对资本需求的影响。

（5）内部控制的检查。银行内部控制结构是资本评估的基础。银行应定期检查风险管理程序，确保系统的统一性、准确性和合理性。

2. 监管当局应检查和评估银行的资本评估和战略，以及监控和确保达到监管资本要求的能力

若监管当局对检查结果不满意，应采取适当监管措施。

监管当局应定期对商业银行的资本评估程序、风险头寸、相应的资本充足水平和资本质量进行检查。定期检查可以单个或组合使用以下方法：现场检查、非现场检查、与银行管理层讨论、对外部审计人员工作（针对资本问题）的检查和定期报告等。

检查内容应包括：风险评估充足性、资本充足性的评估、控制环境（外部因素、经济周期）的评估、监管当局对商业银行使用某些内部方法、风险缓解技术和资产证券化时执行最低标准的情况，其重点是对银行风险管理和风险控制质量的监督检查。

3. 银行监管当局不应局限于要求商业银行仅达到最低资本要求，应有能力要求银行持有更高的资本

监管当局要求商业银行持有高于最低要求的资本，主要是基于以下几点考虑：

（1）有利于银行在市场上获得较高的信用等级；

（2）在正常经营过程中，银行业务的种类和规模是经常变化的，不同风险会导致资本充足率的波动；

（3）银行补充资本的成本较高；

（4）银行资本充足率降到最低要求以下时，会导致银行违反法律或促使监管当局采取纠正措施；

（5）第一支柱未能覆盖银行面临的所有风险。第一支柱未覆盖的风险包括：第一支柱已考虑但在其中未充分反映的风险（如第一支柱中针对操作风险提取的资本金未必完全覆盖实际的操作风险）；第一支柱没有考虑的风险（如集中性风险、银行账户的利率风险）和外部因素（如经济周期的影响等）。

①集中性风险第一支柱的资本比率并没有体现出借款人、地理区域、产品范围和所服务的行业等方面多样化的银行，和相对集中的银行之间的区别。因此，监管当局面临的重点和难点是：判断银行评估和计量不同形式的集中性风险的能力，判断银行综合汇总集中性风险的能力，以及判断银行缓释和管理集中性风险的能力。

②利率风险第一支柱的资本比率也没涉及银行账户利率风险，因此这也是监管当局应监控的重要内容。巴塞尔协议 II 制定了监管当局更好地监控银行利率风险的指导原则，包括对利率大幅波动产生的影响进行的情景分析。但是在利率波动较大的环境下，监管当局应更仔细考察银行全面的资产和负债管理战略，确保银行审慎地进行了头寸管理。在利率突变的情况下，银行有套期保值的机制。

③监管当局还应确保银行的评级和风险评估是否适度保守地考虑到了外部负面因素的影响，从而保证银行在整个经济周期内有足够的资本准备。例如，在违约损失率方面，最近的损失经历可能不完全反映未来贷款回收情况，损失的严重性是随着经济周期的变化而有所不同。因此，银行需要在他们的违约损失预测中，体现出这种周期性因素。银行如何在实际中将经济不景气与他们的回收预期结合起来，应是监管当局理解和监控的重点。为保证银行在整个经济周期中有足够的资本，特别是应对市场可能出现的恶化，压力测试是一种重要的检测机制。

④为防止银行的资本充足率降到与其风险状况相适应的最低要求之下，监管当局应提前采取干预措施；若银行不能保持或恢复资本水平，监管当局应要求其迅速采取补救措施。根据对商业银行资本充足率方面存在问题严重程度的判断，监管当局可以依次或组合采取一系列干预和补救措施，包括以下八个方面的内容：（a）加强对银行的监测；（b）要求商业银行改善控制环境；（c）要求银行改进风险评估和资本分配程序；（d）要求商业银行持有超过第一支柱所需的资本；（e）要求商业银行制定和执行令人满意的资本恢复计划；（f）限制商业银行发放红利和支付高级人员的津贴；（g）要求商业银行立即增加资本；（h）要求商业银行更换高级管理人员和董事会成员。

监管当局应主要依靠商业银行自身来解决资本充足率方面存在的问题，若问题不能得到及时解决，监管当局应采取强制性监管措施。增加资本金只可作为应急手段，问题的最终解决依赖于改善银行状况的长期性措施。

（三）第三支柱：市场约束

巴塞尔协议Ⅱ的第三支柱要求银行对其风险概况和资本进行更严格的信息披露，旨在提高市场参与者阻止银行不合理地承担风险的能力。第三支柱信息披露的最低要求是，对资本结构（一级资本和二级资本的构成部分）和与巴塞尔协议Ⅱ风险暴露计算相关的主要信息进行披露。例如，采用内部评级法的银行，需每年披露与每级评级结果相关的违约预测和每个资产组合实际损失情况。

第三支柱还要求对定性信息进行披露，以便解释和说明银行的风险政策。例如，使用内部评级法的银行应披露：造成损失、高于违约损失率和违约风险暴露平均水平的主要原因。

监管当局需要制定一些措施，要求银行遵守信息披露规定。这些措施主要包括以下六点：①审查信息披露，并且作为监管当局评估银行管理的因素；②运用监管报告收集所需要的信息，有助于监控银行遵守有关规定的情况；③公布银行业遵守各种信息披露规定情况的调查报告，鼓励市场监控银行的合规性；④由高级官员发表讲话，强调信息披露的重要性；⑤使用标准的监管工具（包括迅速纠错行动），来确保银行遵守信息披露规定；⑥加强引导，使市场参与者明白信息披露规定，以及没有披露时的做法。

四、巴塞尔协议Ⅱ存在的主要问题

自巴塞尔协议Ⅱ起草之日起，围绕其合理性和审慎性的争论就不断。主要包括三个方面：一是基于模型设定的监管资本要求，其审慎性很大程度依赖数据基础的质量和长度、各类模型的假设及方法论等；二是基于模型的方法提高了资本要求的风险敏感度，同时也强化了资本要求的亲周期效应，扩大了银行体系与实体经济之间的共振；三是巴塞尔协议Ⅱ对监管能力提出很大的挑战，监管当局若不具备足够的资源对银行内部开发和使用的风险计量模型进行验证和评估，巴塞尔协议Ⅱ可能为“资本套利”提供了更大空间。另外，巴塞尔协议Ⅱ改革主要针对计算资本充足率分母（风险加权资产）的风险敏感性，未考虑分子（资本定义）的改革和调整。

美国次贷危机所引发的全球金融危机表明，欧美国家在实施巴塞尔协议Ⅱ的过程中并未能有效解决上述三个方面的问题，暴露出巴塞尔协议Ⅱ制度本身及其执行过程中存在严重缺陷。次贷危机提供新鲜经验，为资本监管制度的完善提供了基础。因此本轮次贷危机后，巴塞尔委员会在巴塞尔协议Ⅱ确定的“三大支柱”基础上，对资本监管制度进行了全面改造，形成巴塞尔协议Ⅲ。

第四节

巴塞尔协议Ⅲ

一、巴塞尔协议Ⅲ的修订背景

资本监管是审慎银行监管的核心，资本作为一种事前的成本机制，能够约束商业银行经营行为，防止银行体系过度承担风险，从而降低单个银行倒闭以及银行体系危机的概率；资本作为一种事后风险补偿机制，有助于增强银行体系吸收损失的能力，提升社会公众对银行体系的信心，降低风险的传染性。这场起始于美国且波及全球的金融危机暴露出现行国际银行监管制度，特别是资本监管制度存在明显缺陷。具体包括：

（一）风险资本监管制度的设计缺陷导致资本不能充分地覆盖和反映银行所面临的各类风险

自20世纪90年代随着金融全球化、自由化的浪潮，现代科技在金融领域内的广泛运用，以及金融工程理念的盛行，欧美国家大型商业银行的经营模式逐步由传统的“购买——持有”模式转向“发起——分销”模式，业务扩张策略由传统的“有机增长”转向以“并购”为主，经营范围由传统的“信贷中介”转向“资本市场导向”。在这个过程中，银行的资产负债结构、收入构成以及风险来源发生了显著变化，虽然与巴塞尔协议Ⅰ相比，巴塞尔协议Ⅱ扩大了资本覆盖风险的范围，并引入高级的风险计量方法计提监管资本，但依然存在明显的缺陷：

1. 未能充分反映资产证券化业务潜在的系统性风险

包括：基于资产证券化头寸进一步拆分、打包形成的“再证券化风险暴露”与原始基础资产的距离更远、风险特征更加模糊、传染性更强，系统性风险明显高于普通资产证券化头寸；基于外部评级确定资产证券化风险暴露的资本要求过于乐观。

2. 基于风险价值（VaR）模型计提的资本不能覆盖交易业务风险

通常认为，交易账户中的金融工具具有充足的流动性，通过交易价格的变化，市场可以自动出清。本轮次贷危机表明，市场流动性充足的假设在一些条件下是不成立的，在次贷危机期间交易账户中许多结构化信用产品的流动性严重萎缩，市场价值失灵，迫使银行长期持有这些风险暴露，基于短期价格波动的风险价值（VaR）设定的资本要求无法充分反映金融市场处于压力条件下的市场风险。

3. 交易对手信用风险的资本要求严重偏低

近年来，西方银行场外衍生品和证券融资交易规模显著上升，使得基础工具价格不利变化以及流动性突然萎缩可能导致的交易对手信用风险（包括交易对手违约风险以及信用估值调整导致的损失）剧增。

4. 未考虑银行表外实体潜在的声誉风险

为规避资本监管约束，西方大型银行通过设立特殊目的实体、结构化投资工具等表外法人实体参与资产证券化以及复杂衍生品交易，虽然这些表外机构在法律意义上属于独立法人，发起银行可以不承担经营失败的责任，但在本轮危机中为防止表外机构破产导致的声誉风险，发起银行通常都将这些机构纳入表内，被迫承担了最终损失。

（二）监管资本工具的损失吸收能力不强

现行监管资本的分类和结构源于1988年资本协议的规定。该协议将资本工具分为一级资本和二级资本。一级资本主要包括有选举权的普通股、公开储备、留存收益和高质量优先股等；二级资本包括重估储备、贷款损失一般准备、混合资本债务、长期次级债务工具等。1996年巴塞尔委员会允许银行发行原始期限不低于2年的短期次级债券专门用于抵御市场风险（三级资本）。本轮金融危机暴露出，银行的一级资本不充足，二级和三级资本弥补损失的能力极为有限，过于复杂的资本结构存在以下三个方面的缺陷：

（1）损失吸收能力有限。虽然商业银行名义资本充足率很高，但相当一部分是债务资本工具，由于这些工具只能在特定条件下且一定程度上承担损失，相对于危机造成的巨额损失只是杯水车薪；在普通股（含留存收益，下同）不足以吸收损失的情况下，绝大多数损失最终转嫁给纳税人。

（2）债务资本工具计入监管资本的上限受制于普通股的规模，当普通股被用于冲销损失时，计入监管资本的债务资本工具数量成比例下降，导致资本充足率更大幅度下滑，抑制了银行体系信贷供给能力，放大了对实体经济的负面影响。

（3）由于法律框架、监管规定、会计和税收政策的差异，全球范围内监管资本工具的透明度和可比性下降，一定程度上不利于公平竞争。

（三）风险资本要求未能有效地约束银行体系的杠杆效应

高杠杆是商业银行信贷中介功能在财务结构上的具体表现，也是商业银行体系脆弱性的源头之一。近年来，随着风险加权方法越来越关注商业银行资产组合的结构性风险，银行风险的另一个源头——规模因子却被逐步忽略，导致资本充足率与杠杆率之间背离的程度不断扩大。在2008年金融危机之前几年的低利率环境、流动性过剩以及金融工具的创新背景下，金融部门的杠杆效应明显上升。2008年金融危机，由于许多金融机构恐慌性抛售一些所谓的低风险金融产品，压低了金融资产价格，其所造成的损失远远超过所计提的监管资本。这从另外一个角度证明了风险资本比例存在的缺陷。

（四）风险资本要求未充分考虑银行实际承担的和面临的系统性风险

通常可将风险分为两大类：一类称为个体风险因子，如单个借款人违约的风险、单笔交易工具市场价格不利变动带来的损失等；另一类称为系统性风险因子，即所有银行所面临的共同风险因子，如经济周期转换的风险、金融市场动荡的风险等。虽然现行风险资本要求一定程度上考虑的是系统性风险因子，但就总体而言还是基于个体风险因子设定的，没有考虑市场压力时期流动性急剧收缩的价格波动性影响；对金融机构的风险暴露资本要求没能考虑到大型金融机构失败对金融市场的负外部效应。另外，基于内部评级计提的信用风险资本要求还一定程度上扩大了银行体系信贷供给的扩张和收缩程度，即所谓的亲经济周期效应，宏观经济的周期性波动是银行体系所面临的最重要的系统性风险因子。

（五）按照现行的资本监管标准计提的资本无法吸收危机期间银行体系实际损失

2008年金融危机中，处于危机中心地区的欧美国家政府被迫通过购买不良资产、直接注资等方式对银行体系提供特别支持，以恢复银行的资本基础，实际上代替银行承担了损失，为银行过度风险承担支付了成本。这表明，按照1988年资本协议确定的8%最低资本监管标准计提的资本不足以覆盖严重危机条件下银行实际遭受的损失。事实上，20世纪90年代中后期以来，发达经济体绝大多数商业银行的实际资本充足率水平都高于8%。即便如此，欧美大型商业银行实际持有的资本仍不足以吸收危机期间的损失，更不能充分反映银行被动地应对外部冲击带来的社会成本，包括倾销资产的连锁反应、信贷收缩阻碍经济复苏等，扩大了金融危机的负面影响。造成次贷危机的重要原因之一，就是8%的最低监管资本要求对应的资本水平过低，扩大了银行体系的脆弱性。

（六）流动性风险未受到应有的重视

2008年金融危机之前的几年中，全球金融市场较低的利率水平以及金融交易技术的创新，增强了资本市场活力，银行融资流动性和资产流动性同时扩大，对金融市场流动性的依赖性增强。市场流动性的本质是信心，信心以及缺乏信心同样可以传播。在流动性最充裕时，市场流动性变化引发的脆弱性也最严重。2008年金融危机初期市场流动性出现脆弱信号时，一些金融机构不能继续从市场上获取流动性，被迫变卖资产，反过来进一步加剧了市场流动性的不足，并压低了资产价格，导致资产减计；为维护资本充足率，更多金融机构参与资产倾销，导致市场流动性急剧萎缩，最终酿成流动性和清偿力双重危机。

巴塞尔协议Ⅲ修订方案的目标是提高银行业抗击冲击的能力，提高风险管理和治理能力，加强银行透明度；内容涵盖扩大资本覆盖风险的范围、增强监管资本工具的损失吸收能力、引入杠杆率监管指标、引入流动性监管标准、建立逆周期资本和准备金框架、重新确定最低监管资本要求等诸多方面。

二、巴塞尔协议Ⅲ的核心内容

资本监管制度由资本、风险加权资产和资本充足率要求构成，资本充足率要求与风险加权资产的乘积为银行应当持有的最低资本，监管当局和市场参与者通过资本水平评判银行的清偿能力。2010年12月16日巴塞尔委员会正式发布了《巴塞尔第三版协议：更加稳健的银行和银行体系的全球监管框架》和《巴塞尔第三版协议：流动性风险计量、标准和监测的国际框架》等文件（统称巴塞尔协议Ⅲ），对银行监管国际标准进行了全方位的、根本性的改革。本次改革前，没有人怀疑8%的资本充足率和4%的核心资本充足率是否充足，少有人质疑风险加权资产计算方法是否反映了风险的大小和本质，在流动性充裕的大环境下，资本工具在市场低迷期吸收损失的能力也被忽略了。本次资本监管制度改革从根本上反思资本监管三大要素的上述问题，希望通过提高金融体系资本质量和数量，遏制杠杆率积累，确保市场稳健性。巴塞尔协议Ⅲ的核心内容包括：

（一）扩大资本覆盖面，增强风险捕捉能力

（1）提高资产证券化交易风险暴露的风险权重。

①区分了资产证券化暴露和再资产证券化风险暴露，并大幅度提高了“再证券化风险暴露”的风险权重。

②对使用外部评级确定资产证券化监管资本要求规定了额外限制条件，要求银行严格履行“尽职审查”责任。

③提高了资产证券化涉及的流动性便利的信用风险转换系数，并取消对市场整体出现动荡时的流动性便利的资本优惠。

（2）大幅度提高内部模型法下市场风险的资本要求和定性标准。

①修改后的一般市场风险资本要求包括两部分：正常计算的VaR和压力状态下的VaR。

②引入新增风险资本要求。若银行使用VaR模型计提特定市场风险资本，必须对交易账户新增风险计提资本（Incremental Risk Capital，IRC）。

（3）大幅度提高源自场外衍生品和证券融资交易的交易对手信用风险的资本要求，推动银行加强交易对手信用风险管理，鼓励银行通过中央交易对手进行交易，降低风险传染性。

（4）在新资本协议第二支柱框架下明确了商业银行全面风险治理架构的监管要求，要求商业银行全面评估表内、表外各类风险，提升银行内部风险治理的有效性。

（二）修改资本定义，强化监管资本基础

一是界定并区分一级资本（分别包括核心一级资本和其他一级资本）和二级资本的功能：一级资本应能够在银行持续经营条件下吸收损失，其中普通股（含留存收益，下同）应在一级资本中占主导地位；二级资本仅在银行破产清算条件下承担损失。

二是对普通股、其他一级资本工具和二级资本工具分别建立严格的合格标准，以提高各类资本工具的损失吸收能力。

三是引入严格的、统一的资本扣减项目，并要求从核心一级资本中扣减。资本扣减项目包括商誉和其他无形资产、净递延税收资产等多项内容。

四是取消专门用于抵御市场风险的三级资本（原始期限不低于2年的短期次级债券），简化资本结构。

五是要求商业银行发行的非普通股工具必须带有减计或转股条款，在银行无法自主生存情况下减计或转为普通股，以吸收损失。

（三）建立杠杆率监管标准，弥补资本充足率的缺陷

巴塞尔委员会希望引入杠杆率监管有助于实现两方面目标：一是为银行体系杠杆率累积确定底线，通过控制商业银行资产规模的过度扩张，缓释不稳定的去杠杆化过程带来的风险以及对金融体系和实体经济负面影响。二是采用简单、透明、基于风险总量的指标，为防止模型风险和计量错误提供额外保护，补充和强化基于新资本协议的风险资本监管框架。

为实现上述目标，杠杆率计算方案的设计应遵循两个原则：一是最大限度地反映银行的杠杆效应，这意味着资本应采取最严格的口径，资产（风险暴露）应采用最大口径，不仅要反映银行表内外风险，同时需考虑目前承担风险和可能承担的潜在最大风险。二是最大限度地与会计方法保持一致，尽量不进行风险调整，保证计算过程的简单、透明，降低监督检查的成本，这需要考虑不同经济体系会计规则的差异。巴塞尔委员会决定将杠杆率监管标准设定为3%。为观察杠杆率监管的影响，巴塞尔委员会建议自2011年年初开始监控杠杆率的变化，于2013年年初开始进入过渡期，于2015年年初银行开始详细披露杠杆率水平和要素，于2017年进行最后调整，于2018年开始纳入第一支柱框架。

2010年9月12日，中央银行行长和监管当局负责人（GHOS）会议就资本充足率监管标准达成了折中方案，将核心一级资本充足率、一级资本充足率和总资本充足率最低要求分别设定为4.5%、6%和8%，维持超额资本2.5%的要求不变。按此标准，过渡期结束后正常状态下商业银行的核心一级资本、一级资本和总资本充足率应不低于7%、8.5%和10.5%。2011年11月巴塞尔委员会公布了系统重要性银行的附加资本方案，按照系统重要性程度要求，将29家全球系统重要性银行分为5个档次，附加资本要求由低到高分别为1%、1.5%、2%、2.5%和3.5%（各层次资本充足率监管要求如表3－4所示）。

表3－4　巴塞尔Ⅲ资本充足率层次和监管要求

	核心一级资本	一级资本	总资本
最低资本要求	4.5%	6%	8%
储备超额资本	2.5%	–	–
通常时期资本要求	7%	8.5%	10.5%
逆周期超额资本	0～2.5%	–	–
极端条件下资本要求	9.5%	11%	13%
SIB附加资本	1～3.5%	–	–
极端条件下SIB资本要求	10.5～13%	12～14.5%	14～16.5%
杠杆率	3%		
过渡期安排	2018年年底		

（四）建立宏观审慎资本要求，使得资本要求反映系统性风险

按照金融稳定理事会的定义，宏观审慎监管分为两个维度：

1. 横向维度

横向维度主要是考察单个金融机构、金融市场和金融产品运作倒闭和运作失效潜在的负外部性，对于具有系统重要性影响的金融机构、市场和产品实施额外的监管。就资本监管而言，就是对具有系统重要性商业银行提出附加资本要求，降低“太大、太复杂不能倒”带来的道德风险。2011 年 11 月，巴塞尔委员会发布了《全球系统重要性银行评估方法论和附加资本要求》，明确从国际活跃程度、资产规模、相互关联性、可替代性和复杂性五个方面评估单家银行的系统重要性，并据此将银行分为 5 类，附加资本要求分别为 1% ~3.5% 不等。

2. 时间维度

时间维度目的是降低银行体系与实体经济之间的正反馈循环，缓解亲经济周期效应。具体到资本监管，就是在资本要求中嵌入反周期的因子，平滑资本充足率的周期性波动，防止资本充足率的过度波动导致银行体系信贷供给能力的周期性变化，维护信贷供给的长期稳定。巴塞尔委员会的反周期资本监管框架包括四个组成部分：①通过审慎设定资本充足率计算的输入因子（如采用经济衰退时期的违约概率），平滑最低资本要求的周期性波动。②建立具有前瞻性的动态损失拨备制度，国际会计准则理事会已提出了新的资产减值会计规则，将基于预期损失计提贷款损失准备；巴塞尔委员会正在研究鼓励银行前瞻性计提贷款损失准备的配套监管政策。③要求银行建立高于最低资本要求的留存超额资本，通常情况下若银行资本充足率低于确定的留存超额资本要求，监管当局通过限制利润分配、股票回购等手段迫使银行建立资本储备；经济衰退时期监管当局可以允许银行暂不完全满足留存超额资本要求，但资本充足率不得低于最低资本要求，这样银行积累的留存超额资本可用于吸收经济下行期的额外损失。④建立与宏观信贷指标挂钩的反周期超额资本要求，若出现系统性信贷高速扩张，银行需在留存超额资本基础上额外计提反周期超额资本，以防止信贷供给的大幅度波动给实体经济运行和银行体系带来的损害。

（五）明确资本监管制度实施过渡期安排，降低对全球经济复苏的负面影响

鉴于现阶段实体经济仍比较脆弱，面临再次下行的风险，全球银行体系仍存在很大的不确定性，若短期内系统性、大幅度提高监管资本要求，将抑制银行体系的信贷扩张能力，阻碍经济恢复的进程。巴塞尔协议Ⅲ明确了过渡期安排：①将过渡期延长到 2018 年年底，即 2019 年 1 月 1 日前要全部达标；②2013 年 1 月 1 日过渡期开始之际商业银行普通股充足率和一级资本充足率分别达到 3.5% 和 4.5% 即可，但 2015 年 1 月 1 日前应达到 4.5% 和 6%；③留存超额资本的引入期由 2013 年推迟到 2016 年，要求商业银行在 2016 ~ 2019 年期间逐步满足留存超额资本的要求。

（六）建立量化流动性监管标准

为纠正商业银行粗放和低效的流动性管理，降低对短期高波动性的市场流动性依赖，2008 年 9 月巴塞尔委员会发布了《流动性风险管理和监管的稳健原则》，明确了流动性风险管理的稳健框架和要素，包括董事会和高级管理层的监督、政策和风险偏好的制定、流动性风险管理工具、稳健的多层次的应急融资预案，保留充足的优质流动性资产以满足紧急流动性需求等。巴塞尔协议Ⅲ首次在全球范围内提出了两个流动性监管量化标准：①流动性覆盖率（Liquidity Coverage Ratio），衡量短期压力情景下的单个银行应对流动性中断的能力；②净稳定融资比率（Net Stable Funding Ratio），度量中长期内银行可供使用的稳

定资金来源能否支持其资产业务发展，推动银行使用稳定资金来源为其业务融资。正常情况下，商业银行的流动性覆盖率和净稳定融资比例都不得低于100%。此外，巴塞尔委员会还建议监管当局采用合同期限错配、融资集中度等监控工具，识别和分析银行流动性风险发展趋势。

三、巴塞尔协议Ⅲ的影响

（一）短期影响

从短期来看，发达经济体中国际化大银行面临较大的资本缺口，对国际资本市场形成较大的压力，并且可能对全球经济复苏产生一定程度的冲击。

定量测算结果表明，按照巴塞尔协议Ⅲ测算的2009年年底国际化大型银行①三个资本充足率指标都出现大幅度下降。如表3－5所示，巴塞尔委员会18个国家84家参与测算的大银行按巴塞尔协议Ⅲ计算的普通股充足率、一级资本充足率与总资本充足率分别为5.7%、6.2%和9.5%，分别比按现行标准测算的结果下降5.5、4.3和4.5个百分点；杠杆率仅为2.7%，尚未达到3%的监测标准。在所有经济体中，发达国家银行受到的影响较大，而包括我国在内的新兴市场受到的冲击较小。进一步测算的结果表明，若所有大型银行的普通股充足率水平都达到4.5%（最低要求）和7%（最低要求＋留存超额资本要求），需补充普通股的数量高达1359亿欧元和4742亿欧元，而所有参与测算大银行中2009年实现盈利的银行税后利润（分配前）总额为1975亿欧元，而这些利润绝大部分是由不需要补充普通股的银行实现的。由此可见，过渡期内发达国家部分大银行面临很大的资本补充压力，如果资本市场无法容纳如此规模的融资，一些银行将被迫调整资产结构，降低信贷扩张速度甚至压缩信贷规模，可能对全球经济复苏的进程产生一定程度的负面影响。

表3－5　国际化大型银行资本充足率变化情况

	普通股充足率	一级资本充足率	资本充足率	杠杆率	LCR	NSFR
现标准测算结果	11.2%	10.5%	14%			
新标准测算结果	5.7%	6.2%	9.5%	2.7%	83%	93%
变化幅度	－5.5%	－4.3%	－4.5%			

相对而言，巴塞尔协议Ⅲ实施对中小银行的影响很小。如表3－6所示，参加测算的140家中小银行的普通股充足率、一级资本充足率与总资本充足率仅分别下降2.8、1.3和2.1个百分点，并且巴塞尔协议Ⅲ对发达国家和新兴经济体的中小银行影响不存在系统性偏差。按照4.5%和7%的普通股充足率监管标准，所有中小型银行都达标需补充普通股的规模仅为62亿欧元和183亿欧元。进一步比较大型银行和中小银行的测算结果可以发现，大型银行受负面冲击较大的原因不仅仅是由于风险加权资产上升幅度较大，更重要的是资本严格扣除所致。这说明，在国际范围内大型银行不仅业务日趋复杂导致过度承担风险，而且监管资本的实际吸收损失能力也明显低于中小银行，银行规模与抵御风险的能

① 国际化大型银行是指一级资本超过30亿欧元的国际活跃银行，其他参与测的银行为中小银行。

力之间并不存在正相关的关系。

表 3-6 国际中小银行资本充足率变化情况

	普通股充足率	一级资本充足率	总资本充足率	杠杆率	LCR	NSFR
现标准测算结果	10.8%	9.9%	12.7%			
新标准测算结果	8.0%	8.6%	10.6%	4.3%	98%	103%
变化幅度	-2.8%	-1.3%	-2.1%			

（二）长期影响

从长期来看，巴塞尔协议Ⅲ的实施将对国际化大型银行现行的经营模式、发展战略、盈利基础产生深远的影响，并将改变国际银行业的竞争环境，促进公平竞争。

1. 推动商业银行回归传统的、信贷中介主导的业务模式

（1）对系统重要性银行的事前限制性措施，包括在银行体系和资本市场之间防火墙安排、风险隔离安排、禁止商业银行参与高风险投机性交易业务等，将推动银行返回传统业务。

（2）事后成本激励性监管措施，大幅度提高资产证券化（特别是在资产证券化风险暴露）、交易业务市场风险，以及场外衍生交易和证券融资交易的交易对手信用风险的资本要求将降低了银行参与这些业务的相对收益率，为商业银行从这些业务退出提供了经济激励。

（3）与资本监管改革同步引入的流动性监管标准，将推动商业银行更多借助于稳定的长期资金来源（如零售存款）扩展资产业务，将扭转银行体系对短期批发性融资来源过度依赖的趋势。因此，未来商业银行对零售存款的竞争将进一步加剧。

2. 促使商业银行重新步入常规的、以表内为主的有机增长轨道

（1）强化系统重要性银行监管的一揽子安排将有助于弱化商业银行并购，特别是跨业和跨境并购的动机。将来所有系统重要性银行都必须制定生存遗嘱、遭受重大冲击情况下的业务恢复计划和自救方案，在不利情形下银行必须能够迅速处置非核心业务和子公司，以维持其核心业务；监管当局还将制定针对系统性重要性金融机构特殊处置计划，甚至有权实施强行分拆和业务剥离；对跨分业和跨境经营的机构实施子行化监管安排将提高商业银行的跨业和跨境经营成本。

（2）对与并购活动密切相关的商誉、少数股东权益以及对其他金融机构的资本投资实行更加严格的扣除，提高了商业银行对外股权投资和并购的成本，将抑制商业银行通过股权投资以及并购实施扩张的动机。对这三项实施严格扣除是发达国家大型银行普通股充足率水平大幅度下降的重要原因。

（3）日趋严厉的表外业务监管规则将使得未来商业银行表内外业务的扩张速度将趋于平衡。杠杆率监管将同时覆盖表内外所有风险暴露，大幅度提高了表外业务的资本成本，为商业银行通过表外实体实施资本套利提供了反向激励。

3. 降低发达国家大型银行的盈利预期

随着巴塞尔协议Ⅲ的实施，西方大型银行高回报的时代可能将成为历史。原因如下：

（1）引入严格的资本充足率监管标准将降低商业银行股本收益率。如前文所述，在

未来几年中部分西方大型银行需筹集数千亿欧元的普通股，才能确保过渡期结束后达到7%的普通股充足率要求。

（2）杠杆率监管将遏制商业银行通过杠杆交易博取高收益。为达到杠杆率监管标准，一些商业银行将被迫降低资产扩张速度，收缩表外业务，特别是对高杠杆表外实体的投资，才能确保杠杆率将回落到合理水平。

（3）限制业务范围将削弱其收入基础。从严限制商业银行进行杠杆投资以及从事自营交易的范围，禁止商业银行从事投机性衍生品交易将制约银行非利息收入的增长。

（4）西方大型银行流动性维护成本将大幅度上升。新的流动性监管标准实施有助于降低商业银行资产和负债的期限错配，压缩了西方大型银行在短期负债和长期资产之间实现套利的空间。

（5）推动场外衍生产品标准化并进入场内交易，有助于提高交易的透明度和流动性，西方大型银行难以继续利用信息优势和定价权获取超额收益。从更宽广的视角来看，虽然大型银行盈利能力有所降低，但存款人面临的风险将更低，银行体系的稳健性将明显增强。

4. 改善国际银行业的竞争环境

巴塞尔协议Ⅲ的实施将从两个方面弱化西方大型银行的市场权力，优化银行业结构，促进国际银行体系公平竞争。一方面，中小银行的竞争力有所提升。前文所述，巴塞尔协议Ⅲ对中小银行资本充足率的负面影响远远小于国际化大银行，不仅有助于提高中小银行的市场信誉，而且为其资产稳步增长奠定了基础，过渡期内国际化大银行修复和调整资产负债表也为中小银行提高市场份额提供了重要的机遇。另一方面，新兴市场银行体系的实力有所增强，有助于其进入国际市场。本轮危机 2008 年金融中新兴市场银行体系受到的冲击很小，按巴塞尔协议Ⅲ测算的各层次资本充足率水平都明显高于发达市场的水平，市场认知度得到进一步提高。

四、简化资本监管标准的讨论

近十多年来，巴塞尔委员会的资本监管体系不断演进，从 1988 年出台的巴塞尔协议Ⅰ到 2006 年完成的巴塞尔协议Ⅱ，再到为应对 2008 年金融危机于 2010 年出台的巴塞尔协议Ⅲ，资本监管规则的文本不断增加，资本覆盖范围逐步扩大，资本计算内容越来越复杂。长期以来，部分国家监管当局和业界一直希望巴塞尔委员会考虑对规则进行简化，同时建议巴塞尔委员会对复杂规则的有效性进行反思。

为此，巴塞尔委员会主席英格维斯在 2012 年 9 月召开的国际银行监督官大会上表示，巴塞尔委员会制定资本监管规则时应当遵循简单化原则。他指出，巴塞尔协议Ⅲ在制定过程中注重体现这一原则，比如巴塞尔协议Ⅲ引入了简单的、无需风险加权的杠杆率要求，同时简化了资本结构，取消了三级资本。但是英格维斯同时强调，在未来的规则制定中要继续发扬这一精神，要将简单化原则进一步体现在资产证券化、操作风险以及市场风险等改革领域。巴塞尔委员会已经成立了一个高级别工作组，对当前规则进行全面梳理，力求在简单化和风险敏感性之间达成平衡，在具体领域对标准进行简化，同时提高银行之间风险加权资产计算的可比性。

（一）复杂性产生的原因

从历史角度看，监管规则由简单变复杂是一个不断演进的过程，其中存在多种因素共同作用，以至于形成了如今庞大的资本监管规则体系。导致规则复杂化的主要驱动力包括以下几个方面。

1. 金融机构业务演化是复杂性提高的直接诱因

金融市场的全球化浪潮不断产生新的市场和产品，金融交易规模越来越大，金融机构也变得更加复杂。根据美联储的调查，美国金融机构的复杂度大大增加，这给金融机构的管理层和监管当局在计量风险和资本要求时带来重大挑战。比如，目前美国前六家最大的银行一共有14420家子公司和分支机构，面对巨无霸型的机构，其高级管理层也很难对公司各类风险做到充分掌握。2012年，摩根大通集团在爆出信用衍生品交易的巨额亏损之前，其主席吉米·戴蒙还曾信誓旦旦地表示，该头寸只不过是“茶杯里的风暴”。这说明金融机构交易结构之复杂，交易策略之模糊，即便是银行内部的管理人员也无法有效地加以控制。

2. 监管要求被动跟随市场变化是复杂性提高的主要原因

由于监管当局认为监管资本要求应当与银行的内部风险管理相结合，即监管资本要求应当体现更高的风险敏感度，因此，巴塞尔协议Ⅱ制定过程中的一个总体思路就是要让监管资本更加敏感，这导致巴塞尔协议Ⅱ严重依赖银行的内部模型。摩根史丹利首席经济学家比森特·赖因哈特在向美国国会参议院银行委员会作证时表示，使用内部模型计算资本要求就等于变相承认，外部的监管不能准确判断大型银行的风险。他坦承，银行通过使用内部模型，可以获得监管套利的空间。为了能够在巴塞尔协议Ⅱ的资本要求框架下最大化地节约监管资本，内部模型一般可以让银行的资本充足率上升1个百分点左右。

3. 风险管理认识深化是复杂性提高的深层次原因

风险计量的广度和深度随着对风险认识的不断深化而持续改进。1988年的巴塞尔协议Ⅰ只有信用风险的内容，但后来监管当局认识到银行经营还面临着市场波动的风险以及人员、系统操作失误和欺诈行为的风险，所以巴塞尔协议Ⅱ在第一支柱下的最低资本要求就不仅包含信用风险，还进一步包含市场风险和操作风险，同时在第二支柱的资本要求下，还包含不容易计量的集中度风险和声誉风险等。2008年金融危机之后，监管当局进一步认识到金融体系的风险不仅体现在单家机构，还体现在各家机构空间上的关联性以及时间上的滞后性，因此对单家银行按照系统重要性提出附加资本要求，对信贷增速过快的银行提出逆周期资本要求，对资产负债错配的银行提出流动性要求，限制银行过度依赖批发市场进行融资。

4. 国际监管规则制定过程中各方谈判妥协也是导致规则复杂的无奈选择

巴塞尔委员会的议事规则是协商一致而不是投票决定。因此，为最大限度寻求一致，不得不增加资本监管制度的复杂性，以充分反映各方利益。根据美联储董事会委员丹尼尔·塔鲁洛的观点，巴塞尔协议Ⅱ在初期的征求意见稿中对信用风险加权资产计算只提出初级内部评级法，即只允许银行使用内部估算的违约概率，而由监管当局给定违约损失率，但是美国大银行在测算后发现资本要求不会有明显减少，因此极力推动高级内部评级法，即允许银行自行计算违约损失率，所以在巴塞尔协议Ⅱ最终文本中，才引入了高级内部评级法，使得计量模型进一步复杂化。与此类似，在巴塞尔协议Ⅲ修改资本定义的过程中，原本征求意见稿中提议全额扣除抵押贷款服务权以及对其他金融机构的大额投资，但是由于美国的银行存在大量抵押贷款服务权作为无形资产，而欧洲的银行在混业经营情况下又存在很多交叉投资的情况，因此最后达成了妥协，允许该项目可以计入核心一级资本的数额不超过15%，这使得资本定义的计算比初稿大为复杂。

（二）过度复杂的规则带来问题

复杂的内部模型可以提高银行风险管理的精细化水平，复杂的监管规则可以降低银行监管套利的空间。但是如果过度复杂，则会产生边际效益递减的效果，甚至适得其反，给银行管理和监管带来不必要的麻烦。

1. 给监管资源带来挑战

随着规则更加复杂，监管当局投入了更多的资源，但是这些资源的投入与回报和风险敏感度的提高未必成正比。在某些情况下，监管当局甚至无法承受大规模的资源投入。美国联邦储备银行堪萨斯分行的研究表明，如果要按照对一家社区银行的监管强度对一家拥有上万亿美元资产的银行进行监管，则需要7万名监管人员。随着金融业务变得复杂，银行监管原本希望用更加复杂的规则来对抗。但事实证明，一味地提高规则的复杂性并不能让大型银行监管更加轻松。在超过临界点后，规则复杂性的提高可能会造成边际效益递减，不仅对提高风险敏感度贡献减少，甚至可能适得其反，所获得的实际收益反而低于银行为改善风险管理的实际投入，甚至在模型和管理方面的复杂化会导致风险管理职责的重叠、空白或失控，给有效监管带来更大挑战。

2. 银行之间的可比性降低

由于银行使用更多自行设计开发的模型来计算资本要求，而各国监管当局对于银行使用模型的限制又各不相同，这使得不同国家的银行计算出的资本充足率缺乏可比性，尤其是对于银行间市场业务集中的银行来说，在使用内部模型时的参数、估值和假设方面多有不同。近年，巴克莱资本在市场中进行了一项调查，在接受调查的所有美国金融机构中，70%的机构认为银行披露的风险加权资产准确性近年来有所下降，90%的机构认为应当简化模型，限制银行的自由裁量权。由于市场无法准确判断银行的内在风险，巴塞尔协议Ⅰ中第三支柱市场约束应有的效果遭到削弱。为提高银行间的可比性，英国金融服务局组织辖内大型银行对监管当局给定的资产组合计算资本要求，以进行同质同类比较，以识别可能出现模型严重缺陷的银行。与此类似，巴塞尔委员会目前也在全世界范围内对国际活跃银行的银行账户和交易账户进行资本试算，为改善银行间的可比性开展前期研究准备。

3. 复杂规则本身可能存在缺陷

由于银行的模型大部分基于历史数据。而根据历史数据进行校准的模型数据有可能出现较大的误差，模型应用中有所谓“垃圾进、垃圾出”的说法，即输入数据质量直接影响到输出数据的质量。比如2008年金融危机暴露出对于合成型CDO以及部分衍生品的复杂定价模型就未能充分反映这些产品内在的风险，因为缺乏该类产品历史的违约及损失数据导致模型的结果出现偏差，以至于复杂模型不仅未能有效防范风险，反而加剧了危机情况下的损失。

（三）简化的内涵与措施

1. “简单化”的内涵

虽然国际上认为巴塞尔委员会资本监管规则复杂的呼声强烈，但是要落实简化标准的第一步就是找到一个各方都能接受的对“简单化”的定义。实际上，各国金融市场处在截然不同发展阶段，各类金融机构在从事差别极大的金融中介业务，各国监管制度植根于多种多样的法律会计环境，要明确提出一个“简单化”定义并不是轻而易举的事情。为此，巴塞尔委员会提出主要从两大方面考察监管规则是否足够简单。

（1）计算过程简单。过程简单指的是在计算过程中，如果使用了公式、模型、参数、假设，其成本不应当超过收益。换句话说，使用更复杂的资本计算过程，应让银行获得更加有效的风险敏感度和更加精细化的风险管理，而不是削弱这一过程。当然，在这一过程中，对于风险敏感及风险管理是否得到改进并没有严格的客观标准，仍然需要银行和监管当局加以主观判断，但至少这一原则揭示了过度追求复杂化会造成过犹不及的后果。

（2）规则文本简单。规则文本简单就是指规则简明扼要、清晰易懂。具体包括以下三个层次：①概念明确，是指不会造成混淆，并且不会给各国自由裁量留过多空间，比如对“主权风险暴露”的概念就应该十分明确，避免将隐性主权担保、国有控股公司等混杂其中；②解释简单指大多数人都可以理解，而不是只有少数专业人员才能明白，比如在复杂的衍生品交易中，专业的交易员可以理解复杂的概念和术语，但是如果完全将这些概念引入监管理念，则会给监管人员带来很大挑战。③易于实施是指规则中应尽量减少银行的选择，比如如果使用内部模型计算信用风险资本要求，就不应再区分初级法和高级法，只允许银行使用一种方法，就可以简化银行和监管当局实施规则的复杂性。此外，还有专家提出，规则简单的一个重要指标是规则文本的长度，以及监管当局投入人力验证模型的强度。

2. 简化规则的措施

（1）降低银行业务监管复杂度。为了简化银行的结构，欧美监管当局已经纷纷采取或准备采取相关的措施。首先是在事前加以预防，建立防火墙或者要求强制分离。比如美国出台的沃尔克法则和英国出台的维克斯报告以及欧洲出台的莱克宁报告，都在一定程度上限制或禁止商业银行从事高风险、高杠杆的自营交易或投行业务。其次是事后措施。如金融稳定理事会每年会发布全球系统重要性金融机构的名单，根据这些机构的规模、关联度、复杂性、可替代性以及海外业务规模等各项指标计算排名和分数，并根据其系统重要性提出附加资本要求，共分为5档，分别从1%～3.5%。这些措施旨在鼓励银行追求简单业务，避免业务过度复杂带来资本要求的跳升。减少银行操作内部模型参数的空间，采用更加简单的方式加以补充。有些简单指标也很好地反映了银行的健康状况。如杠杆率、核心融资来源比例、总收入与资本的比例等指标。杠杆率由于不经过风险加权，能够给监管当局提供更直观的银行负债水平。核心融资来源比例能够反映银行的流动性水平，对其监测有助于防范流动性风险。考察总收入与资本的比例可以关注银行收入的波动情况，也是银行通过盈利内生补充资本的有效参考。因此使用简单指标辅助考察银行的经营状况将压缩银行操纵复杂指标的空间，减少监管套利。

（2）重新思考监管资本与经济资本的关系。监管资本是监管当局出于审慎监管的目的，认为银行应当持有的资本数量。而经济资本是银行根据自身经营状况和其业务结构，测算出来的在一定置信度区间下，可能出现的最大损失。在过去二十多年中，巴塞尔协议的改革方向整体上是让监管资本与经济资本更紧密地结合，同时鼓励银行通过“使用测试”，让监管资本的成本反映到业务要求中。但是，随着监管被动跟随市场的思路被逐渐扭转，资本改革的方向也逐步出现了变化，未来监管资本与经济资本的联系将不再像以往那样紧密。银行如何在满足监管要求的同时，准确识别、计量和控制其内生风险，更好地应对各种冲击，将成为一个重要课题。

（四）简单化要考虑的原则

1. 实现规则简单与风险敏感的平衡

风险敏感度可以说是巴塞尔协议框架的核心要素之一，也是监管当局与市场要求的共通点。因此，在追求简单定义的过程中，既不能为提高风险敏感度给银行和监管机构带来过度负担，也不能为追求简单而采取“一刀切”的做法，牺牲风险敏感性。巴塞尔委员会秘书长韦恩和国际清算银行经济顾问史蒂芬·切凯蒂都曾表示，资本监管规则应当简单，但同时应具有足够的风险敏感性。

2. 简单规则与复杂规则的平衡

这要求既要采用具有风险敏感的风险加权资产的方法计算资本充足率，又要采用不具风险敏感的杠杆率要求作为后盾，限制银行资产规模过度扩张。

3. 监管与规制的平衡

制定监管规则只是起点，更为重要的是实施，要强化监管能力建设、提升持续监管的强度和有效性，才能真正维护好金融稳定。

4. 监管与市场的平衡

这要求既要利用和发挥市场约束对金融机构风险管理的正向激励，又不要盲目跟从市场节奏，应从审慎监管角度出发，遏制不合理的金融市场创新。英格兰央行的安得烈·霍尔丹反思现行监管规则，认为监管应做到“少即是多”，无疑值得监管规则制定者深思。

主要概念

巴塞尔协议　监管资本　最低资本要求　核心一级资本　储备资本　逆周期资本　资本充足率　信用风险　市场风险　操作风险　标准法　内部评级法

复习思考题

一、单选题

1. 巴塞尔协议Ⅰ出台的核心是针对国际性银行监管的哪一现实问题？（　）

A. 银行资本金过低　　B. 银行监管主体缺位

C. 银行信用风险过高　　　　　　　　　D. 银行操作风险过高

2. 计算信用风险的资本要求主要有哪两种方法？（　　）

A. 标准法、内部评级法　　　　　　　B. 标准法、外部评级法

C. 现行法、内部评级法　　　　　　　D. 现行法、外部评级法

3. 操作风险计量方法包括哪些？（　　）

A. 基本指标法　　　　　　　　　　　B. 标准法

C. 高级计量法（AMA）　　　　　　　D. 以上皆是

4. 巴塞尔协议Ⅱ第二支柱特别适合处理哪些领域的风险？（　　）

A. 第一支柱涉及但没有完全覆盖的风险

B. 第一支柱中未加以考虑的因素

C. 银行的外部因素（例如经济周期效应）

D. 以上皆是

5. 关于风险加权资产（RWA）概念正确的是（　　）。

A. 是指将银行资产按其风险性质对应的权重进行加权计算得到的风险资产总额

B. 标准法下各资产权重相同

C. 标准法下资产权重是银行自行评估的

D. 内部评级法下各资产权重相同

二、多选题

1. 巴塞尔协议Ⅰ的缺陷体现在（　　）。

A. 导致监管资本套利，弱化了资本监管的有效性

B. 缺乏风险敏感性，不能有效区分资产的风险

C. 涵盖的风险种类少，未全面反映银行面临的风险

D. 采用经合组织俱乐部法，不能充分反映国家转移风险

2. 巴塞尔协议Ⅱ确立了资本监管的“三大支柱”，即（　　）。

A. 最低资本要求　　　　　　　　　　B. 监管当局的监督检查

C. 以风险披露为基础的市场约束　　　D. 加强国家风险与道德风险的管理

3. 巴塞尔协议Ⅲ的核心内容包括（　　）。

A. 扩大资本覆盖面，增强风险捕捉能力

B. 修改资本定义，强化监管资本基础

C. 建立杠杆率监管标准，弥补资本充足率的缺陷

D. 建立宏观审慎资本要求，使得资本要求反映系统性风险

E. 提高资本充足率监管标准，增强银行体系吸收损失的能力

4. 巴塞尔协议Ⅲ的长期影响有（　　）。

A. 推动商业银行回归传统的、信贷中介主导的业务模式

B. 促使商业银行重新步入常规的、以表内为主的有机增长轨道

C. 发达国家大型银行的盈利预期

D. 改善国际银行业的竞争环境

5. 资本监管标准简化要考虑哪些原则？（　　）

A. 实现规则简单与风险敏感的平衡

B. 简单规则与复杂规则的平衡

C. 监管与规制的平衡

D. 监管与市场的平衡

三、思考题

1. 简述巴塞尔协议Ⅰ的主要内容。
2. 简述巴塞尔协议Ⅱ的主要内容。
3. 从2008年的金融危机来看，思考巴塞尔协议Ⅱ存在哪些缺陷？
4. 巴塞尔协议Ⅲ的主要特点是什么？
5. 巴塞尔协议Ⅲ的有哪些核心内容？

第四章 金融稳定理事会和二十国集团

【内容提要】

本章将主要介绍金融稳定理事会（FSB）、二十国集团（G20）。其中金融稳定理事会主导了国际金融监管改革，二十国集团则确定国际金融监管改革的方向。

【重点与难点】

1. 金融稳定理事会的工作进展
2. 二十国集团的发展历程以及工作机制

【学习目标】

理解金融稳定理事会以及二十国集团诞生的历史背景和主要事件相互之间的联系，掌握二者之间存在的内在关系及各自在国际市场所扮演的角色，熟悉近年来其各自所关心的领域以及所取得的成就。

第一节

金融稳定理事会

一、简介

金融稳定理事会的前身金融稳定论坛（Financial Stability Forum，FSF）是应西方七国财长和央行行长提议于1999年成立的，旨在通过加强金融监管领域的信息交流和国际合作以提升国际金融体系的稳定性。2009年4月2日二十国集团伦敦金融峰会期间，FSF正式宣布扩大成员和职能，并更名为金融稳定理事会（Financial Stability Board，FSB），目的是增强金融稳定理事会的机构代表性，以强化金融稳定理事会作为各国监管当局、标准制定机构和国际金融组织之间合作机制的有效性，以应对金融体系脆弱性、制定和实施稳健的监管政策，促进金融体系的稳定。FSB现有69位成员，包括对全球经济有体系性影响的24个国家/地区代表52位，以及国际货币基金组织、世界银行、国际清算银行、经合组织等国际组织和银行业、证券业、保险业、会计等国际金融标准制定机构的17位代表。

2009年6月26日至27日，金融稳定理事会第一次全体会议在瑞士巴塞尔召开，来自24个国家/地区以及国际组织的69位金融稳定理事会成员参加了本次会议，中国人民银行行长、银监会主席和财政部副部长代表我国出席了本次会议。会议重点讨论了金融稳定理事会的章程和组织架构、二十国集团伦敦峰会后理事会所做工作以及下一步的工作计划。在章程方面，将理事会的任务定为：推进全球金融标准的制定和执行、评估金融体系脆弱因素以及加强国际监管合作。在组织架构方面，金融稳定理事会全体会议是最高决策机构，通常每年召开两次全体会议，同时设立指导委员会（Steering Committee），负责在全体会议休会期间指导理事会的日常工作。指导委员会由金融稳定理事会主席提议的16个成员经济体和9家国际组织的代表组成。除发达经济体外，中国、俄罗斯、巴西和印度各获一席。中国人民银行行长将代表中国作为指导委员会委员。

金融稳定理事会下设脆弱性评估、监管合作和标准执行三个常设委员会（Standing Committee）。各委员会由20~25人组成。脆弱性评估委员会负责从宏观角度评估、检测金融体系存在的薄弱环节和隐性风险。监管合作委员会负责解决银行、证券、保险业监管者之间以及跨境监管的协调问题，对未纳入监管范围的市场和产品的监管提出建议。标准执行委员会负责推动成员经济体执行关系到金融稳定的标准和准则，该委员会将根据基金组织和世界银行对各国金融部门评估结果对成员经济体进行同行评审（Peering Review）。

金融稳定理事会主席提名并经全会批准，国际清算银行总经理、金融稳定理事会前任国际咨询委员会委员卡如阿纳、英国金融服务局总裁特纳、加拿大财政部副部长马克林姆分别担任上述三个常设委员会主席。监管合作委员会还下设跨境危机管理工作组。

经我国国务院批准，财政部代表我国参加脆弱性评估委员会，银监会参加监管合作委员会，人民银行参加标准执行委员会。

二、金融稳定理事会的发展历程

G20伦敦峰会后金融稳定理事会的工作在以下几方面取得了重大进展。

(一) 督促修改国际会计标准

公允价值主导的国际会计准则在金融危机中起到了推波助澜的作用，其合理性受到业界的广泛质疑和批评，根据二十国集团金融伦敦峰会的倡议，FSB正在推动改进估值标准、加大表外资产项目会计记账透明度、修改国际会计准则39号，简化对金融工具的会计处理、实现更为灵活的贷款损失拨备等。为此，国际会计准则理事会正在对国际会计准则进行实质性修改，主要修订包括三个方面：公允价值运用问题、资产减值问题以及信息披露问题。

(二) 加强宏观审慎监管

宏观审慎监管问题是国际金融界的一个热点话题，涉及逆周期监管、跨市场监管、货币政策和监管制度协调等许多重大问题。会议集中讨论了资本的定义、系统性影响的机构，以及宏观审慎的工具等问题。金融稳定理事会支持巴塞尔委员会从资本要求和流动性管理两方面强化银行宏观审慎监管。

(三) 扩大监管范围

金融稳定理事会提出将金融监管范围扩大到一切具有系统性影响的机构、产品和市场，包括对冲基金、评级机构，以及证券化资产和信用违约掉期等产品，以减少监管套利。国际证监会组织及行业自律组织分别向理事会提交了《对冲基金监管》报告和《对冲基金经理人最佳行为准则》。为确保监管原则保持一致，由银行、证券和保险业监管机构组成的联合论坛开展了监管范围和性质差异的研究。金融稳定理事会还推动国际证监会对评级机构执行《评级机构基本行为准则》的情况进行评估，并就未受监管的金融市场和产品提出监管建议。

(四) 推进执行国际监管标准

会议讨论了加强执行国际标准、通过识别不合作地区来推进信息交换和合作的方法。委员会支持同行评审做法，将开发评价成员国执行国际标准情况的评级矩阵，对重要国际标准和原则执行情况进行评估。理事会强调有关评价标准要具有客观性、公正性和代表性，评价国际标准实施情况的主要目的是鼓励和促进成员国实施国际标准，而不是为了惩罚识别出的不合作辖区，树立对立面。

(五) 加强金融监管国际合作

加强跨境机构监管合作，特别是建立危机管理机制是金融稳定理事会的重点任务之一，目前金融稳定理事会已在全球建立了35家大型金融机构的监管联席会议机制。会议通报了跨境危机管理制度建设方面的进展。金融稳定理事会还将通过问卷调查全面掌握已有的监管联席会议机制，明确监管联席会议的作用以及探讨监管机制最佳实践。

(六) 加强薪酬和激励机制的监管

金融稳定理事会积极推进落实2009年4月发布的《稳健的薪酬机制操作原则》，强调建立有效薪酬和激励机制，并加大股东参与薪酬机制的监管力度。会议讨论了薪酬和激励机制的监管问题，一致认为公司治理结构设计对确保稳健薪酬管理至关重要。

第二节

二十国集团

一、二十国集团的前世今生

二十国集团是一个国际经济合作论坛，是两次金融危机的产物，属于布雷顿森林体系框架内非正式对话的一种机制。作为一个新兴的全球经济治理机制，G20 还处在一个初级发展阶段，在经历了东南亚金融危机之后，其地位和作用逐步由弱变强，开始取代八国集团 G8 成为当前全球经济治理的主要平台，在应对金融危机中发挥了重要作用，这一发达国家和新兴国家的联合协调机制取得了初步成功。

二十国集团是由布雷顿森林机构，以及八国集团成员和中国、巴西、阿根廷、墨西哥、韩国、印度尼西亚、印度、沙特阿拉伯、南非、澳大利亚、土耳其等十九个国家以及欧盟组成的大国经济多边协调机制。从现实的国际经济情况来看，它是经济危机下力促各国相互协调，共同应对国际金融危机的产物。

20 世纪 90 年代的金融危机以及人们对于新兴市场国家没有适当地参与全球经济的讨论与管理的认识，共同促进了二十国集团的诞生。1999 年 12 月 15 日，首届二十国集团财长央行行长会议在德国柏林召开，参加会议的成员国有：美国、日本、德国、法国、英国、意大利、加拿大、俄罗斯、中国、阿根廷、墨西哥、韩国、印度尼西亚、印度、沙特阿拉伯、南非、澳大利亚、土耳其、巴西以及欧盟。此次会议标志着二十国集团的诞生。

成立之初，二十国集团以非正式部长级会议的形式运行，会议明确强调：G20 集团的创立，是为了在布雷顿森林体系框架内提供一个非正式对话的新机制，以扩大在具有系统重要性的经济之间就核心的经济、金融议题进行讨论并合作，以取得惠及所有人的稳定的、可持续的世界经济增长。这时的二十国集团并不太受人们的重视，仅是一个全球经济论坛，并且明确规定其从属于国际货币基金组织和世界银行框架内的一种机制。二十国集团发布的联合公报更多是关注某些需要长期处理的问题，没有严格规定为实现这些目标而做出的具体步骤，当时的二十国集团完全是笼罩在八国集团的“光芒”下。

进入 21 世纪后，全球经济治理制度的改革逐步深入，2003 年 6 月，八国集团邀请 11 个发展中国家参加了南北领导人非正式对话。2005 年 7 月，中国、印度、巴西、南非和墨西哥作为新兴经济体的代表加入了八国峰会。G8 +5 的出现摆明八国集团已经实现了进一步的改革，但权力结构与既有制度矛盾仍未能得到解决。新兴经济体在八国集团的领导人会议上仍处于边缘地位，其表现是全球经济治理制度的议程设置权仍在西方国家手中。2008 年金融危机推动了八国集团的进一步改革。2009 年美国匹兹堡峰会声明宣布，二十国集团正式取代八国集团，成为国际经济合作的核心治理平台，国际经济治理机制出现重大转型。从此二十国集团步入建章立制阶段，其正在成长为一个新型的国际经济组织，并且它的成立使成员间的以来际经济、货币政策举行非正式对话，以利于国际金融和货币体系的稳定。

二十国集团向首脑级会议发展的原因有以下几个方面：首先，2008 年金融危机致使全球经济严重衰退，各国纷纷寻求解决问题的出路，在严重的危机下，各国都无法独善其身，纷纷寻求合作；其次，发达国家尤其是八国集团认识到仅凭几个大国的力量很难协调好全球事务，急切需要发展中国家的参与，在危机面前，他们只好暂时让渡出部分国际决策权力，让发展中国家共同帮忙解决这次全球性的经济危机；最后，近年来，发展中国家经济发展迅速，实力增强，注重发展中国家内部自身的联合，在危机下受到的影响相对较小，也希望调整目前不合理的全球政治经济秩序，建立一个合理的国际政治经济新秩序。

拓展阅读

二十国集团历届非正式财长和央行行长会议

1999 年 12 月 15 日至 16 日，第 1 次会议暨成立大会，地点德国柏林，就全球及区域经济和金融形势、国际金融体制改革的方向等问题交换了意见。

2000 年 10 月 24 日至 25 日，第 2 次会议，加拿大蒙特利尔，如何应对全球化的挑战，如何减轻金融危机的危害等。

2001 年 11 月 16 日至 18 日，第 3 次会议，加拿大渥太华，主要就“9·11”事件对全球经济和金融的影响、G20 在打击恐怖融资活动方面的作用等展开了讨论。

2002 年 11 月 22 日至 23 日，第 4 次会议，印度新德里，探讨了防范与应对金融危机、全球化、打击恐怖主义融资以及保持经济持续增长等议题。

2003 年 10 月 26 日至 27 日，第 5 次会议，墨西哥莫雷利亚市，讨论了金融危机防范与应对、开发性融资、打击恐怖融资以及全球化与经济发展、金融机构建设等议题。

2004 年 11 月 20 日至 21 日，第 6 次会议，德国柏林会议讨论了当前宏观经济形势、金融部门机构建设、打击滥用国际金融体系、老龄化的挑战与移民、主权债务重组、布雷顿森林机构 60 年回顾、全球化背景下促进稳定与增长以及区域一体化等议题。

2005 年 10 月 15 日至 16 日，第 7 次会议，中国北京，主题是“加强全球合作，实现世界经济平衡有序发展”“加强全球合作：实现世界经济的平衡有序发展”。

2006 年 11 月 18 日至 19 日，第 8 次会议，澳大利亚墨尔本，以“建设和维持繁荣”为主题，着重探讨了当前世界经济形势和发展问题、能源与矿产、布雷顿森林机构改革等话题。

2007 年 11 月 17 日至 18 日，第 9 次会议，南非开普敦，如何确保世界金融市场稳定以及国际货币基金组织及世界银行的改革问题。

拓展阅读

二十国集团历届首脑峰会及主要成果

第一次峰会 2008 年 11 月 美国华盛顿举行

主要议题：评估国际社会在应对当前金融危机方面取得的进展，讨论金融危机产生的原因，共商促进全球经济发展的举措，探讨加强国际金融领域监管规范、推进国际金融体系改革等问题。

主要成果：会议就金融危机的起源、加强合作反对贸易保护主义、支持经济增长等问题达成共识，并就应对世界面临的金融和经济问题的措施达成一项行动计划，其中包括提高金融市场透明度和完善问责制、加强管理、促进金融市场完整性、强化国际合作以及改革国际金融机构等。

第二次峰会 2009 年 4 月 英国伦敦举行

主要议题：如何摆脱当前危机，使经济尽快复苏；如何改革国际金融体系，加强监管，防止危机再次发生；如何改革国际货币基金组织和世界银行等国际金融机构，使之在防范危机和支持增长方面发挥更大的作用。

主要成果：会议同意为国际货币基金组织和世界银行等多边金融机构提供总额 1.1 万亿美元资金；提出有必要对所有具有系统性影响的金融机构、金融产品和金融市场实施监管和监督，并首次提出把对冲基金置于金融监管之下；同意对拒不合作的“避税天堂”采取行动及实施制裁。在金融机构改革方面，会议决定新建一个金融稳定委员会取代金融稳定论坛，并与国际货币基金组织一道对全球宏观经济和金融市场上的风险实施监测。

第三次峰会 2009 年 9 月 美国匹兹堡举行

主要议题：推动世界经济复苏、转变经济发展方式、国际金融体系改革和发展问题等。

主要成果：会议在国际金融机构改革治理结构方面取得重大突破。与会领导人同意将国际货币基金组织和世行两大机构的份额向发展中国家分别转移 5% 和 3%，以提高发展中国家的代表性和发言权。在金融监管方面，会议提出对金融高管薪酬进行改革、把金融衍生产品纳入管理、实行跨国金融监管等建议。此外，会议还就经济刺激方案退出机制、世界经济形势走向、实现长期可持续发展等问题进行了讨论。会议发表的《领导人声明》确定了二十国集团峰会将形成机制化，并将作为协商世界经济事务的主要平台。

第四次峰会 2010 年 6 月 加拿大多伦多举行

主要议题：经济可持续与平衡增长、金融部门改革、改革国际金融机构和促进全球贸易增长等。

主要成果：发表《多伦多峰会宣言》，与会领导人强调采取下一步行动，推动世界经济全面复苏。宣言说，二十国集团迄今的合作努力取得良好成果，认为世界经济恢复了增长，但严峻的挑战依然存在。

第五次峰会 2010 年 11 月 韩国首尔举行

主要议题：汇率、全球金融安全网、国际金融机构改革和发展问题等。

主要成果：通过《首尔宣言》，与会各方表示将推动更为市场化的汇率机制，避免竞争性货币贬值。同时，包括国际储备货币发行国在内的发达经济体承诺对汇率过度波动和无序变化保持警惕，以减轻部分新兴市场国家面临的资本流动过度波动的风险。

第六次峰会 2011 年 11 月 法国戛纳举行

主要议题：欧债危机、世界经济复苏与增长、国际货币体系改革、国际金融监管、抑制国际市场原材料价格过度波动、发展问题和全球治理等。

主要成果：通过"戛纳行动计划"：制定全球增长和就业策略，改革金融部门和加强全球市场整合，解决大宗商品价格波动和刺激农业发展，改善能源市场和推进因对全球气候变化，避免保护主义和加强多边贸易体系，应对发展挑战，加强反贪污，以及改革面向21世纪的新全球治理格局。

第七次峰会 2012 年 6 月 墨西哥洛斯卡沃斯举行

主要议题：世界经济形势、加强国际金融体系、发展问题、贸易问题、就业问题等。

主要成果：发表《二十国集团洛斯卡沃斯峰会领导人宣言》，宣言指出，二十国集团的首要任务仍是寻求强劲、可持续、平衡的经济增长。二十国集团将共同努力加强需求和重塑信心，通过支持经济增长和促进金融稳定，来创造高质量的就业机会。为此，峰会通过了《洛斯卡沃斯增长与就业计划》来促成各方合作以达到目标。

第八次峰会 2013 年 9 月 俄罗斯圣彼得堡举行

主要议题：强劲、可持续、平衡的增长框架、就业、国际金融架构改革、加强金融监管、能源可持续性、发展、促进多边贸易、反腐。

主要成果：通过了《20 国集团领导人圣彼得堡宣言》，明确了世界当前最为紧迫的任务是增强全球经济复苏动力、促进更高速度的增长和改善就业。总的来看，宣言的内容十分丰富，除前言和结论外，还包含了12 个方面的内容：全球经济和二十国集团强劲、可持续和平衡增长框架；以有质量的工作带动增长；创造就业；投资融资；促进多边贸易；强调税基侵蚀和利润转移、打击避税、提高税收透明度和信息自动交换；金融规制；金融包容、金融教育和消费者保护；促进有利于全体的发展；可持续的能源政策和全球大宗商品市场的弹性；应对气候变化；增强打击腐败。

二、二十国集团机制的运行模式

目前，在机制架构方面，传统的国际经济组织大都根据"三权分立"的形式来建立机构。跟传统的组织机构相比，二十国集团在制度建设上还处于一个比较初级的阶段，其组织结构还不是很完善，没有常设机构，不具备稳定性和持续性。目前，该机构已经形成"峰会——协调人会议——部长级会议——工作会议"的形式。G20 机制仅仅是多国对话机制，是一种非正式的国际机制。

（一）首脑峰会

首脑峰会是二十国集团的核心会议。二十国集团成立的起初十年，一直是各国财政部长磋商国际经济事务的平台。2008 年后，二十国集团升格为各国首脑的对话平台。2009 年的匹兹堡峰会正式规定 G20 取代 G8 的国际经济治理主导地位。从 2010 年后，每年召开一次。

（二）协调人会议

协调人会议是指峰会事务协调作为各国领导的代理人参加 G20 会议，主要负责会前的筹备，以及会后成果的落实工作，但是目前协调人会议并没有充分发挥其作用。一方面，其机构职能与财政部长会议有重叠；另一方面，保证会后成果落实难度高，且涉及相关技术性的问题。

（三）财政部长和央行行长会议

二十国集团每年峰会前召开财政部长与央行行长会议，通常在会议召开之前，为了财长会议的顺利进行，各国部长助手会先举行两次准备会议以及三次专题型的研讨会。财长会议的召开主要目的则是为峰会做准备。

（四）专家会议

除了以上会议外，二十国集团还组织召开一些技术性的专家会议，这些会议并不必然是由二十国集团的轮值主席发起，会议的主要目的是为了财长和央行行长会议及其副手会议提供一些参考报告和案例分析。

二十国集团每年峰会后会发表二十国集团宣言，该文件是二十国集团的核心文献，主要表达会议所取得的成果。此外，每个主席都会建立一个当年二十国集团的网站，公布可以公开的信息，同时还会建立一个网站用来传播相关文件及文献归档。

三、二十国集团在国际政治秩序中的作用

在国际关系中，规范结构反映了力量结构的对比状态，一定的国际规则和秩序总是同一定的国际格局相对应，国际规则的制定和国际秩序的形成受国际格局的影响和制约。因此，当国际格局开始向多极化发展时，国际力量对比的天秤就会发生变化。

二十国集团峰会仓促登场并匆忙机制化，虽然直接导因是全球化背景下第一场金融危机与第二次世界大战以来最严重的世界经济衰退，但深层根源在于近十多年来尤其是最近五年来世界经济发展态势、国际力量格局、各国发展模式、世界经济关系等方面的巨大变化。全球发展失衡只是这场危机的表象，上层建筑（全球治理机制）与经济基础（世界经济结构）脱节才是这场危机的关键。近十年来，中国、巴西、印度等新兴国家群体性崛起势头不减，日益成为世界经济增长和国际格局演变的重要推动力量，多极化趋势明显增强，重心逐渐向新兴大国倾斜。另外，随着全球非传统安全不足大量涌现，如贫困、灾难、流行性疾病、国际恐怖主义、气候变化与环境不足等，使全世界任何一个国家都无法单独消除自己面对的安全威胁，国际秩序的转变势在必行，全球治理已不能离开新兴经济体的参与和合作。

（一）二十国集团对国际关系的影响

长期以来，权力积聚与分散需求之间的矛盾互动一直是国际关系发展的重要动力。一些国家利用先行发展和在国际体系结构中的有利地位成长为世界政治的主导性力量，并力图积聚越来越多的权力，其中个别国家更是占尽了先机，依靠强权和制度性优势维护和巩固自己的霸权；而后发力量则背负着推进发展的沉重压力，要求分享发展机会，有国家甚至不惜一切参与到对权力的争夺之中。权力的积聚与分散，对国际关系的演变起到了推波助澜的作用。

权力的不断积聚，有利于国家拥有或制约战略资源、对地区或区域进行管理并取得较满意的贸易与投资份额。100 多年来，世界范围内的强国一直保持着较稳定发展，他们对权力积聚的强势需求一直持续到 21 世纪初，在很大程度上压制了对权力的分散需求，导致一些最不发达国家在过去的一个多世纪里逐渐失去了资本积累的机会。但从 20 世纪中期开始，新兴国家和地区凭借自身的广阔市场和资源优势，加快了发展速度。新兴经济体呈现出强劲的增长势头，他们要求共享利益、分享权力，并强调与发达国家通过接触、对话、合作来扩大共识以及共同修改和制定有约束力的游戏规则。权力分散的趋势越来越明显，权力政治的“零和关系”发生了转变。随着 G20 的出现，国际联系日益增强，权力分散的趋势不可逆转。在未来国际关系中，将可能呈现一种在 G20 框架内形成若干国家集团的相对权力分散形式，导致国际政治的集团化，如 G3（中美欧、中日韩、中俄印）、G8、G8 + N 等各种形式。但是看作集团化的权力分散应具有充分的开放性和灵活性，从而更加有利于未来国际关系相对平稳地发展。

（二）二十国集团对未来国际关系的影响

二十国集团机制内，新兴国家和发展中国家能与欧美日共同讨论、解决国际经济不足。如果发展顺利，二十国集团也有可能将其功能从金融、经济领域逐步延伸到政治和安全事务当中，成为一种代表性更强、成效更高的全球治理机制。

八国集团邀请新兴大国官方或非官方代表参加国际性会议，并强调二十国集团在国际经济合作中的重要地位，其中一个重要目的还是为了化解新兴大国崛起带来的冲击，确保依照现有国际规则进行国际体制的革新。在未来一个时期，无论是在全球经济刺激计划、加强国际金融监管方面，还是在国际金融体系革新中，八国集团可能仍将居主导地位。

不过，从总体上看，机制的新陈代谢与优胜劣汰会不断加快。虽然经过三十余年的发展，八国集团内部组织架构从虚到实，逐步建立了一套比较完备的运作机制，以维护内部成员利益和现存国际体系，并在一定程度上催生了更广意义和更高程度的全球治理。但与八国集团无所不包、面面俱到而又难以落到实处的特性相比，二十国集团治理机制的竞争力与适应性显得更强，它涵盖了发展中新兴大国且成员之间的地位较为平等、规模适当、效率更高。因此，在两种机制中，二十国集团更具灵活性和开放性，更有助于推动国际关系步入平稳发展轨道。

主要概念

金融稳定理事会　二十国集团

复习思考题

一、单选题

1. 金融稳定理事会（FSB）第一次全体会议的召开地点（　　）。
A. 英国伦敦　　B. 美国纽约
C. 瑞士巴塞尔　　D. 中国上海
2. 二十国集团的组织结构形式是（　　）。
A. 峰会——协调人会议——部长级会议——工作会议
B. 协调会议——部长级会议——工作会议——峰会
C. 工作会议——峰会——协调会议——部长级会议
D. 峰会——协调会议——部长级会议——工作会议

二、多选题

1. 金融稳定理事会下设的三个常设委员会是（　　）。
A. 脆弱性评估　　B. 金融体系检测
C. 监管合作　　D. 标准执行
2. 2005 年 7 月，作为新兴经济体的代表加入了八国峰会的国家（　　）。
A. 中国　　B. 巴西
C. 南非　　D. 墨西哥
E. 印度
3. 20 世纪 90 年代的金融危机促成了以下哪些机构的诞生？（　　）
A. 布雷顿森林体系　　B. 二十国峰会
C. 巴塞尔委员会　　D. 金融稳定理事会

三、思考题

1. 简要论述二十国集团伦敦峰会后金融稳定理事会的工作取得的重大进展。
2. 论述二十国集团机制的运行模式。
3. 如何看待二十国集团对国际关系的影响及其发展前景？

第五章 《有效银行监管核心原则》以及我国 FSAP 的评估

【内容提要】

《有效银行监管核心原则》（以下简称《核心原则》）是巴塞尔委员会于 1997 年发布的、在全球具有广泛适用性的银行监管国际标准，之后巴塞尔委员对之进行了两次修订，并于 2012 年 9 月正式发布了第三版《核心原则》。第三版《核心原则》提出了有效银行监管的 6 个先决条件，并从监督权力、责任和职能以及审慎监管和要求这两个领域提出了强化银行监管有效性的 29 条原则，实现与时俱进，充分满足了全球金融市场和银行监管实践的重大变化。

【重点与难点】

1. 《核心原则》的具体要求
2. 有效银行监管的先决条件
3. 《核心原则》的评估方法

【学习目标】

掌握《核心原则》的先决条件和具体内容，理解《核心原则》的评估方法与过程，了解我国 FSAP 的评估概况。

第一节 概述

一、《核心原则》出台的国际背景

全球经济金融一体化进程的加快，使得各国金融市场间的联系日益紧密。这种一体化的进程有利于世界经济的发展，同时也隐藏着巨大的危机，各国银行也可能面临着监管者无法控制的风险。银行监管失效而引发的一国金融危机很容易跨越国境，波及其他国家，从而引发整个金融体系的震荡。在经济一体化的浪潮下，发达国家银行业看到了发展中国家新兴市场蕴含的绝大潜力，因此开始向这些地区扩张。与此同时，发展中国家积极参与，运用推动本币自由兑换、开放金融市场、放松外资银行进入和国际资本流动的管制手段，加快金融改革步伐。鉴于传统的国际银行监管原则对这些新兴市场的考虑十分有限，一个面向世界各国特别是新兴国家市场的全球性使用文件呼之欲出。实际上，核心原则的出台就是主要针对新兴市场国家的。也正式在这样的背景下，《核心原则》应运而生。

二、《核心原则》的演进历程

自 1997 年首次发布《核心原则》以来，巴塞尔委员会已经对其进行了两次修订完善，形成了 2006 年第二版《核心原则》和 2012 年第三版《核心原则》。值得注意的是，修订工作不会在任何方面对以往根据《核心原则》已经开展工作的有效性提出质疑，而是在确保第一版《核心原则》总体架构的连续性及可比性的基础上，对现行架构展开一些修订，以便做到与时俱进。

（一）第一版《核心原则》（1997 年）

随着 20 世纪末银行业的快速发展，许多国家银行系统的弱点，其中包括发展中国家和发达国家，已经威胁到各国和全世界的金融稳定。国际上对强化各国金融体系越来越重视。1996 年 6 月，七国集团里昂峰会结束时所发表的宣言呼吁在强化世界各国的金融稳定方面采取措施，之后塞尔银行监管委员会、国际清算银行、国际货币基金组织和世界银行等国际组织也都在这方面展开了积极研究。其中巴塞尔银行监管委员会于 1996 年 11 月至 1997 年 3 月，先后组织了四次对《核心原则》的讨论，邀请了部分十国集团成员、新兴市场国家和地区成员以及地区性监管组织主席参加起草和修改，于 1997 年 4 月发布了《核心原则》征求意见稿，并在广泛征求意见的基础上，于 1997 年 9 月在香港举行的国际货币基金组织年会上正式推出。

《核心原则》的主要内容涉及七大方面总共 25 条的原则，即有效银行监管要求（原则 1）、发展与结构（原则 2 ~ 原则 5）、审慎法规和要求（原则 6 ~ 原则 15）、持续银行监管手段（原则 16 ~ 原则 20）、信息要求（原则 21）、正式监管权力（原则 22）、跨国银行业（原则 23 ~ 原则 25）。除上述原则本身内容外，《核心原则》还阐述了监管者在实施核心原则时可以运用的各种手段。此外，《核心原则》还包括两个附录：《有关政府所有银行的特殊问题》和《存款保护》。《核心原则》论述了有效银行监管的众多要求，正确地处理了各国传统与不同银行监管方法之间的关系，以消除各国由于法律和监管制度的差别而带来的对银行监管评估标准不统一的问题，它是健全各国金融监管体系的重要参考文件。

《核心原则》是国际银行监管领域在1988年巴塞尔协议Ⅰ发布后又一部具有里程碑意义的重要文献，是在总结各国监管实践经验的基础上，对银行监管行之有效的做法的精辟概括，为各国建立有效的银行监管体系提供了指导和借鉴。《核心原则》是对一个有效银行监管体系最全面、系统的描述，也是巴塞尔委员会发布的在全球最广泛适用性的银行监管国际标准，系统地概括了银行监管的良好做法，提出了有效银行监管基本框架，包括：监管机构目标独立性、监管机构自身的治理，市场准入的要求，审慎法规和要求，持续银行监管手段，监管者的正规权利等。从内容上来说，《核心原则》比巴塞尔协议更广泛，从实用性来说，《核心原则》适用于所有国家所有银行，不管银行系统结构简单还是复杂，而《巴塞尔资本协议》只适用于所谓的国际活跃银行。所以自《核心原则》发布以后，许多国家都对照《核心原则》进行自我评估，通过自我评估来发现本国银行监管和风险管理方面存在的差距，从而来提高银行监管和风险管理的有效性。而国际货币组织也使用《核心原则》评估成员国银行体系的稳定性。

（二）第二版《核心原则》（2006年）

自《核心原则》颁布以来，许多国家为了达到良好监管实践的基本要求，都将其作为评估本国监管体系的质量和明确未来工作要求的标杆。实践证明，许多国家关于核心原则达标情况的自我评估效果良好，已顺利达到了这些标准。然而，自1997年以来，银行监管制度发生了重大变化，各国通过实施核心原则积累了丰富的经验。由于监管制度和实施方面出现了不少新问题，人们的认识也不断加深，委员会相应颁布许多文件。基于上述情况，为确保核心原则是一个具有有效性、灵活性并且全球适用的准则，实现与时俱进，巴塞尔银行监管委员会决定对其内容进行修订。

2005年10月，巴塞尔银行监管委员会初步批准了修订草案，并向其他监管标准制定机构——包括国际保险监管官协会、国际证监会组织、金融行动工作组、支付和清算体系委员会征求意见。在此基础上，2006年4月6日至6月23日，巴塞尔委员会公开向各国监管当局、中央银行、国际行业协会、学术界和其他有关方面广泛征求意见。2006年10月，在墨西哥召开的第14届国际银行业监督官大会上，巴塞尔银行监管委员会正式颁布第二版《核心原则》。

第二版《核心原则》共有25条原则，可划分为七个方面的内容：目标、独立性、权力、透明度和合作（原则1），发照与结构（原则2～原则5），审慎监管（原则6～原则18），持续监管的各种方法（原则19～原则21），会计处理和信息披露（原则22），监管当局的纠正和整改权力（原则23），并表和跨境银行业（原则24～原则25）。与第一版《核心原则》比较，第二版《核心原则》主要在以下三大方面作出了改革：①强化了对银行风险管理的要求，增加了全面风险管理、流动性风险、操作风险和银行账户利率风险管理等原则。②强调应根据银行的规模、业务性质和复杂程度实施风险管理和风险监管。③提高了对监管机构内部治理、透明度和问责制等方面的要求。此外，第二版《核心原则》中不再出现每条核心原则对应的解释内容，而是将该解释内容纳入《评估方法》中一并考虑，而且也不再保留第一版《核心原则》的两个附件，其原因在于存款保险制度不完全属于银行监管的范畴，而国有银行则需要等同其他银行进行监管，不单独考虑不同所有制对银行监管的影响（具体参见表5－1、表5－2、表5－3）。

第二版《核心原则》不是对第一版《核心原则》地推倒重来，而仅仅是填补漏洞。在修订核心原则和评估方法的工作中，委员会力求确保第一版《核心原则》总体架构的连续性和可比性。实践证明，第一版《核心原则》的架构运转良好，因而委员会不考虑对其进行大范围修改，而是将工作重点放在现行架构需要修订的一些方面，以便做到与时俱进。第二版《核心原则》的出台不会在任何方面对以往工作的有效性提出质疑，更不会对依据第一版《核心原则》框架对有关国家的评估及改革方案提出质疑。

表5－1　第一版《核心原则》与第二版《核心原则》的比较

第一版《核心原则》	第二版《核心原则》
有效银行监管要求	
原则1：目标、独立性、权力、透明度和合作	原则1：目标、独立性、权力、透明度和合作
发照与结构	
原则2：许可的业务范围	原则2：许可的业务范围
原则3：发照标准	原则3：发照标准
原则4：所有权结构	原则4：大笔所有权转让
原则5：投资标准	原则5：重大并购
审慎监管	
原则6：资本充足率	原则6：资本充足率
	原则7：风险管理程序
原则7：贷款政策	原则8：信用风险
原则8：贷款平价	原则9：有问题资产、准备和储备
原则9：大额暴露	原则10：大额风险暴露限额
原则10：关联贷款	原则11：对关联方的风险暴露
原则11：国家风险	原则12：国家风险和转移风险
原则12：市场风险	原则13：市场风险
原则13：其他风险	原则14：流动性风险
	原则15：操作风险
	原则16：利率风险
原则14：内部控制	原则17：内部控制和审计
原则15：反洗钱	原则18：防止利用金融服务从事犯罪活动
持续银行监管手段	
原则16：现场和非现场检查	原则19：监管方式
原则17：银行管理	原则20：监管手段

续表

第一版《核心原则》	第二版《核心原则》
原则 18：信息要求	原则 21：监管报告
原则 19：核实要求	
会计披露	
原则 21：会计	原则 22：会计处理和披露
监管当局的纠正和整改权力	
原则 22：监管当局的纠正和整改权利	原则 23：监管当局的纠正和整改权利
并表和跨境银行业	
原则 20：并表监管	原则 24：并表监管
原则 23：全球并表监管	
原则 24：信息交流	原则 25：母国和东道国的关系
原则 25：东道国监管	
注：阴影部分为修改内容。	

表 5-2　《核心原则》增加的评估标准

	第一版《核心原则》	第二版《核心原则》	增加
核心原则	25	25	—
必要标准	169	200	31
附加标准	242	392	150

表 5-3　第一版《核心原则》与第二版《核心原则》的比较

第一版《核心原则》的 5 个先决条件	第二版《核心原则》的 4 个先决条件
先决条件 1：稳健且可持续的宏观经济政策	先决条件 1：稳健且可持续的宏观经济政策
先决条件 2：完善的金融稳定政策制定框架	先决条件 2：完善的公共金融基础设施
先决条件 3：有效的市场约束	先决条件 3：有效的市场约束
先决条件 4：高效率解决银行问题的程序	
先决条件 5：适度的系统性保护机制（或公共安全网）	先决条件 4：适度的系统性保护机制（或公共安全网）
注：阴影部分为修改内容。	

（三）第三版《核心原则》（2012 年）

自 2008 年金融危机爆发以来，国际社会对银行监管理念、方式和实践进行了深刻反思，加强系统性重要银行监管、注重系统性风险防范、强化宏观审慎监管、完善危机管理、提升银行公司治理、信息披露和透明度水平等问题，已经成为国际金融监管改革的重要组成部分。

2010 年 10 月，巴塞尔银行监管委员向二十国集团报告，表示将重新审查和修订《核心原则》，以提高全球范围内的银行监管有效性。在 2010 年 11 月二十国集团首尔峰会上，金融稳定理事会也明确要求对银行、证券和保险业监管的核心原则进行修订。2011 年 1

月，巴塞尔委员会成立《核心原则》修订工作组，27 个国家（地区）和国际货币基金组织、世界银行等 8 个国际组织派员参加了修订工作。委员会要求，在修订中要考虑自 2006 年 10 月以来全球金融市场和监管领域发生的重大变化，包括危机之后推动建立良好监管体系的经验教训总结，以求《核心原则》能够与时俱进，不断推动世界各国实施有效的银行监管。2012 年 9 月，经第 17 次国际银行监督官大会审议通过后，巴塞尔委员会正式发布第三版《核心原则》。

第三版《核心原则》将原《核心原则》和《核心原则评估方法》整合为一份综合性的文件，并将部分原则进行合并、分拆，归类为监管权力、责任和职能与针对银行的审慎监管规范和要求两个领域，使《核心原则》的整体结构和内在逻辑更为清晰合理。此次修订之后，《核心原则》由原来的 25 条增加到 29 条，还增加了 39 条评估标准，包括 34 条必要标准和 5 条附加标准，同时将现行《评估方法》中的 34 条附加标准提升为必要标准，适用于所有国家的最低要求，使作为最低要求的必要标准占比由 81% 上升到 94%。

第三版《核心原则》吸收借鉴了 2007 年金融危机以来的经验以及 2006 年修订以后银行监管实践的最新发展，并结合历年来 FSAP 核心原则评估经验，针对金融危机中暴露出的银行风险管理和监管中存在的重大缺陷，提高了风险管理和监管要求，旨在实现有效监管核心原则普适性、连续性和可比性之间的均衡，促进全球范围银行监管事业的发展。

三、《核心原则》的基本特征

作为有效银行监管的国际标准，《核心原则》提出了良好的银行与银行体系审慎监管的最低标准，不仅为评价银行监管体系的有效性提供了评判准绳，也为各国银行监管方面存在的差距和问题提供了评估方法；不仅为十国集团所遵循，也陆续得到其他国家的认同，并作为建立和完善本国银行监管体系的指导准则。《核心原则》主要显示出以下几个基本特征：

第一，《核心原则》适用的通用性。《核心原则》在草拟、修改、定稿等各个环节都广泛征求了国际货币基金组织、世界银行、各国银行监管当局、商业银行和地区性监管团体的意见，吸收了各国银行监管的先进理念与监管经验，还全面考虑到各个国家和地区性银行监管的不同情况，因而适用于对所有国家和地区性银行的监管，也已经得到世界上绝大多数国家的认可和实施。

第二，《核心原则》对银行监管的有效性。《核心原则》特别注重建立银行业监管的有效系统，把建立银行业监管的有效系统作为有效监管的重要前提。这一系统不仅要有明确的责任和目标、操作层面的独立性和充分的资源保证，而且还必须建立合理的银行业监管法律体系，监管机构和被监管者均须受到法律制约。

第三，《核心原则》对银行监管的系统性。与以往文件相比，《核心原则》第一次将银行监管作为一个系统进行梳理，穿于银行监管的全过程，构建出有效银行监管的基本原则体系。

第四，《核心原则》对银行监管的持续性。《核心原则》提出了对银行业的监管必须是持续监管。监管可采取现场监管与非现场监管并重的方式，其最终目的是降低风险，保持银行的稳健发展。

第二节 核心原则与先决条件

一、第三版《核心原则》的概况

巴塞尔委员会意在保持其为银行监管实践提供标准方面的持续相关性，保持监管创新与银行风险状况和系统重要性同步，从金融系统的全面视角充分考虑有效银行监管的宏观和微观元素，采取有效的危机预警和管理策略、规范的银行破产解决框架及其他方案，通过健全法人治理、信息披露和保持透明度来强化市场纪律。因此，在第三版《核心原则》中，巴塞尔委员会继续坚持原《核心原则》的基本目标和用途，确保《核心原则》能够经受时间变迁和环境变化的检验，持续作为评价监管实践的基本标准。同时，巴塞尔委员会力求在提高银行监管标准（纳入2006年《核心原则》修订以来银行监管领域的重大发展与2007年金融危机的经验教训）与保持《核心原则》的全球适用性、连续性和可比性之间保持平衡，以进一步改进全球的银行监管。此外，考虑到核心原则的普适性，巴塞尔委员会与巴塞尔成员国、非成员国、国际货币基金组织、世界银行、伊斯兰金融服务委员会等进行了充分的合作与协商，在文本出版前充分征求了公众和同行的意见。

第三版《核心原则》通过进一步强调有效的风险监管、早期干预和及时采取监管措施，强化了对监管者的要求、监管的方法以及监管者对银行的要求。监管者应当评估银行的风险状况，包括银行经营中产生的风险、银行风险管理的有效性及其带给整个银行体系乃至金融体系的风险。以风险为本的监管不仅是被动地对银行开展合规性评估，而是在关注结果的同时也关注过程，将监管资源配置于最能发挥效用的地方。第三版《核心原则》也列出了监管者为维护银行安全稳健运行而应当具有的权力。同样重要的是，监管者在发现银行经营中的不足和缺陷时能够运用这些权力。监管者通过早期干预，采用前瞻性的监管方法，能够避免所发现的问题演变成对银行安全稳健运行的威胁。这尤其适用于一些高度复杂且与特定银行相关的问题（如流动性风险）。对于这类问题，监管者必须采取适合该银行特定情形的监管措施。

第三版《核心原则》还对下列未来发展趋势做出积极反映。

（一）在系统重要性银行方面

尽管2007年金融危机的余波中，系统重要性银行以及对其实施有效监管所需要的法规和监管权力备受关注，巴塞尔委员会也主张要对其提高监管强度并配置更多的监管资源，但考虑到系统重要性银行仍是现行监管范围内的一类银行，而每一条核心原则都应适用于对所有银行的监管，因此没有必要专门为系统重要性银行制定一条单独的核心原则，而是提高对监管者的要求和监管者对该类银行的要求，使与其风险状况和系统重要性相匹配。

（二）在宏观审慎问题和系统性风险方面

2007 年金融危机凸显了有效银行监管的宏观审慎和微观审慎之间的衔接性和互补性的重要。在运用以风险为本的监管方式过程中，银行监管应该具有宏观视角，监管者需要站在一个更为广阔的平台上，而不仅仅关注于单个银行的资产负债表。有关当局应该具有先发制人的能力提前应对系统性风险。这种宽广的金融体系视角已经纳入并反映到许多条核心原则中，因而巴塞尔委员会没有就宏观审慎问题单独引入一条核心原则。此外，在监管一家集团公司组成部分的单家银行时，多个视角分析银行及其风险状况变得至关重要。集团公司对单家银行的影响是多方面，《核心原则》专门制定了针对银行集团并表监管的具体原则，但其他相关核心原则也关注集团母公司和集团公司内在非银行机构在风险评估中的重要性。这种监管已经超出了会计并表中的概念。在履行职能的时候，监管者必须多角度观测风险，并保持审慎的态度。此外，监管者还必须持续关注接受监管的银行业之外的金融活动的发展、积累及其可能带来的潜在风险，并与维护金融稳定的相关管理当局共享数据和信息。

（三）在危机管理、恢复与处置措施方面

虽然防止银行倒闭并不是监管部门的职责，但建立有效的危机预防、管理以及有序的处置框架并采取相关措施仍是必需的。这些措施分为两大类：一是监管机构或者其他部门所采取的措施；二是银行自身采取的，监管者在持续监管中实施严格监督和评估的措施。为了突出和强调危机管理、恢复与处置措施的重要性，有些核心原则专门提出了保持和评估应急安排的要求，而有些则加强母国和东道国在跨境银行危机管理中的协调与合作。

（四）在公司治理、信息披露与透明度方面

银行在公司治理方面的缺陷可能会对银行自身甚至银行系统产生重大影响，因而第三版《核心原则》增加了一个新的原则，强调有效的公司治理是确保银行安全稳健运行的关键要素。同样，2007 年金融危机也表明了信息披露和透明度在维护公众对银行信心从而减少市场不确定性方面的重要性，因而第三版《核心原则》也增加了一个新的核心原则，为信息披露和透明度方面的监管实践提供更多指导。

二、第三版《核心原则》的具体内容

第三版《核心原则》提出了有效监管体系应当遵循的 29 条原则。这些原则可以划分为两个部分：第一部分（原则 1 至原则 13）针对监管者的权力、责任和职能；第二部分（原则 14 至原则 19）针对银行的审慎监管法规和要求。具体内容如下：

（一）监管权力、责任和职能

1. 责任、目标和权力（原则 1）

有效的银行监管体系要求每个银行和银行集团监管机构都有明确的责任和目标，通过适当的银行监管法律框架，赋予每个监管机构必要的法律授权，其内容包括对银行设立的审批、实施持续监管、要求银行遵守法律规定和及时纠正措施，应对影响其安全运行稳健运行的问题。

2. 独立性、问责制、资源和对监管者法律保护（原则 2）

监管机构应具有运作的独立性、透明的程序、良好的治理机制、不影响独立性的预算程序和充足的资源，并就履职情况和资源使用情况接受问责。银行监管法律框架应包括对监管者的法律保护。

3. 合作与协同（原则3）

法律法规或者其他安排建立银行监管机构与境内其他相关部门及境外监管机构的合作和协作框架。上述安排反映了信息保密的需求。

4. 许可的业务范围（原则4）

必须明确界定已获得执照并视同银行接受监管的机构允许从事的业务范围，并控制“银行”一词在名称中的使用。

5. 发照标准（原则5）

发照机关有权制定发照标准并拒绝一切不符合标准的申请。发照程序至少应包括评估银行及其所在集团的所有权结构和治理情况（包括董事会成员和高级管理层的资格）、银行的战略和经营计划、内部控制、风险管理和预计财务状况（包括资本规模）等。当报批银行的所有者或母公司为外国银行时，应事先获得其母国监管机构的同意。

6. 大笔所有权转让（原则6）

监管机构有权审查和拒绝有关转让在银行直接或间接持有的大笔所有权或控制权的申请，并有权对该转让设定审慎性条件。

7. 重大并购（原则7）

监管机构有权根据规定的标准批准或否决（或建议相关部门批准或否决）包括跨境设立机构在内的银行重大收购或投资，并对该收购或投资设定审慎性条件，以及确定银行的附属机构或组织结构不会给其带来过高的风险或阻碍有效监管。

8. 监管方式（原则8）

有效的银行监管体系要求监管机构开展对单家银行和银行集团风险状况的前瞻性评估，评估应与银行和银行集团的系统重要性相匹配；识别、评估和应对单家银行和整个银行体系的风险；建立早期干预框架；并与其他相关部门合作制定银行处置计划，一旦银行无法持续经营时，对其实施有序处置。

9. 监管技术和监管工具（原则9）

监管机构运用一系列适当的技术和工具实施监管，并按照银行的系统重要性和风险状况配置监管资源。

10. 监管报告（原则10）

监管机构应从单个和并表两个基础上分别收集、审查和分析各家银行的审慎监管报告和统计报表，并应有能力独立地通过现场检查或利用外部专家对上述报告和报表进行独立核对。

11. 监管机构的纠正和处罚权力（原则11）

监管机构对银行可能给其自身或银行体系带来风险的不安全、不稳健行为要及早采取措施。监管机构应具备一整套促使银行及时采取纠正措施的手段，包括吊销银行执照或建议吊销银行执照。

12. 并表监管（原则12）

银行监管的关键内容之一是监管机构对银行集团实施并表监管，有效监测并在适当时对银行集团全球业务的各个方面提出审慎要求。

13. 母国和东道国的关系（原则 13）

跨境银行集团的母国和东道国监管机构应共享信息和相互合作，对集团及其下属实施有效监督，并有效地处理危机情况。监管机构要求外国银行按照国内银行的同等标准从事本地业务。

（二）审慎监管法规和要求

1. 公司治理（原则 14）

监管机构确定，银行和银行集团有健全的公司治理政策和程序，覆盖战略管理、集团组织架构、控制环境、银行董事会和高级管理层的职责与薪酬等。这些政策和程序与银行的风险状况和系统重要性相匹配。

2. 风险管理体系（原则 15）

监管机构必须满意地看到，银行拥有一个全面的风险管理体系（包括董事会和高级管理层的有效监督），来及时识别、计量、评估、监测、报告、控制或缓解所有实质性风险，并根据银行自身风险状况和市场与宏观经济情况评估其资本和流动性的性。风险管理体系也包括建立并审核考虑银行自身特点的应急安排（包括必要时制定健全和可靠的恢复计划）。风险管理体系应与银行的风险状况和系统重要性相匹配。

3. 资本充足率（原则 16）

监管机构制定审慎、适当的资本充足率规定。资本要求应反映银行自身承担的风险及其给所在市场和宏观经济环境带来的风险。监管机构根据吸收损失能力界定资本的构成要素。至少对于国际活跃银行而言，资本要求应不低于巴塞尔资本协议。

4. 信用风险（原则 17）

监管机构确定，银行具备完善的信用风险管理体系。该体系考虑银行的风险偏好、风险情况以及市场与宏观经济情况，涵盖及时识别、计量、评估、监测、报告、控制或缓解信用风险（包括交易对手信用风险）的审慎政策和程序，并应当覆盖整个信贷流程，包括贷款审批、信贷评估以及对银行贷款和投资组合的持续管理。

5. 有问题资产、准备和储备（原则 18）

监管机构确定，银行拥有完备的政策和程序，以做到在早期识别和管理有问题资产，并保持充足的准备和储备。

6. 集中度风险和大额风险暴露限额（原则 19）

监管机构确定，银行拥有完备的政策和程序来及时识别、计量、评估、监测、报告、控制或缓解集中度风险。监管机构应制定审慎性限额，以限制银行对单一交易对手或一组关联交易对手的风险暴露。

7. 与关联方的交易（原则 20）

为防止关联方交易所带来的问题并解决利益冲突，监管机构要求银行按照市场原则与关联方开展交易、监测这些交易、采取适当的措施控制或缓解各类风险、按照标准的政策和程序冲销对关联方的风险暴露。

8. 国家风险和转移风险（原则 21）

监管机构确定，银行具备完善的政策及程序，及时识别、计量、评估、监测、报告和控制或缓解其国际信贷和投资业务中的国家风险和转移风险。

9. 市场风险（原则22）

监管机构确定，银行具备完善的市场风险管理体系。市场风险管理体系考虑其风险偏好、风险状况、市场状况以及宏观经济状况和市场流动性显著恶化的风险，并包括及时识别、计量、评估、监测、报告和控制或缓解市场风险的审慎性政策和程序。

10. 银行账户利率风险（原则23）

监管机构确定，银行建立完善的风险管理体系，能够根据银行的风险偏好、风险承受能力和市场和宏观经济条件，及时地判定、衡量、评估、监测、报告和控制或减轻银行账户的利率风险。

11. 流动性风险（原则24）

监管机构应根据银行的流动性需求对银行设置审慎和适当的流动资金需求（其中可以包括定量、定性要求或两者兼有）。监管机构要求银行必须有能够管理流动性风险和遵守流行性管理的策略。该策略应充分考虑银行的风险状况以及市场和宏观经济条件，其内容应包括审慎的政策和流程，按照银行的风险偏好，识别、衡量、评价、监测、报告和控制或减轻一个适当时间跨度内的流动性风险。

12. 操作风险（原则25）

监管机构确定，银行具备完善的操作风险管理框架，该框架充分考虑其风险偏好、风险情况、市场与宏观经济条件，包括及时识别、评估、评价、监测、报告和控制或缓释操作风险的审慎政策和程序。

13. 内部控制和审计（原则26）

监管机构确定，银行具备完善的内部控制框架，以建立和维持一个控制得当并将风险状况考虑在内的运营环境。内部控制框架包括对授权和职责的明确规定；银行做出承诺、付款和资产负债账务处理方面的职能分离；上述流程的交叉核对；维护银行的资产安全；完善适当的独立的内部审计和合规职能，来检测这些控制程序的合规性。

14. 财务报告和外部审计（原则27）

监管机构确定，银行和银行集团保持完善和可靠的记录，根据国际通用的会计政策和实践编制财务报表，每年发布公允反映其财务和业绩状况的信息，并独立的外部审计签署意见。监管机构还确定，银行和银行集团的母公司有足够的管理和监督外部审计职能。

15. 信息披露和透明度（原则28）

监管机构确定，银行和银行集团在并表基础上，或适当时在单个法人基础上，定期发布容易获得的、公允反映其财务状况、业绩、风险暴露、风险管理战略及公司治理政策和流程的信息。

16. 防止利用金融服务从事犯罪活动（原则29）

银行监管机构确定，银行具备完善的政策和流程，包括严格的客户尽职调查规则，以促进金融部门形成较高的职业道德与专业水准，防止银行有意、无意地被犯罪活动所利用。

三、有效银行监管的先决条件

（一）先决条件的内涵

有效银行监管的先决条件也就是确保银行监管有效的前提条件。因为从外部看，银行监管是促进银行业稳健发展的重要因素，但是单靠银行监管是难以促进银行业稳健发展的，还要依赖于宏观经济政策、市公用金融设施等方面的支持，这些组成了有效实施监管的外部前提条件。虽然这些前提条件不在银行监管机构的直接或单独控制范围之内，但是实践中它们对监管有效性有着直接的影响。如果前提条件不完善，银行监管机构应提请政府注意这些问题，以及这些问题对实现银行监管目标的现实或者潜在的负面影响。监管机构应当与政府和有关部门合作处理那些不在其直接或单独控制范围之内的问题。监管机构在日常生活中应采取积极措施降低这些问题对监管效率和有效性的影响。

（二）具体的先决条件

第一版《核心原则》有 5 个有效银行监管的先决条件，第二版《核心原则》针对第一版《核心原则》的 5 项先决条件修订为 4 个，到了第三版《核心原则》，则提出 6 个先决条件。具体如下：

1. 稳健且可持续的宏观经济政策

稳健的宏观经济政策是实现金融体系稳定的基础。没有稳定的政策，将可能出现一些高危风险并影响金融市场稳定，如政府过度负债、流动性过剩及短缺。此外，某些特定政策可能会使用银行及其他金融中介作为工具，这也将对监管有效性产生不利影响。

2. 完善的金融稳定政策制定框架

鉴于实体经济与银行以及金融体系之间相互作用和相互影响，为宏观审慎监管和金融稳健政策实施而设立有效的框架就显得至关重要。该框架能够帮助监管机构识别系统性和新出现金融风险，监测可能导致系统性风险累积的市场因素以及其他经济金融因素，以及实施适当的政策，并对其进行市场反响评估。这一框架还应包括相关监管部门之间的合作机制。

3. 完善的公共金融基础设施

如果公共金融基础设施不完善，金融体系的稳健性和发展将会受到影响。完善的公共金融基础设施包括：一是有助于公平解决争议的长期实施的商业法律体系，其中包括公司法、破产法、合同法、消费者保护法和私有财产法；二是一个有效和独立的司法机构；三是国际普遍接受的综合、明确的会计准则和规定；四是独立的外部审计体系，以确保财务报表的使用者（包括银行）相信各类账目能真实公允地反映公司的财务状况，各类账户应是按照既定的准则制定的，并且审计师对其工作负责；五是具备合格、独立、从业经验丰富的专业人士（如会计师、审计师和律师），官方或行业组织制定并实施与国际标准接轨的专业技术水平和职业操守标准，这些专业人士应接受适当的监管；六是规章制度明确，并对其他金融市场及参与者的监管足够充分；七是安全、有效的支付和清算系统，确保金融交易的结算，并且控制交易对手风险；八是提供借款人信用信息的高效且有效运作的征信部门；九是满足公众对于基本经济、金融和社会统计数据信息的需求。

4. 明确的危机管理、恢复和解决框架

建立有效的危机管理和处置框架助于最大限度地降低银行和金融机构破产倒闭对金融

稳定的冲击。一个完善的危机管理和处置机制应给予各有关机构（如银行监管机构、国家机关、财政部门和中央银行）明确的授权和有效的法律支持。监管机构应该在一个广泛的权力和法律上提供相应的工具去解决金融机构破产处置问题。各部门之间应就各自分工、共同的职责以及如何协调合作达成一致，包括各部门应当能够共享信息以便事先制定恢复和处置计划，并在事件发生时采取有效措施。

5. 适度的系统性保护机制（或公共安全网）

确定适度的系统性保护是政府部门和中央银行等相关部门的政策问题，特别是在需要动用公共资金时。由于对相关部门的情况十分了解，银行监管机构一般也能发挥一定作用。在处理系统性问题时，一方面要解决影响金融体系的信心问题，避免问题扩散到其他健康的银行，另一方面要注意将对市场信号和市场约束的扭曲降到最低点。在许多国家，存款保险体系就是系统性保护的一种形式。如果存款保险制度设计合理，有助于降低道德风险，它可提高公众对银行体系的信心，防范有问题银行的风险扩散。

6. 有效的市场约束

有效的市场约束取决于市场参与者能否得到充分的信息、管理良好的银行能否得到适度的财务激励，是否存在使投资者对其决策结果负责的各项安排。这里涉及的许多问题包括：如公司治理结构；借款人向现有和潜在的投资者及债权人提供准确、有意义、及时、透明的信息等。如果政府试图影响或改变商业决定以实现公共政策目标，市场信号将被扭曲，市场约束将会被削弱。

第三节 评估方法与我国 FSAP 的评估

一、评估方法

第三版《核心原则》将评估方法与核心原则合并在一起，并增加、调整了必要标准和附加标准，不仅反映了核心原则、评估标准和评估方法的相互依存关系，而且也确保不同国家的评估具有客观性和可比性，帮助其构建有效的银行监管体系。当然，监管人员和评估人员在评估达标情况时，仍然需要运用他们自己的判断，从而更好地找出现有监管体制的缺陷，为政府当局和银行监管机构采取改进措施提供依据。

（一）评估方法的用途

评估方法的用途包括：①用于银行监管机构进行自我评估；②用于国际货币基金组织和世界银行对监管体系质量进行评估，例如在金融部门评估规划（FSAP）中进行评估；③用于非官方的第三方机构，如咨询公司进行相关评估；④用于地区性银行监管者组织在其内部进行同行互评。

无论将评估方法用于上述何种用途，都应遵循以下几个原则：

第一，为了使评估具有完全的客观性，最好由具有适当资格的外部评估方进行评估。

外部评估方至少由两人组成，他们应具有很强的监管背景，能从不同角度考虑问题，形成较好的平衡；当然，从目前的经验看，新近完成的自我评估对外部评估方进行评估很有帮助。

第二，只有得到所有相关政府部门的真诚合作，对银行监管的评估才能取得较好的效果。

第三，在对 29 条核心原则进行逐条评估的过程中，需要把握好各种因素的影响。只有在相关领域具有丰富实践经验的、合格的评估人员才具备这种判断和掌控能力。

第四，在评估过程中，为了说明是否符合核心原则的要求，还需要法律和会计方面的专门知识；而且法律和会计方面的说明还不能脱离被评估国的法律和会计制度框架。评估时可能还需要咨询更多的法律和会计专家，但这些工作可以留待现场评估完成后再做。

第五，评估必须做到全面、有深度，使人能够判断出是实际上达标，还是只是理论上达标。法律法规需要有足够的覆盖范围和深度，需要得到有效实施和遵守。法律法规存在的本身并不足以说明已符合要求。

（二）评估标准

评估的首要目的是确定银行监管体系缺陷的性质和程度，确定符合各条核心原则的程度。为了实现评估目的，评估方法针对每条核心原则都提出了必要标准和附加标准。判断是否完全符合一条核心原则时，考虑必要标准中的各项因素就可以了。附加标准是建议的最佳做法，是具有发达银行体系国家的努力目标。附加标准不用于评估是否达标。

评估人员在综合考察银行业监管和风险管理实践的基础上，对每一条核心原则的遵守情况，给出“符合”、“大体符合”、“大体不符合”、“不符合”的评价。具体如下：

第一，“符合”是达到所有标准的要求，没有明显不足。但是，在有些情况下，有的国家能够证明，他们通过其他措施实现了其中一条核心原则的要求。此外，由于各国具体情况不同，必要标准也未必能够满足实现一条核心原则要求的所有条件，可能还需要其他措施才能使银行监管达到核心原则要求的有效性。

第二，“大体符合”是评估只发现了一些小问题，并不因此担心监管机构在一定时期内实现完全达标的能力和决心。另外一种情况是，虽然一国监管体系没有符合所有必要标准，但监管的总体有效性较好，覆盖了所有实质性风险。在这种情况下，也可以使用“大体符合”这一评级。

第三，“大体不符合”是指仅管制定了法律法规和政策程序，但存在严重的缺陷，事实证明监管明显缺乏有效性；监管缺陷足以使人质疑当局者是否具备实现达标的能力。

第四，“不符合”是指没有实质性的实施措施，若干条必要标准均不符合，监管被证明无效。

值得一提的是，“大体符合”与“较不符合”这两个评级之间的“跨度”很大，有时不太容易在两者之间做出区分，但这又有利于评估人员表达其明确的意见。此外，国际上一般按“符合”和“大体符合”加总数占比（即符合率）来评价一国监管当局遵循核心原则的程度。

（三）评估应着重考虑的问题

尽管巴塞尔委员会不具体负责制定评估报告的撰写方法，但委员会建议评估人员在评估过程和撰写评估报告时，应考虑以下几个方面问题：

第一，评估人员在进行评估时，必须能够不受限制地获取一系列信息，接触到相关各方。他们需要的信息可能不仅仅是法律法规和政策等公开信息，还包括一些较为敏感的信息，例如自我评估信息、监管机构的操作指南，甚至对具体银行的监管评估信息。只要提供这些信息不违反监管机构依法保密的义务，监管机构都应该提供。评估工作的实践证明，通过评估人员与被评估机构之间做出的特别安排，保密问题通常能够得到解决。评估人员需要接触一系列的个人和机构，包括监管机构（或多个监管机构）、境内其他监管部门、有关的政府部委、银行家 和银行家协会、审计师及其他金融部门参与者。如果被评估方未能提供评估所需的相关信息，评估人员应特别予以说明，并说明这种情况对评估的准确性可能产生的影响。

第二，对是否符合其中一条核心原则进行评估时，必须对一系列相关监管要求进行评价，包括法律、审慎监管法规、监管指引、现场检查和非现场分析、监管报告、信息披露及执法或未执法的证据等，具体取决于每一条核心原则的要求。同时，评估必须确认上述监管要求实际上得到了执行。而要确认这一点，评估人员就必须评估监管机构是否具有实施《核心原则》所需的运作独立性、技能、资源和决心。

第三，评估不应当只看到监管缺陷，还应当具体指出监管当局取得的成绩。这样的评估才能更好地反映银行监管有效性的实际情况。

第四，在有些国家，一些不隶属于受到监管的银行集团的非银行金融机构也从事一些类似银行的业务活动。这些机构有可能在整个金融体系中占据相当的份额，但却基本上未受到监管。《核心原则》是专门针对银行监管的，因此不能用于对这类非银行金融机构进行正式评估。但是，评估报告至少应当提及对银行有影响的非银行金融机构业务及这些业务活动可能会带来的潜在问题。

第五，跨境银行业务的发展使核心原则评估越来越复杂。无论在正常情况下还是在危机时期，母国和东道国监管机构加强合作和信息共享都是非常重要的。因此，评估人员必须在考虑跨境银行业务的规模和复杂程度基础上，确定两国监管机构能够根据需要开展合作和信息共享。

（四）评估方法的实践

2000 年，国际货币基金组织利用第一版《核心原则》的 25 条原则对 120 个国家的银行监管状况进行了评估，结果见图 5－1，大多数国家都大体符合银行监管国际标准的法律和制度框架。然而，超过三分之一国家不满足原则 13 其他风险、原则 20 并表监管、原则 1. 2 问责性和透明度评估标准。这就体现了这些银行的监管意愿和监管能力这两个关键方面的问题。由于缺乏监督意识和培训、使用不恰当或过时的银行风险评估方法以及缺乏对此类风险资本准备的要求造成了上述监管方面的不足。对于并表监管，主要缺陷在于缺乏可靠信息、检测和监管金融活动的能力和技巧不足，以及缺乏直接访问非合并子公司和控股公司的途径。对于执法权力，大多数国家采取了一系列的法律保障，但是通常缺乏一个清晰的表述手段来将违反的程度和制裁相匹配——这导致监管权力不能一视同仁，存在监管上的宽容，监管行为会因此失去公信力。

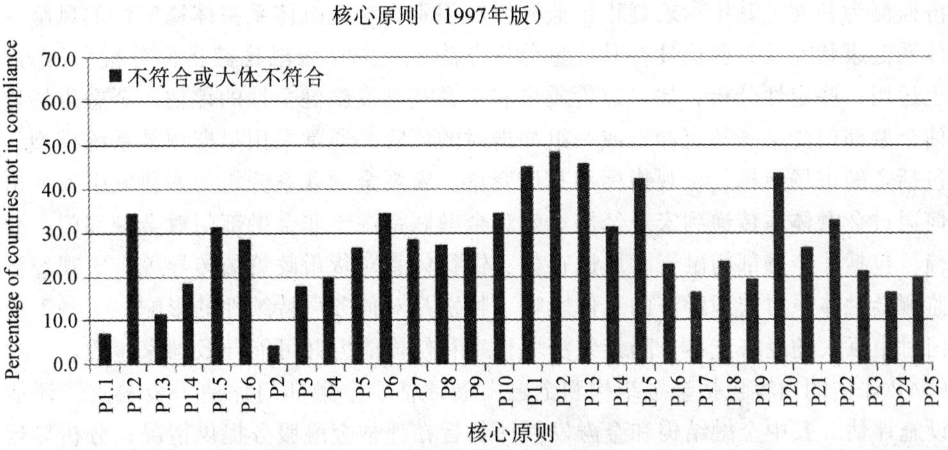

图 5-1 第一版《核心原则》评估结果

第二版《核心原则》的评估方法更加注重实施环节。根据第二版《核心原则》的评估显示（见图 5-2），评估的 24 个国家主要在原则 24 并表监管、原则 12 操作风险、原则 23 货币当局的纠正和整改能力，原则 7 风险管理程序不符合标准情况明显。其中原则 7 风险管理程序总结了新巴塞尔框架下的监督检查过程，要求银行适当的和全面的风险管理过程，其中包括董事会、高级管理层监督以及涵盖所有重大风险。

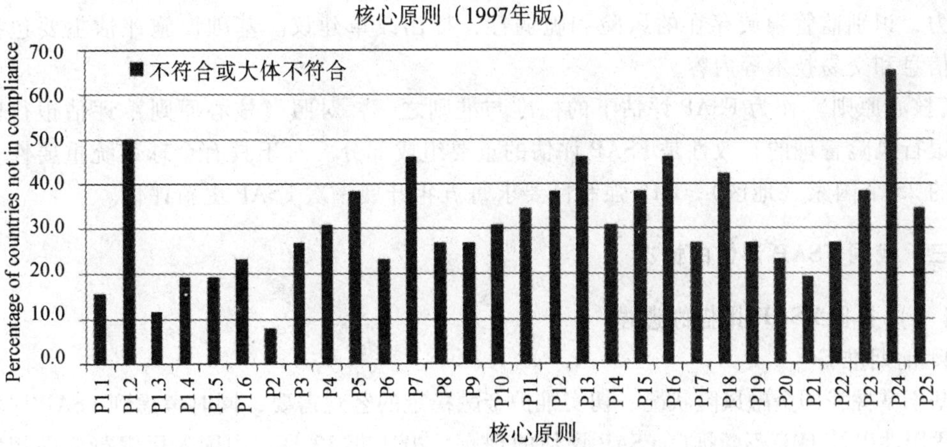

图 5-2 第二版《核心原则》评估结果

二、金融部门评估规划（FSAP）概述

金融部门评估规划（简称 FSAP）是国际货币基金组织与世界银行于 1999 年针对亚洲金融危机创立的，主要用来评估各国金融体系的稳健性（脆弱性），以推动国际监管标准的实施。在发展中国家和新兴市场国家，FSAP 评估由 IMF 和世界银行共同负责，而在发达经济体则由 IMF 单独负责。经过逐步发展和完善，目前 FSAP 已成为国际广泛接受的金融稳定评估框架，是具备较高独立性和国际影响力的金融体系外部评估。

FSAP 评估框架是以宏观审慎监测为核心，以金融市场监测、宏观金融联系分析、宏观经济监测为补充。其中，宏观审慎监测旨在识别影响金融体系整体稳定性的风险，评估金融体系健康状况及其脆弱性，其定量分析方法主要采用金融稳健指标分析和压力测试，同时也运用一些定性分析，如对监管质量和金融基础设施健全性的评估。金融市场监测用来评估金融部门受某一特定冲击或一组冲击时的风险，通常采用早期预警系统模型，分析指标包括金融市场指标、宏观指标和其他变量。宏观金融联系分析力图研究引发冲击的风险如何通过金融体系传递到宏观经济。宏观金融联系源于非金融部门对金融部门中介作用的依赖，包括非金融部门融资、居民存款、银行体系对货币政策的传导等。宏观经济监测旨在监测金融体系对宏观经济的总体影响，特别是对债务可持续性的影响。金融不稳定将使一国付出巨大的经济成本，降低经济增长率和偿债能力并可能导致国家违约。

FSAP 评估的内容包括金融结构和金融发展评估、金融部门评估、金融监管评估以及基础设施评估。其中金融结构和金融发展评估旨在评估金融服务提供情况，分析导致金融服务和金融市场缺失或欠发达的原因，识别那些阻碍高效提供金融服务的因素，侧重分析金融服务的客户以及金融体系满足客户需求的效率。金融部门评估的对象主要包括银行业及准银行机构、证券市场、保险业等。其中银行业评估的内容主要包括市场深度（以总资产等指标衡量）、市场宽度（以客户基础和产品范围来衡量）、市场竞争和效率以及市场分割等。金融监管评估主要对银行监管、证券监管和保险监管进行评估。通过将参评国（地区）的监管实践与《核心原则》、《证券监管目标与原则》和《保险监管核心原则和方法》进行对比，逐条评估参评国（地区）对国际监管标准与准则的遵守情况，评价监管效力，识别监管领域存在的风险和脆弱性，提出改革建议。基础设施评估主要包括法律、信息和交易技术等内容。

《核心原则》作为 FSAP 评估下的标准与准则之一，对照《核心原则》评估银行监管以及银行风险管理的有效性是 FSAP 评估的重要组成部分。对于具有全球系统重要性金融体系的 25 个国家（地区），IMF 强制性要求每五年开展一次 FSAP 更新评估。

三、我国 FSAP 评估的情况

（一）我国 FSAP 评估的进程

1. 前期准备

基于掌握我国金融风险状况、切实维护金融稳定的客观需要，同时考虑到 FSAP 评估框架的适用性以及 IMF 不断推广 FSAP 评估的现实，2001 年 12 月，中国人民银行会同相关部门和单位向国务院提出我国参加 FSAP 评估的建议。2003 年 7 月，中国人民银行会同相关部门依照 FSAP 评估框架，用一年多的时间对我国金融部门稳定状况进行自评估。自评估对于我们摸清家底、防范和化解金融风险、维护金融稳定起到了积极作用。2006 年以来，中国人民银行会同相关部门按照有关工作部署，积极开展我国参加 FSAP 评估各项准备工作。

2008 年 2 月 14 日，我国总理在会见 IMF 总裁卡恩时宣布中国政府已决定于 2008 年参加 FSAP。IMF、世界银行原计划于 2008 年 11 月来华讨论启动我国 FSAP 评估相关事宜，后来由于次贷危机的蔓延和升级而推迟。2008 年 11 月，在华盛顿召开的第一次 G20 峰会上，我国主席与各国领导人共同承诺对本国进行 FSAP 评估，并于 2009 年 4 月在伦敦召开的第二次 G20 峰会上重申了这一承诺。

2. 正式启动

2009 年 8 月，中国人民银行会同外交部、国家发改委、财政部、人力资源和社会保障部、商务部、统计局、法制办公室、银监会、证监会、保监会、外汇管理局等部门研究启动我国 FSAP 评估相关工作，建立相关工作机制，成立了 FSAP 部际领导小组和部际工作小组。各部门一致认为，近年来，我国金融法律法规体系进一步完善，会计制度和会计准则逐步与国际趋同，反映金融机构运行状况的主要财务指标和监管指标总体健康，金融机构的公司治理逐渐规范，金融业整体实力显著提高，金融体系总体稳健。在当前背景下，启动 FSAP 评估是落实我国领导人郑重承诺的实际行动，有利于结合国际经验教训审视我国金融体系的稳健性并促进我国金融长期稳定健康发展。

3. 工作进展

2009 年 9 月，国际货币基金组织和世界银行 FSAP 先遣团来华举行会谈。FSAP 部际工作小组各成员单位与先遣团进行了充分的交流和沟通，双方就我国 FSAP 评估范围和评估工作进程等基本达成一致意见，并据此签订了《中国金融部门评估规划评估范围备忘录》（以下简称《备忘录》），作为我国开展 FSAP 评估的工作指引。《备忘录》明确了我国 FSAP 评估涵盖范围：一是分析宏观金融风险和金融体系脆弱性；二是评价金融监管环境；三是评估系统流动性和金融稳定方面情况；四是评估相关法律、会计、信息披露等金融市场基础设施建设；五是评估金融发展和金融服务可获得性；六是评估应急预案和危机管理安排。该评估报告的英文版已于 2011 年 11 月和 2012 年 4 月分两批次在国际货币基金组织和世界银行网站全文公布。评估取得了非常好的成效，进一步树立了我国金融体系严格执行国际标准与准则的正面形象，为我国更深入地参与国际金融标准与准则的制定和修订打下了坚实基础，也有助于我国在 G20 等国际组织中发挥更大的影响力。中国作为具有全球系统重要性金融体系的 25 个国家（地区）之一，今后将每五年开展一次 FSAP 更新评估，并在每次 FSAP 评估结束两年后就建议落实情况接受金融稳定理事会（FSB）的“国家同行评估”。

（二）我国 FSAP 核心原则评估分析

我国 2009 年首次参加的 FSAP 核心原则评估结果表明，银监会在完善监管框架和强化审慎监管方面取得显著进展，银行业风险计量和管理能力有所增强。但银监会通过此次评估也发现了不足和缺陷，进而制定行动计划，有步骤地实施改进措施，从而达到《核心原则》要求。以下是 IMF 公布的我国 FSAP 核心原则评估结果与主要国家评估结果的对比情况，大体情况见表 5－4、表 5－5。

表 5－4　　中、美、德、日四国核心原则评估结果

	美国	德国	日本	中国
公布时间	2010.5	2011.9	2012.8	2012.4
“符合”	23	17	14	18
“大体符合”	6	11	14	10
“大体不符合”	1	2	2	2
“不合符”	—	—	—	—
“不适用”	—	—	—	—
符合率	96.7%	93.3%	93.3%	93.3%

表 5-5　　中、美、德、日四国核心原则评估具体结果

	美国	德国	日本	中国
1. 目标、独立性、权力、透明度和合作	C	C	LC	C
1.1 责任和目标	C	C	C	NMC
1.2 问责性和透明度	C	LC	LC	C
1.3 法律框架	C	C	C	C
1.4 法定权力	C	C	C	C
1.5 法律保护	C	LC	C	C
1.6 协作	C	C	LC	C
2. 许可经营范围	C	C	C	C
3. 发照标准	C	C	C	C
4. 大笔所有权转让	C	C	LC	LC
5. 重大收购	C	MNC	LC	C
6. 资本充足率	LC	MNC	MNC	C
7. 风险管理程序	MNC	LC	LC	MNC
8. 信用风险	LC	C	C	LC
9. 有问题资产、准备和储备	C	LC	LC	C
10. 大额风险暴露限额	C	C	MNC	LC
11. 关联方风险暴露	C	LC	LC	LC
12. 国家风险和转移风险	C	C	C	LC
13. 市场风险	LC	C	C	C
14. 流动性风险	LC	LC	C	C
15. 操作风险	C	LC	C	LC
16. 利率风险	C	C	C	LC
17. 内部控制和审计	C	C	LC	C
18. 防止利用金融服务进行犯罪活动	C	LC	LC	LC
19. 监管方式	LC	C	LC	C
20. 监管手段	C	C	C	C
21. 监管报告	C	LC	C	C
22. 会计处理和披露	C	C	LC	LC
23. 货币当局的纠正和整改能力	C	LC	LC	C
24. 并表监管	LC	C	LC	LC
25. 母国和东道国关系	C	LC	LC	C

注：其中 C 为“符合”、LC 为“大体符合”、MNC 为“大体不符合”、NC 为“不符合”、NA 为“不适用”

从上述结果来看，我国核心原则评估结果接近美国，而我国与德国、日本“大体不符合”数量一致，但“符合”比德国多一条，比日本多 4 条，所以总体优于德国和日本。对于一些重要原则，如资本充足率、市场风险管理、流动性风险管理和监管方式这些分量

比较重的原则，我国的评估结果为“符合”，优于美国，这是我国有效监管取得的成果。但更重要的是，对照《核心原则》进行自我评估，客观评价成绩与不足，针对薄弱环节，制定改进方案，由表中我们可以看到监管的责任和目标、大笔所有权转让、大额风险暴露限额、国家风险和专业风险都不及美国，这也是我国监管发展中应重点注意的方面，应不仅仅吸取西方国家这方面监管的经验教训，更要针对我国的国情，不断完善我国银行业监管法规框架。

四、我国银行监管有效性存在的主要差距

（一）风险监管理念有待进一步深化落实

我国现在仍然采用的是传统的“家长式”的监管，监管模式过度倚仗于具体监管规定和定量指标合规情况，对银行内部风险管理体系关注相对不足，没有进一步评估并确保银行的风险管理能力与其规模、复杂程度、风险状况相匹配。

（二）审慎监管框架有待进一步改进完善

我国发布了大量审慎监管法规，但是监管政策体系缺乏系统规划，内部层次和逻辑不够清晰，有很多重复的内容，也存在一些空白，还有同一项内容不同法规规定不一致的情况。持续监管流程、方法和技术也存在不足，体现在现场监管、非现场监管、风险评估、风险评级等方面。另外，监管机构自身的组织机制也有待完善，监管能力有待提高。

（三）外部环境制约了监管有效性的提高

首先，我们监管财政预算和人员编制灵活性不足，既存在财政预算约束，也存在人员编制约束，而在国外，人员编制约束是不存在的。其次，我国部分领域监管法律授权不足，例如，我国法律只授予对股东进行任职资格审查的权利，并没有明确提出对股东背后实际控制人审查的权利。最后，银行业金融机构市场退出相关法律缺位以及央行、各监管机构之间的职责划分不够明晰也是亟须解决的问题。

主要概念

核心原则　系统重要性银行　系统性风险　大笔所有权转让　公共金融基础设施　系统性保护机制　必要标准　附加标准　宏观审慎　FSAP

复习思考题

一、单选题

1.《核心原则》的主要目标是（　　）。

A. 为国际银行监管确定最低的监管标准

B. 确保银行的经营符合国际标准制定者的期望

C. 为国际金融机构评估银行监管机构提供一项工具

D. 为各国监管机构提供一个标杆

2. 下列说法正确的是（ ）。

A. 第三版《核心原则》是将已发布的《核心原则》推倒重来

B. 第三版《核心原则》将已发布的《核心原则》和《核心原则评估方法》整合为一份综合性的文件

C. 第三版《核心原则》共有25条原则，可划分为七个方面的内容

D. 第三版《核心原则》于2013年9月发布

3. 第三版《核心原则》未对下列哪一种情形做出积极反映？（ ）

A. 系统重要性银行　　B. 在宏观审慎问题和系统性风险

C. 危机管理、恢复与处置措施　　D. 公司治理、信息披露与透明度

E. 银行创新发展

4. 下列说法错误的是（ ）。

A. "大体符合"与"较不符合"这两个评级之间的"跨度"很大

B. 评估不应当只看到各种缺陷，还应当具体指出取得的成绩

C. 评估人员在进行评估时，必须能够不受限制地获取一系列信息，接触到相关各方

D. 一国监管体系没有符合所有必要标准，就应做出"大体不符合"的评价

二、多选题

1. 《核心原则》出台的国际背景主要有（ ）。

A. 经济金融一体化　　B. 银行兼并浪潮

C. 金融衍生品丰富　　D. 国际金融危机爆发

2. 下列哪些原则属于审慎监管法规和要求领域？（ ）

A. 发照标准　　B. 风险管理体系

C. 有问题资产、准备和储备　　D. 内部控制和审计

3. 有效银行监管的先决条件包括（ ）。

A. 稳健且可持续的宏观经济政策

B. 完善的金融稳定政策制定框架

C. 完善的公共金融基础设施

D. 有效的市场约束

E. 适度的系统性保护机制（或公共安全网）

4. 完善的公共金融基础设施包括（ ）。

A. 一个有效和独立的司法机构

B. 规章制度明确，并对其他金融市场及参与者的监管足够充分

C. 安全、有效的支付和清算系统

D. 提供借款人信用信息的高效且有效运作的征信部门

5. 评估方法可以用于哪些用途？（ ）

A. 银行监管机构进行自我评估

B. 国际货币基金组织和世界银行对监管体系质量进行评估

C. 非官方的第三方机构

D. 地区性银行监管者组织在其内部进行同行互评

三、思考题

1. 《核心原则》是银行监管的国际标准吗？为什么？

2. 《核心原则》内容上大致分为几个部分？

3. 涉及《核心原则》的实施，巴塞尔委员会委员和国际货币基金组织各自的分工是什么？

4. 《核心原则》的必要标准和附加标准的区别是什么？

5. 简述我国银行监管有效性存在的主要差距。

第六章 银行资本监管

【内容提要】

本章主要阐述银行监管资本的定义、功能以及组成，并结合我国《商业银行资本管理办法（试行）》规定，阐述了资本充足率的定义、计算范围、监管标准、资本充足率的分子、资本充足率的分母。

【重点与难点】

1. 一级资本和二级资本。
2. 资本充足率的计算公式与监管标准。
3. 分子对策与分母对策。

【学习目标】

理解银行资本的定义与功能，掌握核心一级资本与二级资本的合格标准，并掌握资本充足率的监管标准、风险加权资产的内容。

第一节 概　述

一、银行资本的概念

商业银行和其他公司、企业一样，申请开业的首要条件是必须筹足一定数量的资本。但是商业银行资本的概念又不同于一般公司、企业的资本概念。就一般公司、企业而言，资本是指所有权与经营权都属于自己的资金，即指拥有的产权（在会计上是指资产累计值与负债累计值的差额），是工商企业维持生产经营的主要物质条件和支撑力量。而商业银行的资本，除了股权资本外，还拥有一定比例的非产权资本，即债务资本。国际上通常将债务资本定义为：银行股东为赚取利润而投入银行的货币和保留在银行中的收益。由于在银行的各项资金来源中，资本具有铺底的性质，是银行可独立运用的最可靠、最稳定的资金来源，所以是银行经营的基础。

二、银行资本的功能

由于银行是经营货币信用的特殊企业，从而决定了银行资本的主要功能与一般企业不同。具体从经营管理的角度来看，银行资本具有三大基本功能，即营业功能、保护功能和管理功能。

（一）营业功能

第一，资本是银行开业经营的先决条件，没有达到规定的资本金数额是不能注册的。银行要想取得管理当局的营业许可，必须满足一定金额的最低注册资本要求，尤其在申请开业时期，如能拥有相对充裕的资本，有关管理部门就会为该银行开业提供便利。第二，资本为银行开业提供了启动资金。如开业之前，银行建造或租赁营业场所、装备办公用品、雇佣管理者和职员等所需要的资金都只能来自于资本，而不能用负债来解决。随着先进的通讯工具的广泛使用，用资本金购置设备的比率将不断上升。第三，资本为银行的扩张和银行新业务的创新提供了资金，使银行得以扩大市场份额。

（二）保护功能

存款是银行赖以存在和发展的基础，银行吸收存款的目的是通过贷款或投资取得盈利，但贷款或投资随时都有风险，一旦无法收回，银行资产就要遭受损失。这时银行首先要用日常收益去抵补，收益不够，则要用资本补偿。若银行资产损失超过银行资本所能承受的限度时，存款人利益就会受到损害，严重时银行将陷入资不抵债的困境，直至破产。所以银行资本是保护存款人利益、承担银行经营风险的保障。充足的银行资本金有助于树立公众对银行的信心，使存款人对存入银行的款项有安全感，使借款人在经济不景气时也有能被满足贷款需求的保障感。

（三）合规功能

合规功能是从银行资本是金融管理当局进行金融监管的重要参数，并进一步成为金融监管当局不可缺少的调控手段和调控风险业务的基础这一角度而言的。为了实施对国民经济的宏观调控，限制盲目和不正当竞争，维护金融秩序的稳定，各国金融监管当局都对银行资本制定了具体的规定和要求，如新建银行的最低资本额、新设分支机构的最低资本额以及资本与贷款、投资的比率等，以此控制商业银行的经营行为。银行资本充足与否，也是获得金融监管当局认可与信任的重要因素。

三、我国现行银行资本监管规章的颁布背景与基本原则

资本监管是审慎银行监管的核心，资本监管要求是商业银行面临的最重要外部约束条件之一，直接影响商业银行的经营行为和银行体系的信贷供给能力，并对宏观经济运行产生影响。2004 年 2 月，中国银监会出台了《商业银行资本充足率管理办法》，建立了审慎资本监管制度；2012 年 6 月 10 日，中国银监会发布了《商业银行资本管理办法（试行）》（以下简称《资本办法》）。《资本办法》吸收了国际金融监管改革的最新成果，坚持我国资本监管的成功经验，结合国内银行业实践，对现行资本监管制度进行全方位修订，构建了适度前瞻、反映国情、与国际标准接轨的资本监管新框架，着力提升资本监管有效性，推动银行业转变发展方式，增强银行体系稳健性。

（一）《资本办法》的颁布背景

1. 国际金融监管改革取得重大进展，实施新资本监管国际标准是大势所趋

汲取 2007 年全球金融危机的教训，2010 年 12 月巴塞尔委员会发布了巴塞尔协议Ⅲ。在 2011 年 11 月戛纳峰会上，各国领导人承诺于 2013 年 1 月 1 日前实施新的巴塞尔资本监管标准，并于 2019 年前全面达标。为此，金融稳定理事会和巴塞尔委员会建立了实施跟踪机制和国别评估机制，旨在推动新资本监管标准得到一致的和切实的实施。自 2011 年以来，欧盟、澳大利亚、瑞士、瑞典、新加坡、印度、巴西、印度尼西亚、日本和香港地区都相继公布了实施新资本监管标准的法规。另外，随着我国银行国际化战略的实施和资产规模的快速扩张，我国银行业在全球银行体系中的重要性不断上升。我国是 20 国集团、金融稳定理事会和巴塞尔委员会的正式成员，全面参与了国际金融监管新标准的制定。银监会 2011 年出台的《资本办法》实现了国内资本监管制度与国际标准在更高水平上的接轨。而我国要力争与国际同步，这不仅是履行国际义务之需，而且为扩大我国在国际标准制定中的话语权奠定基础，也为国内大型银行实施国际化经营战略创造有利条件。《资本办法》的实施有助于强化商业银行规模扩张的资本约束机制，引导商业银行转变发展方式，提升发展质量，走内涵式集约化发展道路。

2. 国内银行业资本监管实践不断发展，为实施新资本监管标准奠定了基础

多年来，银监会积极运用资本监管，督促商业银行多渠道筹集资本，初步建立了资本约束机制；银监会通过设定逆周期资本要求、不同银行的差异化资本要求和调整部分高风险资产权重，引导信贷资源配置，配合宏观调控的实施，防范系统性风险；银监会发布了一系列实施巴塞尔协议Ⅱ的监管规章，指导国内大型银行强化风险治理、改进风险管理计量工具、提升全面风险管理能力。近年来，国内银行资本充足率明显

提高，2011 年年底，391 家国内银行全部达到资本充足率监管要求，加权平均资本充足率达到 12.71%，核心资本充足率达到 10.2%；截至 2012 年年末，中国商业银行整体加权平均资本充足率为 13.25%，同比上升 0.54 个百分点。强大的资本实力为国内银行抵御本轮金融危机的严重冲击奠定了坚实基础，确保了国内银行体系的稳健运行。资本监管技术的不断进步和监管手段的日趋成熟，以及国内银行的较高资本充足水平和资本质量使得《资本办法》的发布和实施具备了现实可行性。

（二）《资本办法》的基本原则

1. 巴塞尔协议Ⅱ和巴塞尔协议Ⅲ同时推进

巴塞尔协议Ⅲ大幅度提高了资本质量和资本充足率的监管标准，但基本沿用了巴塞尔协议Ⅱ的风险加权资产计量框架，是强化而不是取代巴塞尔协议Ⅱ。巴塞尔协议Ⅱ确定的风险加权资产计量框架依然是资本监管的基础，不仅决定了银行监管资本的需求量，而且将直接影响商业银行的经营行为，激励商业银行改进风险管理制度。为此，《资本办法》统一整合了巴塞尔协议Ⅱ和巴塞尔协议Ⅲ的核心要素，放弃了基于巴塞尔协议Ⅰ的现行资本监管框架，按照巴塞尔协议Ⅱ确定了资本覆盖风险的范围和风险加权资产计量方法，参考巴塞尔协议Ⅲ明确监管资本的构成和资产充足率监管要求，使得国内资本监管制度既反映国际标准的最新变化，又顺应国内银行业务发展和风险管理能力提升的新趋势。

2. 宏观审慎与微观审慎监管有机统一

《资本办法》首次明确地将系统性风险纳入资本监管框架，使得监管资本要求不仅充分反映单家银行资产组合的特定风险，而且有效捕捉所面临的系统性风险要素，以增强单家银行乃至银行体系应对经济周期转换、金融市场过度波动和重大系统性风险事件的能力。《资本办法》设定的逆周期资本要求和系统重要性银行附加资本要求直接体现了宏观审慎监管的核心要义；《资本办法》还适当提高了传染性较强的银行体系内部交易的风险权重，并且在第二支柱框架下还可以提高地方融资平台、中长期贷款、特定行业贷款等系统性风险较高的特定资产组合的资本要求，在统一的资本监管框架下实现宏观审慎和微观监管目标的协调一致。

3. 监管标准的统一性与分类指导有效结合

我国银行体系具有层次性，不同银行在资产规模、国际化程度、风险管理能力方面存在显著差异。为维护银行体系的公平竞争和资本监管的有效性，一方面，《资本办法》坚持资本监管核心要求的统一性，包括一致的最低资本要求、储备资本要求和逆周期资本要求，相同的资本覆盖风险范围、内部资本充足评估程序以及监管措施等。另一方面，对不同银行的资本监管标准有所差异，主要体现在两个方面：一是资本充足率监管要求不同，国内系统重要性银行应计提 1% 的附加资本要求；二是风险加权资产计量方法不同，风险管理水平较高大型银行，经银监会核准后可以采用风险敏感度高的风险加权方法，而小型银行资产组合较为简单，采用简单的资本充足率计算方法有助于降低合规成本。

4. 长期影响与短期效应相互兼顾

银行业在我国金融体系占主导地位，银行体系客观上承担着为经济增长提供信贷支持的功能。从中长期来看，强化资本监管有利于推动国内银行转变发展方式，提升银行体系稳健度，维护信贷供给的长期稳定。但若监管资本要求过高又会抑制银行体系的信贷供给能力，制约经济增长。《资本办法》充分考虑国内经济发展的新特点和国内银行的实际承受力，经过反复定量测算和影响分析，综合评估权衡多种方案的利弊，确定资本充足率监管要求、计算方法和过渡期安排等，总体上达到了国际标准，坚持审慎监管的原则，有利于推动银行业转变发展方式，维护银行体系的长期稳健运行；同时尽量避免对短期经济增长可能的负面影响。实证分析结果表明，《资本办法》对金融稳定和经济增长的长期积极影响将远远大于短期成本，并且短期影响也是可控的。

四、我国的银行资本构成

根据《资本办法》的规定，我国银行资本分为一级资本和二级资本，其中一级资本包括核心一级资本和其他一级资本，同时取消了专门用于抵御市场风险的三级资本。

（一）一级资本

1. 核心一级资本

核心一级资本是指在银行持续经营条件下无条件用来吸收损失的资本工具，具有永久性、清偿顺序排在所有其他融资工具之后的特征。

核心一级资本工具的合格标准包括：

（1）直接发行且实缴的。

（2）按照相关会计准则，实缴资本的数额被列为权益，并在资产负债表上单独列示和披露。

（3）发行银行或其关联机构不得提供抵押或保证，也不得通过其他安排使其在法律或经济上享有优先受偿权。

（4）没有到期日，且发行时不应造成该工具将被回购、赎回或取消的预期，法律和合同条款也不应包含产生此种预期的规定。

（5）在进入破产清算程序时，受偿顺序排在最后。所有其他债权偿付后，对剩余资产按所发行股本比例清偿。

（6）该部分资本应首先并按比例承担绝大多数损失，在持续经营条件下，所有最高质量的资本工具都应按同一顺序等比例吸收损失。

（7）收益分配应当来自于可分配项目。分配比例完全由银行自由裁量，不以任何形式与发行的数额挂钩，也不应设置上限，但不得超过可分配项目的数额。

（8）在任何情况下，收益分配都不是义务，且不分配不得被视为违约。

（9）不享有任何优先收益分配权，所有最高质量的资本工具的分配权都是平等的。

（10）发行银行不得直接或间接为购买该工具提供融资。

（11）发行必须得到发行银行的股东大会，或经股东大会授权的董事会或其他人员批准。

核心一级资本工具包括以下几种：

（1）实收资本或普通股，即投资者按照章程或合同、协议的约定，实际投入商业银行的资本。实收资本是指投资者按照章程或合同、协议的约定，实际投入商业银行的资本。

（2）资本公积，即银行在筹集资本金过程中，投资者缴付的出资额超出注册资本部分、法定资产重估增值及接受捐赠的资产等原因所增加的资本。

（3）盈余公积，即银行按规定每年从税后利润中提取的，商业银行自我发展的一种积累。盈余公积包括：①法定盈余公积金（按税后利润10%提取，累计达到注册资本的50%时不再提取）可用于弥补亏损或转增资本金，但转增时，以转增后银行的法定盈余公积金不少于注册资本的25%为限；②任意盈余公积金，可按银行章程或股东会议的决议提取和使用。

（4）一般风险准备，即用于弥补尚未识别的可能性损失的准备。

（5）未分配利润，即商业银行以前年度实现的未分配利润和未弥补亏损。

（6）少数股东资本可计入部分，即用于满足核心一级资本最低要求和储备资本要求的部分，其中最低要求和储备资本要求为下面两项中较小者：①附属公司核心一级资本最低要求加储备资本要求；②母公司并表核心一级资本最低要求与储备资本要求归属于附属公司的部分。

2. 其他一级资本

其他一级资本是非累积性的、永久性的、不带有利率跳升及其他赎回条款，本金和收益都应在银行持续经营条件下参与吸收损失的资本工具。

其他一级资本工具的合格标准包括：

（1）发行且实缴的。

（2）按照相关会计准则，若该工具被列为负债，必须具有本金吸收损失的能力。

（3）受偿顺序排在存款人、一般债权人和次级债务之后。

（4）发行银行或其关联机构不得提供抵押或保证，也不得通过其他安排使其相对于发行银行的债权人在法律或经济上享有优先受偿权。

（5）没有到期日，并且不得含有利率跳升机制及其他赎回激励。

（6）自发行之日起，至少5年后方可由发行银行赎回，但发行银行不得形成赎回权将被行使的预期，且行使赎回权应得到银监会的事先批准。

（7）发行银行赎回其他一级资本工具，应符合以下要求：①使用同等或更高质量的资本工具替换被赎回的工具，并且只有在收入能力具备可持续性的条件下才能实施资本工具的替换。②或者行使赎回权后的资本水平仍明显高于银监会规定的监管资本要求。

（8）本金的偿付必须得到银监会的事先批准，并且发行银行不得假设或形成本金偿付将得到银监会批准的市场预期。

（9）任何情况下发行银行都有权取消资本工具的分红或派息，且不构成违约事件。发行银行可以自由支配取消的收益用于偿付其他到期债务。取消分红或派息除构成对普通股的收益分配限制以外，不得构成对发行银行的其他限制。

（10）必须含有减记或转股的条款，当触发事件发生时，该资本工具能立即减记或者转为普通股。

（11）分红或派息必须来自于可分配项目，且分红或派息不得与发行银行自身的评级挂钩，也不得随着评级变化而调整。

（12）不得包含妨碍发行银行补充资本的条款。

（13）发行银行及受其控制或有重要影响的关联方不得购买该工具，且发行银行不得直接或间接为购买该资本工具提供融资。

(14) 某项资本工具不是由经营实体或控股公司发行的，发行所筹集的资金必须无条件立即转移给经营实体或控股公司，且转移的方式必须至少满足前述其他一级资本工具的合格标准。

其他一级资本包括以下两种：

(1) 其他一级资本工具及其溢价。

(2) 少数股东资本可计入部分，即用于满足一级资本最低要求和储备资本要求的部分，扣除已计入并表核心一级资本的部分后，剩余部分可以计入并表其他一级资本。其中最低要求和储备资本要求为下面两项中较小者：①附属公司一级资本最低要求加储备资本要求；②母公司并表一级资本最低要求与储备资本要求归属于附属公司的部分。

(二) 二级资本

二级资本是指在破产清算条件下可以用于吸收损失的资本工具，二级资本的受偿顺序列在普通股之前、在一般债权人之后，不带赎回机制，不允许设定利率跳升条款，收益不具有信用敏感性特征，必须含有减计或转股条款。

二级资本工具的合格标准包括：

(1) 发行且实缴的。

(2) 受偿顺序排在存款人和一般债权人之后。

(3) 不得由发行银行或其关联机构提供抵押或保证，也不得通过其他安排使其相对于发行银行的存款人和一般债权人在法律或经济上享有优先受偿权。

(4) 原始期限不低于5年，并且不得含有利率跳升机制及其他赎回激励。

(5) 自发行之日起，至少5年后方可由发行银行赎回，但发行银行不得形成赎回权将被行使的预期，且行使赎回权必须得到银监会的事先批准。

(6) 商业银行的二级资本工具，应符合以下要求：①使用同等或更高质量的资本工具替换被赎回的工具，并且只有在收入能力具备可持续性的条件下才能实施资本工具的替换。②或者，行使赎回权后的资本水平仍明显高于银监会规定的监管资本要求。

(7) 必须含有减记或转股的条款，当触发事件发生时，该工具能立即减记或者转为普通股。触发事件是指以下两者中的较早者：①银监会认定若不进行减记该银行将无法生存；②银监会认定若不进行公共部门注资或提供同等效力的支持该银行将无法生存。

(8) 除非商业银行进入破产清算程序，否则投资者无权要求加快偿付未来到期债务(本金或利息)。

(9) 分红或派息必须来自于可分配项目，且分红或派息不得与发行银行自身的评级挂钩，也不得随着评级变化而调整。

(10) 发行银行及受其控制或有重要影响的关联方不得购买该工具，且发行银行不得直接或间接为购买该工具提供融资。

(11) 某项资本工具不是由经营实体或控股公司发行的，发行所筹集的资金必须无条件立即转移给经营实体或控股公司，且转移的方式必须至少满足前述二级资本工具的合格标准。

二级资本工具包括以下三种：

（1）二级资本工具及其溢价。

（2）超额贷款损失准备。超额贷款损失准备记入二级资本分为两种情形：①商业银行采用权重法计量信用风险加权资产的，超额贷款损失准备可计入二级资本，但不得超过信用风险加权资产的1.25%。上述所称超额贷款损失准备是指商业银行实际计提的贷款损失准备超过最低要求的部分。贷款损失准备最低要求指100%拨备覆盖率对应的贷款损失准备和应计提的贷款损失专项准备两者中的较大者。②商业银行采用内部评级法计量信用风险加权资产的，超额贷款损失准备可计入二级资本，但不得超过信用风险加权资产的0.6%。这里的超额贷款损失准备是指商业银行实际计提的贷款损失准备超过预期损失的部分。

（3）少数股东资本可计入部分，即用于满足总资本最低要求和储备资本要求的部分，扣除已计入并表一级资本的部分后，剩余部分可以计入并表二级资本。最低要求和储备资本要求为下面两项中较小者：①附属公司总资本最低要求加储备资本要求；②母公司并表总资本最低要求与储备资本要求归属于附属公司的部分。

（三）资本扣减项

计算资本充足率时，银行应当从核心一级资本中全额扣除以下项目，这是监管资本会计意义上的资本的最大区别：①商誉；②其他无形资产（土地使用权除外）；③由经营亏损引起的净递延税资产（其他依赖于本银行未来盈利的净递延税资产，超出本行核心一级资本净额10%的部分应从核心一级资本中扣除；未在商业银行核心一级资本中扣除的对金融机构的大额少数资本投资和相应的净递延税资产，合计金额不得超过本行核心一级资本净额的15%）；④贷款损失准备缺口（商业银行采用权重法计量信用风险加权资产的，贷款损失准备缺口是指商业银行实际计提的贷款损失准备低于贷款损失准备最低要求的部分；商业银行采用内部评级法计量信用风险加权资产的，贷款损失准备缺口是指商业银行实际计提的贷款损失准备低于预期损失的部分）；⑤资产证券化销售利得；⑥确定收益类的养老金资产净额；⑦直接或间接持有本银行的股票；⑧对资产负债表中未按公允价值计量的项目进行套期形成的现金流储备，若为正值，应予以扣除；若为负值，应予以加回；⑨商业银行自身信用风险变化导致其负债公允价值变化带来的未实现损益。

商业银行之间通过协议相互持有的各级资本工具，或银监会认定为虚增资本的各级资本投资，应从相应监管资本中对应扣除。商业银行直接或间接持有本银行发行的其他一级资本工具和二级资本工具，应从相应的监管资本中对应扣除。商业银行某一级资本净额小于应扣除数额的，缺口部分应从更高一级的资本净额中扣除。

此外，商业银行对未并表金融机构的小额少数资本投资，合计超出本银行核心一级资本净额10%的部分，应从各级监管资本中对应扣除。商业银行对未并表金融机构的大额少数资本投资中，核心一级资本投资合计超出本行核心一级资本净额10%的部分应从本银行核心一级资本中扣除；其他一级资本投资和二级资本投资应从相应层级资本中全额扣除。

第二节 资本充足率

一、概述

（一）资本充足率的定义

资本充足率是保证银行正常运营和发展所必需的资本比率，是银行总资本与风险加权资产之间的比率。资本充足率主要分为一级资本充足率和核心一级资本充足率，前者是银行持有的一级资本与风险加权资产之间的比率；后者是银行持有的核心一级资本与风险加权资产之间的比率。具体计算公式如下：

$$资本充足率=\frac{总资本-对应资本扣减项}{风险加权资产}\times 100\%$$

$$一级资本充足率=\frac{一级资本-对应资本扣减项}{风险加权资产}\times 100\%$$

$$核心一级资本充足率=\frac{核心一级资本-对应资本扣减项}{风险加权资产}\times 100\%$$

其中，商业银行总资产包括核心一级资产、其他一级资本和二级资本；商业银行风险加权资产包括信用风险加权资产、市场风险加权资产和操作风险加权资产。

商业银行经营的本质是盈利，因而资本充足率一般不必过高，过高的资本充足率说明银行有太多的闲置资本，减少了盈利机会。但是资本充足率也不能偏低，过低的资本充足率表明银行抵御风险的能力不足，所面临的风险也就越大。因此，最优的选择是保持适当的资本充足率，既能应对金融风险，又不会有太多的富余资金。资本充足率是衡量一家银行抗风险能力的重要指标，对于银行运营的监管和风险防范发挥了很大作用，拥有适当的资本充足率是银行安全乃至整个国家金融安全的重要保证。

（二）资本充足率的计算范围

1. 并表资本充足率的计算范围

银行并表资本充足率的计算范围包括商业银行以及其直接或间接投资的金融机构。其中并表范围包括：

（1）商业银行直接或间接拥有 50% 以上表决权的被投资金融机构。

（2）商业银行拥有 50% 以下（含）表决权的被投资金融机构，但与被投资金融机构之间有下列情况之一的，应将其纳入并表范围：①通过与其他投资者之间的协议，拥有该金融机构 50% 以上的表决权；②根据章程或协议，有权决定该金融机构的财务和经营政策；③有权任免该金融机构董事会或类似权力机构的多数成员；④在被投资金融机构董事会或类似权力机构占多数表决权。在确定对被投资金融机构表决权时，应考虑直接和间接拥有的被投资金融机构的当期可转换债券、当期可执行的认股权证等潜在表决权因素，对于当期可以实现的潜在表决权，应计入对被投资金融机构的表决权。

（3）其他证据表明商业银行实际控制被投资金融机构的情况。其中，控制是指一个公司能够决定另一个公司的财务和经营政策，并据以从另一个公司的经营活动中获取利益。

（4）银行未拥有被投资金融机构多数表决权或控制权，但具有下列情况之一的，也应当纳入并表资本充足率计算范围：①具有业务同质性的多个金融机构，虽然单个金融机构资产规模占银行集团整体资产规模的比例较小，但该类金融机构总体风险足以对银行集团的财务状况及风险水平造成重大影响；②被投资金融机构所产生的合规风险、声誉风险造成的危害和损失足以对银行集团的声誉造成重大影响。

值得一提的是，尽管商业银行拥有被投资金融机构50%以上表决权或对被投资金融机构的控制权，但被投资金融机构处于已关闭或已宣布破产；因终止而进入清算程序；受所在国外汇管制及其他突发事件的影响，资金调度受到限制的境外被投资金融机构等情形的，可不列入并表范围。

2. 未并表资本充足率的计算范围

商业银行未并表资本充足率的计算范围应包括商业银行境内外所有分支机构。商业银行计算未并表资本充足率，应当从各级资本中对应扣除其对符合并表范围的金融机构的所有资本投资。若这些金融机构存在资本缺口的，还应当扣除相应的资本缺口。

（三）资本充足率的监管标准

目前，我国商业银行资本充足率监管要求包括最低资本要求、储备资本和逆周期资本要求、系统重要性银行附加资本要求以及第二支柱资本要求。

在最低资本要求方面，核心一级资本充足率不得低于5%，一级资本充足率不得低于6%，资本充足率不得低于8%。

在储备资本和逆周期资本要求方面，银行应当在最低资本要求的基础上计提储备资本，储备资本要求为风险加权资产的2.5%，由核心一级资本来满足。在特定情况下，银行应当在最低资本要求和储备资本要求之上计提逆周期资本。逆周期资本要求为风险加权资产的0~2.5%，由核心一级资本来满足。

在系统重要性银行附加资本要求方面，国内系统重要性银行附加资本要求为风险加权资产的1%，由核心一级资本满足。若我国银行被认定为全球系统重要性银行，所适用的附加资本要求不得低于巴塞尔委员会的统一规定。

在第二支柱资本要求方面，银监会有权在第二支柱框架下提出更审慎的资本要求，确保资本充分覆盖风险，包括：①根据风险判断，针对部分资产组合提出的特定资本要求；②根据监督检查结果，针对单家银行提出的特定资本要求。

此外，除上述资本充足率监管要求外，商业银行还应当满足杠杆率监管要求。

上述多层次的监管资本要求既符合巴塞尔III确定的资本监管新要求，又增强了资本监管的审慎性和灵活性，确保资本充分覆盖我国银行面临的系统性风险和个体风险。

2012年12月，银监会发布了《关于实施〈商业银行资本管理办法（试行）〉过渡期安排相关事项的通知》：2013年年末，储备资本要求为0.5%，其后5年每年递增0.4%。截至2013年年末，对国内系统重要性银行的核心一级资本充足率、一级资本充足率和资本充足率的最低要求分别为6.5%、7.5%和9.5%；对非系统重要性银行的核心一级资本充足率、一级资本充足率和资本充足率的最低要求分别为5.5%、6.5%和8.5%。2014年~2018年过渡期内分年度资本充足率见表6-1。

表6-1　过渡期内分年度资本充足率要求

银行类别	项目	2014年年底	2015年年底	2016年年底	2017年年底	2018年年底
系统重要性银行	核心一级资本充足率	6.9%	7.3%	7.7%	8.1%	8.5%
	一级资本充足率	7.9%	8.3%	8.7%	9.1%	9.5%
	资本充足率	9.9%	10.3%	10.7%	11.1%	11.5%
其他银行	核心一级资本充足率	5.9%	6.3%	6.7%	7.1%	7.5%
	一级资本充足率	6.9%	7.3%	7.7%	8.1%	8.5%
	资本充足率	8.9%	9.3%	9.7%	10.1%	10.5%

二、资本充足率的分子

在资本充足率的计算公式中，分子是监管资本，由一级资本和二级资本构成，因而提高银行提本充足率的分子对策，也就是应尽可能增加一级资本和二级资本，从而提高银行的资本金总量，优化资本金结构。

一级资本的来源主要包括发行普通股、提高留存利润等方式。留存利润是银行增加核心资本的重要方式，相对于发行股票来说，其成本相对要低得多。但一方面，这依赖于银行具有较高的利润率；另一方面，提高留存利润增加核心资本，是一个长期不断逐渐积累的过程，不可能在短期内起到立竿见影的效果。如果一家银行核心资本离监管当局的要求相差很远，就必须采用发行普通股或非累积优先股的形式来筹集资本。虽然这种方式对银行来说成本很高，但一是监管当局的要求对银行来说是强制性的，为了达到这一要求，银行就必须暂时不考虑成本；二是这种方式还会使银行降低负债率、提高信誉、增强借款能力，从而降低借款成本，并且通过发行股票期间的宣传，能够有效地提高银行的知名度，树立银行良好的形象，有利于银行的进一步发展。因此，通过发行股票提高资本充足率的效果将会更加明显。从一定程度来说，银行上市是监管当局严格实施资本监管的结果之一。

商业银行增加附属资本的方法，主要是发行可转换债券、混合资本债券和长期次级债券。

三、资本充足率的分母

资本充足率的分母是风险加权资产，其是根据不同类别资产的风险性质确定不同的风险系数，以这种风险系数为权重求得的资产。具体包括信用风险加权资产、市场风险加权资产和操作风险加权资产，即：

风险加权资产=信用风险加权资产+12.5×（市场风险资本+操作风险资本）

（一）信用风险加权资产

银行可以采用权重法或内部评级法计量信用风险加权资产。

1. 权重法

权重法是指银行将全部资产按照监管规定的类别进行分类，并采用监管规定的风险权重计量信用风险加权资产的方法。权重法下信用风险加权资产为银行账户表内资产信用风险加权资产与表外项目信用风险加权资产之和。在计量各类表内资产的风险加权资产时，应该首先从资产账面价值中扣除相应的减值准备，然后乘以各自的风险权重。在计量各类表外项目的风险加权资产的时候，应该将表外项目名义金额乘以信用转换系数得到等值的表内资产，再按表内资产的处理方式计量风险加权资产。

权重法下表内资产分为：现金及现金等价物；对我国中央政府和中央银行的债权；对我国公共部门实体的债权；对我国政策性银行的债权；持有我国中央政府投资的金融资产管理公司的债权；对我国其他商业银行的债权；对我国其他金融机构的债权；对境外主权和金融机构债权；对多边并发银行、国际清算银行和国际货币基金组织的债权；一般企业的债权；对微型和小型企业的债权；对个人的债权；租赁资产余值；股权投资；非自用不动产；其他资产等。每一类资产的权重见表6-2，对于表外资产项目信用转换系数，见表6-3。

表6-2　　表内资产风险权重

项目	权重
1. 现金类资产	
1.1 现金	0%
1.2 黄金	0%
1.3 存放中国人民银行款项	0%
2. 对中央政府和中央银行的债权	
2.1 对我国中央政府的债权	0%
2.2 对中国人民银行的债权	0%
2.3 对评级 AA-（含 AA-）以上的国家或地区的中央政府和中央银行的债权	0%
2.4 对评级 AA-以下，A-（含 A-）以上的国家或地区的中央政府和中央银行的债权	20%
2.5 对评级 A-以下，BBB-（含 BBB-）以上的国家或地区的中央政府和中央银行的债权	50%
2.6 对评级 BBB-以下，B-（含 B-）以上的国家或地区的中央政府和中央银行的债权	100%
2.7 对评级 B-以下的国家或地区的中央政府和中央银行的债权	150%
2.8 对未评级的国家或地区的中央政府和中央银行的债权	100%
3. 对我国公共部门实体的债权	20%
4. 对我国金融机构的债权	
4.1 对我国政策性银行的债权（不包括次级债权）	0%
4.2 对我国中央政府投资的金融资产管理公司的债权	
4.2.1 持有我国中央政府投资的金融资产管理公司为收购国有银行不良贷款而定向发行的债券	0%
4.2.2 对我国中央政府投资的金融资产管理公司的其他债权	100%
4.3 对我国其他商业银行的债权（不包括次级债权）	
4.3.1 原始期限3个月以内	20%
4.3.2 原始期限3个月以上	25%
4.4 对我国商业银行的次级债权（未扣除部分）	100%
4.5 对我国其他金融机构的债权	100%
5. 对在其他国家或地区注册的金融机构和公共部门实体的债权	
5.1 对评级 AA-（含 AA-）以上国家或地区注册的商业银行和公共部门实体的债权	25%

续表

项目	权重
5.2 对评级 AA-以下，A-（含 A-）以上国家或地区注册的商业银行和公共部门实体的债权	50%
5.3 对评级 A-以下，B-（含 B-）以上国家或地区注册的商业银行和公共部门实体的债权	100%
5.4 对评级 B-以下国家或地区注册的商业银行和公共部门实体的债权	150%
5.5 对未评级的国家或地区注册的商业银行和公共部门实体的债权	100%
5.6 对多边开发银行、国际清算银行及国际货币基金组织的债权	0%
5.7 对其他金融机构的债权	100%
6. 对一般企业的债权	100%
7. 对符合标准的微型和小型企业的债权	75%
8. 对个人的债权	
8.1 个人住房抵押贷款	50%
8.2 对已抵押房产，在购房人没有全部归还贷款前，商业银行以再评估后的净值为抵押追加贷款的，追加的部分	150%
8.3 对个人其他债权	75%
9. 租赁资产余值	100%
10. 股权	
10.1 对金融机构的股权投资（未扣除部分）	250%
10.2 被动持有的对工商企业的股权投资	400%
10.3 因政策性原因并经国务院特别批准的对工商企业的股权投资	400%
10.4 对工商企业的其他股权投资	1250%
11. 非自用不动产	
11.1 因行使抵押权而持有并在法律规定处分期限内的非自用不动产	100%
11.2 其他非自用不动产	1250%
12. 其他	
12.1 依赖于银行未来盈利的净递延税资产（未扣除部分）	250%
12.2 其他表内资产	100%

表 6-3　　表外项目信用转换系数表

项目	信用转换系数
1. 等同于贷款的授信业务（包括一般负债担保、承兑汇票、具有承兑性质的背书及融资性保函等）	100%
2. 贷款承诺	
2.1 原始期限不超过 1 年的贷款承诺	20%
2.2 原始期限 1 年以上的贷款承诺	50%
2.3 可随时无条件撤销的贷款承诺	0%
3. 未使用的信用卡授信额度	
3.1 一般未使用额度	50%
3.2 符合标准的未使用额度	20%
4. 票据发行便利	50%
5. 循环认购便利	50%
6. 银行借出的证券或用作抵押物的证券	100%

续表

项目	信用转换系数
7. 与贸易直接相关的短期或有项目（主要指有优先索偿权的装运货物作抵押的跟单信用证）	20%
8. 与交易直接相关的或有项目（包括投标保函、履约保函、预付保函、预留金保函等）	50%
9. 信用风险仍在银行的资产销售与购买协议（包括资产回购协议和有追索权的资产销售）	100%
10. 远期资产购买、远期定期存款、部分交款的股票及证券	100%
11. 其他表外项目	100%

此外，商业银行采用权重法计量信用风险加权资产时，可以考虑合格质物质押或合格保证主体提供保证的风险缓释作用。合格质物质押的债权（含证券融资类交易形成的债权），取得与质物相同的风险权重，或取得对质物发行人或承兑人直接债权的风险权重。部分质押的债权（含证券融资类交易形成的债权），受质物保护的部分获得相应的较低风险权重。合格保证主体提供全额保证的贷款，取得对保证人直接债权的风险权重。部分保证的贷款，被保证部分获得相应的较低风险权重。但质物或保证的担保期限短于被担保债权期限的，则不具备风险缓释作用。

2. 内部评级法

内部评级法分为初级法和高级法。采用内部评级初级法的银行应自行估计违约概率，违约损失率、违约风险暴露和有效期限等由监管部门规定。采用高级法的银行应该估计违约概率、违约损失率、违约风险暴露和有效期限。但对于零售类风险暴露，不区分初级法和高级法，即银行都要自行估计违约概率、违约损失率和违约风险暴露。

此外，利用内部评级法计算出来的风险参数，就可以计算每一项风险资产的预期损失，公式为：

预期损失（EL）＝违约概率（PD）×违约风险暴露（EAD）×违约损失率（LGD）

预期损失属于贷款成本的一部分，可以通过合理的贷款定价和提取准备金等方式进行有效管理。

（二）市场风险加权资产

市场风险是指因市场价格（利率、汇率、股票价格和商品价格）的不利变动而使商业银行表内和表外业务发生损失的风险。市场风险资本计量应覆盖商业银行交易账户中的利率风险和股票风险，以及全部汇率风险和商品风险。

商业银行可以采用标准法和内部模型法计量市场风险资本。

1. 标准法

商业银行采用标准法，应当分别计量利率风险、汇率风险、商品风险和股票风险的资本要求，并单独计量以各类风险为基础的期权风险的资本要求。市场风险资本要求为利率风险、汇率风险、商品风险、股票风险和期权风险的资本要求之和。利率风险资本要求和股票风险资本要求为一般市场风险资本要求和特定风险资本要求之和。

2. 内部模型法

商业银行采用内部模型法，其一般市场风险资本要求为一般风险价值与压力风险价值之和，即：

$$K = Max\ (VaRt-1\ ,\ mc \times VaRavg)\ + Max\ (sVaRt-1,\ mS \times sVaRavg)$$

其中：（1）VaR为一般风险价值，为以下两项中的较大值：①根据内部模型计量的上一交易日的风险价值（VaRt－1）。②最近60个交易日风险价值的均值（VaRavg）乘以 m_C。m_C 最小值为3，根据返回检验的突破次数可以增加附加因子。（2）sVaR为压力风险价值，为以下两项中的较大值：①根据内部模型计量的上一交易日的压力风险价值（sVaRt－1）；②最近60个交易日压力风险价值的均值（sVaRavg）乘以ms，ms最小值为3。

商业银行采用内部模型法计量特定风险资本要求的，应当相应规定使用内部模型计量新增风险资本要求。商业银行内部模型未达到计量特定市场风险要求的合格标准，或内部模型未覆盖新增风险，应当按标准法计量特定市场风险资本要求。

（三）操作风险加权资产

操作风险是指由不完善或有问题的内部程序、员工和信息科技系统，以及外部事件所造成损失的风险，包括法律风险，但不包括策略风险和声誉风险。银行可采用基本指标法、标准法或高级计量法计量操作风险资本要求。

1. 基本指标法

商业银行采用基本指标法，应当以总收入为基础计量操作风险资本要求。总收入为净利息收入与净非利息收入之和。

商业银行采用基本指标法，应当按照以下公式计量操作风险资本要求：

$$K_{BIA} = \frac{\sum_{i=1}^{n} (GI_i \times \alpha)}{n}$$

其中：K_{BIA} 为按基本指标法计量的操作风险资本要求；GI为过去3年中每年正的总收入；n为过去3年中总收入为正的年数；α为15%。

2. 标准法

商业银行采用标准法，应当将全部业务划分为公司金融、交易和销售、零售银行、商业银行、支付和清算、代理服务、资产管理、零售经纪和其他业务等9个业务，且以各业务条线的总收入为基础计量操作风险资本要求。

商业银行采用标准法，应当按照以下公式计量操作风险资本要求：

$$K_{TSA} = \{\sum_{i=1}^{3} Max[\sum_{i=1}^{9} (GI_i \times \beta_i),\ 0]\}/3$$

其中：K_{TSA} 为按标准法计量的操作风险资本要求；$Max[\sum_{i=1}^{9} (GI_i \times \beta_i),\ 0]$ 是指各年为正的操作风险资本要求；GI_i 为各业务条线总收入；β_i 为各业务条线的操作风险资本系数，具体如下：①零售银行、资产管理和零售经纪业务条线的操作风险资本系数为12%；②商业银行和代理服务业务条线的操作风险资本系数为15%；③公司金融、支付和清算、交易和销售以及其他业务条线的操作风险资本系数为18%。

3. 高级计量法

商业银行采用高级计量法，可根据业务性质、规模和产品复杂程度以及风险管理水平选择操作风险计量模型。商业银行采用高级计量法，应当基于内部损失数据、外部损失数据、情景分析、业务经营环境和内部控制因素建立操作风险计量模型。建立模型使用的内部损失数据应充分反映本行操作风险的实际情况。

（四）分母

银行提高资本充足率的分母，主要是降低风险加权总资产和降低信用风险、市场风险和操作风险的资本要求。

除非因资金来源的急剧下降而被迫采用降低风险加权总资产方法以外，银行一般不会主动采用这种方法。因此，降低风险加权总资产的方法，主要是减少风险权重较高的资产，增加风险权重较低的资产，具体方法包括贷款出售或贷款证券化，即将已经发放的贷款卖出去；收回贷款，用以购买高质量的债券（如国债）；尽量少发放高风险的贷款等。

在降低信用风险、市场风险和操作风险的资本要求方面，可以尽可能建立更好的风险管理系统，在达到监管当局要求的情况下，采用巴塞尔协议Ⅲ所规定的内部模型或高级计量法来分别计量市场风险和操作风险，也可以在业务选择方面，尽可能减少银行需要承担高风险的业务，比如，减少交易账户业务就能够降低市场风险资本要求。

值得一提的是，银行提高资本充足率往往可以“双管齐下”，同时考虑分子和分母，其中非常重要的一个综合性方法是银行并购。实际上，监管当局的资本要求是全球银行业并购浪潮一浪高过一浪的重要原因之一。

主要概念

资本　核心一级资本　二级资本　资本充足率　风险加权资产　信用风险加权资产　权重法　内部评级法

复习思考题

一、单选题

1. 哪一类资本工具是非累积性的、永久性的、不带有利率跳升及其他赎回条款，本金和收益都应在银行持续经营条件下参与吸收损失？(　　)

A. 核心一级资本工具　　B. 其他一级资本工具

C. 二级资本工具及其溢价　　D. 盈余公积

2. 商业银行采用权重法计量信用风险加权资产的，超额贷款损失准备可计入二级资本，但不得超过信用风险加权资产的（　　）。

A. 1%　　B. 1.25%　　C. 0.6%　　D. 8%

3. 根据《商业银行资本管理办法（试行）》规定，我国核心一级资本充足率不得低于（　　）。

A. 5%　　　　B. 6%　　　　C. 7%　　　　D. 8%

4. 下列说法错误的是（　　）。

A. 资本充足率是银行总资本与风险加权资产之间的比率

B. 资本充足率是衡量一家银行抗风险能力的重要指标

C. 银行应尽可能保持最高资本充足率

D. 银行总资产包括核心一级资产、其他一级资本和二级资本

5. 下列说法正确的是（　　）。

A. 风险加权资产 = 信用风险加权资产 + 1.25 ×（市场风险资本 + 操作风险资本）

B. 权重法下信用风险加权资产仅指银行账户表内资产信用风险加权资产

C. 采用内部评级初级法的银行应自行估计违约概率，违约损失率、违约风险暴露和有效期限等由监管部门规定

D. 银行可采用基本指标法、标准法或高级计量法计量信用风险加权资产

二、多选题

1. 银行资本的基本功能有（　　）。

A. 营业功能　　　　B. 保护功能

C. 管理功能　　　　D. 理财功能

2. 核心一级资本工具主要包括（　　）。

A. 实收资本　　　　B. 一般风险准备

C. 超额贷款损失准备　　　　D. 盈余公积

3. 计算资本充足率时，银行应当从核心一级资本中全额扣除以下哪些项目？（　　）

A. 商誉

B. 其他无形资产（土地使用权除外）

C. 由经营亏损引起的净递延税资产

D. 资产证券化销售利得

4. 商业银行风险加权资产包括（　　）。

A. 信用风险加权资产　　　　B. 市场风险加权资产

C. 操作风险加权资产　　　　D. 法律风险加权资产

5. 商业银行采用标准法计量操作风险资本的，应当将全部业务划分为哪些业务条线？（　　）

A. 公司金融、交易和销售　　　　B. 零售银行、商业银行

C. 支付和清算、代理服务　　　　D. 资产管理、零售经纪

三、思考题

1. 为什么说银行资本监管是审慎监管的核心内容？

2. 为什么我国银行核心一级资本数量等于一级资本？

3. 我国商业银行的资本扣除项在实现中大约有几项？

4. 为什么在计算分母时要将市场风险和操作风险的风险乘以12.5？

第七章 银行公司治理

【内容提要】

本章不仅介绍银行公司治理概念、主要要素和基本功能，阐述银行经营的特殊性和公司治理的特殊性，而且介绍巴塞尔委员会的银行公司治理和中国商业银行公司治理指引，明确了银行业监管机构对银行公司治理的监管责任，并阐释了其他利益相关者和市场参与者、法律框架对于强化银行公司治理。本章还突出分析中国上市银行的公司治理现状与问题，并提出完善中国上市银行公司治理的措施。

【重点与难点】

1. 银行公司治理概念、主要要素和基本功能
2. 银行公司治理的特殊性
3. 中国上市银行公司治理的问题和改进措施

【学习目标】

理解银行公司治理概念、主要要素和基本功能，掌握银行经营的特殊性和公司治理的特殊性，了解巴塞尔委员会的银行公司治理和中国商业银行公司治理指引，并理解中国商业银行公司治理现状、问题及其完善措施建议。

第一节 概　述

一、银行公司治理的概念

（一）公司治理的概念

“公司治理”概念最早出现在20世纪80年代初期，此前在1975年，威廉姆森曾提出的“治理结构”（Governance Structure）概念已与公司治理已相当接近的概念。

公司治理也译作公司治理结构、公司治理机制。国内外学者由于分析和强调问题的角度不同，加之公司治理这一概念包含着丰富的内涵，对公司治理所下的定义有较大的差别。有的将公司治理看作一种制度安排；有的将公司治理看作是股东、董事会和经理人员之间的相互关系；有的将公司治理看作是一种决策机制。根据经济合作与发展组织发布的《公司治理原则》（2004年），将公司治理定义为：“公司管理层、董事会、股东以及其他利益相关者之间的一整套关系。公司治理通过制定公司目标、确定实现这些目标和监督执行的手段来构成治理架构。良好的公司治理应当提供适当的激励，以使董事会和管理层追求符合公司和股东利益的目标，并应便于实施有效的监督。无论是在单个公司内部，还是对一国经济整体而言，有效公司治理机制都一定程度有助于提高信心，这对于市场经济的稳健运行十分必要。”

（二）银行公司治理的概念

商业银行公司治理是指股东大会、董事会、监事会、高级管理层、股东及其他利益相关者之间的相互关系，包括组织架构、职责边界、履职要求等治理制衡机制，以及决策、执行、监督、激励约束等治理运行机制。商业银行公司治理应当遵循各治理主体独立运作、有效制衡、相互合作、协调运转的原则，建立合理的激励约束机制，科学、高效地决策、执行和监督。商业银行良好公司治理应当包括但不限于以下内容：健全的组织架构；清晰的职责边界；科学的发展战略、价值准则与良好的社会责任；有效的风险管理与内部控制；合理的激励约束机制；完善的信息披露制度。

二、银行公司治理的主要要素

（一）银行公司治理结构

银行公司治理结构由权力机构、决策机构、监督机构和执行机构组成。各个机构的权力与职责相互配合、相互制衡，共同推动公司的有效运作。股东大会是公司的最高权力机构，代表股东对公司资产拥有最终控制权和决策权；董事会是公司的经营决策机构，对股东大会负责，执行股东大会的决议；监事会是公司的监督机构，对股东大会负责，依法对董事会和经理人员在企业经营的行为进行监督；高级管理层是公司决策的执行者，他们对董事会负责，在公司章程和董事会授权范围内行使职权，负责公司日常经营和管理。权力机构、决策机构、监督机构和执行机构之间权责明确、职责分明、相互制衡、相互协调。

（二）委托代理关系

在银行公司治理中，各利益相关者间存在着一组委托代理关系，包括存款人、股东与银行的关系；贷款人与银行的管理者的关系；监管者与银行的关系等。银行股东作为委托人将其财产交由董事会代理，并委托监事会对董事会和高管进行监督；董事会拥有法人财产权，它将法人财产委托给高管进行经营管理。银行还存在分支机构和经理层级授权，主要是通过委托代理契约来维系，也不排除劳动契约的关系。通过委托代理合同契约和劳动契约，实现利益相关者的激励和约束机制。

（三）激励和约束机制

在银行委托代理关系中，由于信息不完全或不对称，代理人可能发生的“逆向选择”和“道德风险”。“逆向选择”或“道德风险”行为，都会让委托人的利益受到损失。为了保持委托人和代理人利益一致和尽可能避免损失，委托人有必要建立激励和约束机制。从激励机制来说，主要是委托人如何通过一套激励机制促使代理人的行为目标同委托人所要达到的目标保持最大限度的一致，如对代理人的激励可采取高薪聘请、股票期权等多种方式。从约束机制来说，在公司内部，股东大会与董事会之间、董事会与经理人员之间、监事会与董事会和高层经理人员之间都是一种制衡关系。所有者对经营者也存在制衡关系，如对经理的聘任、解聘等。同时，加强外部约束机制，主要表现在以下几方面：一是证券市场的约束，经营业绩差的企业股票在股票市场上股价下跌，董事会就会因经营者业绩差而将其解聘；二是经理市场的约束，如果公司经营业绩较差，董事会也会解雇经理到经理市场上雇佣他人，这就迫使经理人员为了保住自己的职位而为公司努力工作；三是公司兼并的约束，当公司业绩较差时，股东大多是用抛售股票来减少损失，大量抛售股票使股价大幅下跌，在这种情况下，公司经常被“恶意收购”，一旦公司被“恶意收购”，原来的经理及高级职员一般都会被裁撤；四是金融机构的持股与监督，西方国家金融机构持有大公司股票的现象相当普遍，这有助于发现企业经营中存在的问题并进行监督；五是完善的法规和中介机构的监督，完善的立法和执法体制对非法经营者是一种威慑，独立的会计和审计制度对经营者也是一种有效的制约。

三、银行公司治理的基本功能

（一）权力配置功能

银行公司治理结构的权力配置功能是对剩余控制权的配置。剩余控制权是指使合约有效，当出现合约预期的情况时明确谁有决策权。一般而言，谁拥有资产的所有权，谁就拥有剩余控制权。公司治理结构对这种剩余控制权的配置功能包括两个方面的内容：一是所有权同公司治理结构的权力配置，公司治理结构是在既定所有权前提下安排的，所有权形式不同，公司治理结构的权力配置也不相同，如在股权集中情况下，公司治理结构中的所有权决定控制权或者说所有权同控制权结合较紧，而在股权高度分散的情况下，所有权同控制权相分离，在所有权变动情况下（股票市场交易），公司治理结构根据已变更的所有权对公司的权力进行重新配置，这里主要是指公司的控制权；二是公司内部剩余控制权的配置，公司治理结构对股东、董事和经理人员之间配置剩余控制权，股东拥有最终控制权，董事和经理人员分享剩余控制权。

（二）权力制衡功能

银行公司治理结构就是为了制衡银行股东大会、董事会、监事会及高级管理层的权力关系而设立的。公司治理结构的核心是明确划分各权力机构的权力（股东的所有权、董事会的经营决策权、经理人员执行管理权和监事会的监督权）、责任和利益，形成四者之间的权力制衡关系，确保公司制度的有效运行。

（三）激励和约束功能

良好的银行公司治理能够提供适当的激励，使董事会和管理层符合公司和股东利益的目标，并实施有效的监督。激励功能是指通过银行公司治理结构的作用，使代理人除了按照代理契约的要求去完成应该完成的任务外，还能给代理人给予强大的激励，促使其在追求自身利益的同时，能够更好地实现委托人的利益或目标。激励包括货币激励和非货币激励。货币激励又分为短期激励和长期激励。短期激励主要采用工资、奖金、福利和津贴对代理人予以激励；长期激励主要采取如股票期权、购买社会保险等形式对代理人进行激励。非货币激励主要是用名誉、地位等精神层面的激励，非货币激励有时对代理人更具有刺激作用。约束功能是通过公司治理结构中提供的监督与惩罚机制以及合约关系对代理人行为产生的一种约束力。它主要是防止代理人的偷懒行为和道德风险问题，同时对代理人的渎职行为进行惩罚和制裁。

（四）协调功能

银行公司治理的协调功能是指通过公司治理结构来协调委托人和代理人及其他利益相关者之间的利益关系，使不同利益主体都能尽最大努力为公司工作。由于委托人和代理人的利益往往不一致，经常会发生冲突。为了调和他们之间的不同利益矛盾和冲突，公司治理结构是解决这一问题的有效途径，如公司的股东同经理之间的利益不一致，经理给股东利益造成损害时，股东可通过股东大会行使选举权和表决权，任免公司董事会成员、经理和其他管理人员来解决这一矛盾。

四、银行公司治理的特殊性

商业银行是金融媒介，是现代经济的核心。商业银行不同于一般性公司，具有自身特殊经营管理，从而决定了银行公司治理的特殊性。

（一）银行经营管理的特殊性

1. 商业银行经营目标的特殊性

商业银行从事的业务主要是存款、放款、转账结算。商业银行就是在货币的存放款利息之间赚取差额及转账结算收取手续费等来进行盈利，可见商业银行也是追求效益最大化。但是，同时银行从事的是货币的吸收和发放的特殊企业，相对于其他类型的企业而言，面临着信用风险、市场风险、操作风险和流动性风险等种类繁多的风险。银行的管理层，为了避免银行经营失败甚至倒闭在追求效益最大化的同时，也在追求风险最小化。于是银行就存在了双层目标即收益最大化和风险最小化，但是收益和风险一般都是成正比的也就是说风险越大收益越高，这就构成了一个矛盾体。在风险和收益上我国商业银行的高层管理者常常处于两难的境地，但管理者的绩效又与银行的收益相挂钩，导致有些管理者为了赢得好的绩效为公司创造效益不惜从事高风险的业务，这样商业银行就有可能因风险发生面临困难。

2. 商业银行资本结构的特殊性

资本结构作为一种公司融资比重的选择，不仅会影响公司价值，而且其所包含的股权与债权融资的不同比例，也往往意味着股东和债权人对公司的不同控制力和在公司治理中不同的角色与作用，如日本公司的高负债率是日本公司治理独特的主银行模式的现实基础。对于一般公司而言，债权融资的比例虽然决定了银行参与公司治理的不同形式和银行在公司治理中的不同地位，但银行始终是一支当然的外部重要监督力量，也是公司治理理论研究的重点内容。在这方面，商业银行与一般公司截然不同，商业银行的运作资金大部分来自储户的存款，它所拥有的资本金所占的比重很低（按照巴塞尔协议的规定，商业银行资本金充足率为8%即可满足要求）。

3. 商业银行委托代理关系的特殊性

商业银行存在复杂的委托代理关系，商业银行的委托代理关系包括存款人、股东与银行的关系；贷款人与银行的管理者的关系；监管者与银行的关系等。复杂的委托代理关系导致了我国商业银行的一些问题：首先，银行的委托代理成本较高，委托代理的链条长。由于银行存在多方面的委托代理关系，为了维持这些关系银行就必须为此花费较多的成本。其次，由于商业银行要处理多种委托代理关系，而各个利益主体又是一个矛盾集合体，他们都有各自不同的利益目的，因此银行为了满足不同主体的要求，往往会有相互矛盾的行为，这也是商业银行进于行经营活动的一个窘境。再次，由于银行的委托代理关系所涉及的利益相关者多而复杂，所以各个利益主体都把对商业银行的监管寄希望于别的利益主体，尤其是中小利益相关者普遍存在着“搭便车”行为，对商业银行来说缺乏有效的监督机制。最后，由于商业银行涉及的利益很多，银行与股东、债权人、债务人、政府等的信息具有不对称性，这不利于银行及时准确地获取有效的信息，从而不能及时发现问题和调整自己的经营策略。

4. 商业银行存款保险制度的特殊性

存款保险制度是指国家货币主管部门为了维护存款者的利益和金融业的稳健经营和安全，在金融体系中设立负责存款保险的机构，规定本国金融必须或自愿地按吸收存款的一定比率向保险机构交纳保险金进行投保的制度。可见，商业银行的存款保险制度降低了银行的风险，对金融体系的稳定有一定的作用。但是正是由于存款保险制度的存在降低了外界对银行的监督，同时由于有了一定的保险措施，会降低商业银行破产的风险，所以，有些管理者就会不再考虑风险而从事高风险的业务，这就是存款保险制度对商业银行的负激励作用。

5. 政府管制的特殊性

世界金融市场发展的历史告诉我们，政府管制是一种普遍存在的现象，只不过在不同的国家（地区）和不同的时期（阶段），政府出于不同的目的而采取的管制政策或措施有所不同。管制作为一种增加的外部力量必然会对商业银行及其管理人员产生影响。尤其需要说明的是，管制不同于市场，它既在微观领域，又在宏观领域发挥作用，管制较市场更注重公共利益的特点，也对商业银行的治理结构产生重大影响。例如，正由于银行的政府管制，高准入门槛，国有独资银行一股独大，公司治理难于形成有效的激励约束机制。

（二）银行公司治理的特殊性

由于银行与一般企业有显著经营管理的特征，这就决定了银行业的公司治理有着其特殊性。主要从治理目标、内部治理机制、外部治理机制理解其特殊性。

1. 商业银行公司治理目标的特殊性

（1）商业银行的公司治理应更多地关注利益相关者的利益，而不能仅仅局限于股东本身。传统的公司治理问题起源于信息不对称环境下公司的管理层与股东分离带来的委托代理问题。然而商业银行作为国民经济的重要支柱，如果仅仅追求股东利益的最大化而置广大存款人、贷款人的利益于不顾，显然是不合适的。从更广泛的意义来讲，商业银行的经营状况直接关系到国民经济的宏观运作，特别是商业银行的风险损失以及由此引发的巨大金融风险会严重威胁社会经济生活的各个方面，所以多数学者都主张商业银行的公司治理应更多地考虑利益相关者的利益。商业银行利益相关者的共同治理模式所指的利益相关者包括股东、职员、债权人、经营者、政府和竞争者等参与主体。要设计一套机制去满足所有人利益的最大化，在实践操作当中似乎遇到了不少困难。但如果要在股东至上主义和利益相关者理论的争议方面分高低的话，那么在商业银行公司治理的问题上，我们应该坚决支持利益相关者理论的观点。

（2）商业银行公司治理的目标不应仅仅是公司价值的最大化，还应包括商业银行本身的安全和稳健。商业银行不仅是工商企业重要的融资渠道和全社会不可或缺的支付体系，而且还要在特殊的市场条件下提供信贷和流动性支持。因此，商业银行作为国民经济的关键部门往往被纳入政府安全体系而成为政府调控的重点目标。从经营目标来看，商业银行与一般公司存在着巨大差异。公司经营的目标是实现公司价值（尤其是股东财富）的最大化；而商业银行作为国民经济特殊行业的重要组成部分，除追求自身利益最大化之外，还应照顾到宏观经济的稳定和金融体系的稳健。

每次金融危机从侧面反映了金融企业的公司治理结构对金融乃至整个经济的重要性。尤其是次贷金融危机后，整个金融体系可能被重新构建，商业银行可能要负起更多的职能（包括投资银行业务）。因此，商业银行所面临的风险增大了，商业不能冒着更高风险追逐股东价值最大化或公司财富最大化，而是要承担着社会责任，肩负着金融体系稳健运行和安全稳定经济环境。

2. 商业银行内部治理机制的特殊性

（1）商业银行股权治理的特殊性。公司治理问题的起源是由于所有者和经营者之间的信息不对称，出现内部人控制问题。对于西方国家商业银行而言，内部人控制问题可能由于大股东权力过于集中，导致经营者偏向于大股东利益，而损失小股东利益。对于中国大多数商业银行来讲，虽然股权集中度都比较集中，但第一大股东几乎都是国有性质（国有股包括国家股和国有法人股），国有一股独大，内部人控制问题面临的最大问题不是股权分散下的单纯内部人控制问题，而是国有大股东治理以及与之相联系的多层委托代理问题，出现代理人机会主义行为、股权治理低效问题。

（2）商业银行独立董事治理的特殊性。独立董事制度最早起源于英美国家，是为了解决英美股权分散化下的“弱所有者，强管理者”的治理格局而出现的。在一般的公司治理当中独立董事制度被认为是比较奏效的治理机制，而将这一内部治理机制引入到商业银行当中，特别是在股权治理方面很特殊的中国商业银行中，是有其治理的特殊性的。独立董事制度首先要解决的是独立董事的定位问题。定位指的是对“独立性”的界定，即独立董事独立于谁以及代表谁的利益。在英美国家的公司文化中独立董事的“独立”是指独立于公司的管理层，而不是独立于股东。在中国商业银行中，国有控股股东才是银行的实际控制者，由于自身目标函数与银行投资者利益最大化之间的不一致，导致他们可能会做出许多损害中小股东利益的举动。因此，独立董事首要且核心的是要独立于控股股东，否则，相互制衡的机制将无法形成。在对独立董事的独立性进行明确界定后，紧接着的问题就是独立董事应该代表谁的利益。按照公司治理原则，独立董事完全代表中小股东利益，使中小股东形成一个以独立董事为其代理人（不能否认，其中存在委托—代理问题）的利益集团，实质上形成与大股东相抗衡的相对控股关系。另外，商业银行负债率高，独立董事中必须加入存款人的“声音”，这样是将债权治理也纳入银行之中，从而形成了内部通过独立董事设置的相对控股股权结构安排，外部债务硬约束相结合的合理的治理模式。需要强调的是，独立董事无论是代表中小股东的利益或者是代表存款人的利益，其独立性只限于独立于大股东，而并不要求其独立于整个公司。但是当前，独立董事在董事会中的占比较低，而更为重要的是独立董事的提名办法导致独立董事的治理仍然低效。

第二节 银行公司治理的法律框架与监管

一、巴塞尔委员会有关银行公司治理的重要文件

（一）《加强银行公司治理》

1999年9月，巴塞尔委员会专门就商业银行公司治理问题颁发了《加强银行公司治理》的指导性文件，其主要内容包括：①公司治理及其重要性；②银行公司治理的内容，重点确定银行公司治理8个原则；③稳健的银行公司治理的实践；④确保稳健的银行公司治理所需的宏观环境；⑤监管者的作用。

2006年2月，巴塞尔委员会修订并发布了《加强银行公司治理》（第二版），本文件基本上保留了1999年银行公司治理文件的结构，并根据在征求意见期内所收到的各种意见，对于在缺乏透明度或在信息披露存在障碍的国家或地区从事经营活动的银行，本文件也提出了一些相关的公司治理安排，即确立以下8条稳健公司治理原则：

（1）董事会成员应称职，清楚理解其在公司治理中的角色，有能力对银行的各项事务做出正确的判断；

（2）董事会应核准银行的战略目标和价值准则并监督其在全行的传达贯彻；

（3）董事会应制定并在全行贯彻执行条线清晰的责任制和问责制；

（4）董事会应确保高级管理层按照董事会政策实施适当的监督；

（5）董事会和高级管理层应有效发挥内部审计部门、外部审计师及各内部控制部门的作用；

（6）董事会应确保薪酬政策及其做法与银行的公司文化、长期目标和战略、控制环境相一致；

（7）银行应保持公司治理的透明度；

（8）董事会和高级管理层应了解银行的运营架构，包括在低透明度国家或在透明度不高的架构下开展业务（即了解银行的架构）。

（二）《强化公司治理指导原则》

巴塞尔委员会于2010年10月4日发布了《强化公司治理指导原则》，是《加强银行公司治理》的第三版。该文件提出银行实现稳健公司治理的14条原则，可归纳为六方面的要求：

1. 关于董事会职责的要求

《强化公司治理指导原则》在有关董事会职责方面提出了四项原则：①董事会承担银行的全部责任，包括审批和监督银行战略目标、风险战略、公司治理和企业价值的实施，并负责对高管层实施监督；②董事会成员具备并保持履职所需的资格，这一点可以通过培训实现。他们应清晰了解自身在公司治理中承担的职责，并具备对银行事务进行稳健和客观决策的能力；③董事会应就自身运作制定合理的管理规定，并采取措施确保这些规定得到遵守和定期审查，使之与时俱进；④在集团公司架构中，母公司董事会应对整个集团的公司治理总体负全部责任，应确保治理政策和治理机制与集团及其实体的组织架构、业务和风险状况相匹配。

2. 关于高管层责任的要求

《强化公司治理指导原则》明确要求：高管层应在董事会的指导下保证银行的业务活动与董事会通过的经营战略、风险偏好和风险政策相符。

3. 关于风险管理和内部控制的要求

《强化公司治理指导原则》对风险管理和内部控制提出了四项原则要求：①银行应设立独立的风险管理部门（包括首席风险官或类似人员），并给予其足够的职权、级别、独立性、资源以及向董事会报告的渠道；②银行应在集团层面和单个实体层面分别对风险进行持续的识别和监控，其风险管理和内部控制的复杂程度应与自身风险状况的变化（和发展）以及外部风险环境的改变保持同步；③银行应通过跨部门沟通和向董事会、高管层报告的方式，在自身内部就风险情况进行充分的沟通，从而实现有效的风险管理；④董事会和高管层应有效运用内部审计部门、外部审计机构和内部控制部门的工作成果。

4. 关于薪酬管理的要求

《强化公司治理指导原则》对薪酬管理提出了两项原则要求：①董事会应积极主动地监督薪酬体系的设计及运作情况，并通过对薪酬体系进行监督和审查确保其按既定目标运转。②员工薪酬应与其审慎性风险承担行为有效挂钩，薪酬应随所有风险类型进行调整；薪酬结果应与风险结果对称；薪酬支付时间表应敏感地反映风险的期限范围；现金、股权及其他形式薪酬应与风险配置情况相符。

5. 对复杂或不透明治理结构的要求

《强化公司治理指导原则》对复杂或不透明治理结构提出了两项原则要求：①“知晓你的结构”——董事会和高管层应了解和掌握银行的运行结构及其造成的风险；②“理解你的结构”——银行通过特殊目的实体或关联机构运营，或者在未达到国际银行业标准的国家和地区运营的，其董事会和高管层应理解此类展业运作的目的、结构和特别风险，并采取相应措施进行缓释已经识别的风险。

6. 关于信息披露和透明度的要求

《强化公司治理指导原则》对信息披露和透明度明确要求：银行的公司治理应对其股东、存款人和其他相关利益相关者、市场参与者保持充分的透明度。信息披露应该准确、清晰，易于理解，便于股东、存款人、其他相关利益者和市场参与者进行探讨。

《强化公司治理指导原则》还进一步明确了银行业监管机构的职责，帮助银行监管机构评估本国银行公司治理框架的质量与国际合作，主要包括五个方面：①为银行建立完善稳健的公司治理架构提供指导。监管机构应按照本文件的要求制定指引或法规，要求银行具备有效的公司治理战略、政策和程序，特别是在法律、法规、指引或上市要求中关于公司治理的规定不足以满足银行特有的公司治理要求的情况下。②定期评估银行公司治理政策、措施和执行情况。监管部门应具备评估银行公司治理政策和措施的监管程序和工具。这种评估可以通过现场检查和非现场监管以及与银行高级管理层、董事会、内控部门和外部审计机构的沟通来进行。③收集和分析银行内部报告和审慎性报告（必要时还包括外部审计机构等第三方的报告），完善上述评估。④要求银行对公司治理政策和措施中的实质性缺陷采取有效措施和手段。监管部门应具备包括强制采取矫正行动的权力在内的一系列可自主使用的工具来处理银行公司治理中的实质性问题，并在要求银行采取矫正措施时设定完成的时间表。⑤与其他国家或地区的相关监管部门合作，共同开展对银行公司治理的监管。合作手段包括谅解备忘录、监管联席会和监管机构之间的定期会议。相关政府部门（包括银行监管机构、央行、存款保险机构和其他监管部门）之间的合作和适当的信息共享，不仅有助于解决公司治理方面的问题，而且能够提升各自职责履行的有效性。

除了银行和银行业监管机构之外，其他利益相关者、市场参与者和法律框架的改善也能对银行建立稳健的公司治理产生重要作用。具体包括：①股东——主动、正确地行使股东权利；②存款人和消费者——不与经营不稳健的银行进行业务往来；③外部审计机构——完善、合格的审计标准以及与董事会、高级管理层和监管部门的沟通；④银行业协会——制定行业自律原则，公布良好做法；⑤专业的风险咨询和顾问机构——帮助银行实施良好的公司治理措施；⑥政府——法律、法规、执法和司法框架；⑦信用评级机构——审查和评估公司治理措施对银行风险状况的影响；⑧证券监管部门、股票交易所和其他自律组织——信息披露和上市要求；⑨员工——通过举报违法或违反职业道德的做法等问题，或反映其他公司治理方面的缺陷；⑩法律框架的改善——保护和强化股东、存款人和其他相关利益主体的权力；明晰公司内部主体的管理职责；确保公司在远离腐败和贿赂的环境中运作；制定适当的法律、法规和其他措施，促进银行管理层、员工、存款人和股东等多方利益的一致。

此外，按照巴塞尔委员会有关指导性文件的理解，有效的银行公司治理的基本做法至少包括以下五个方面的内容：一是建立明确的战略目标，制定清晰的银行组织内部的职责和义务；二是明确董事在公司治理中的重要作用，确保董事能胜任、称职，并不会受到管理层或外部因素的不当影响；三是建立内部审计师的工作制度，充分发挥其重要的控制功能和作用，确保高级管理层受到适当的监督；四是增强公司治理的透明度，提高公司治理的稳健性；五是确保薪酬制度与银行的企业文化、经营战略、经营目标和控制环境相一致。

二、我国银监会的《商业银行公司治理指引（2013年）》

2011年7月，我国银监会发布了《商业银行公司治理指引（征求意见稿）》（以下简称《指引意见稿》），向社会各界公开征求意见。2013年7月19日，银监会正式发布了《商业银行公司治理指引》（以下简称《指引》），进一步强化资本治理与风险管控，明确今后银行业金融机构公司治理的发展方向和路径。

《指引》内容有九章136条，主要内容既涵盖规范公司治理架构和各治理主体职责边界的制衡机制，又创新性地纳入发展战略和价值准则及社会责任、风险管理与内部控制、激励约束机制、信息披露等公司治理运行机制等主要内容。该《指引》的主要内容包括：

（一）规范公司治理的组织架构和职责边界

这体现在第二章和第三章，主要通过明确公司治理各主体及董事、监事和高级管理人员的职责来规范公司治理组织架构、职责边界和人员履职要求。其中《指引》明确要求股东应当依法对银行履行诚信义务，确保提交的股东资格资料真实、完整、有效；主要股东应当真实、准确、完整地向董事会披露关联方情况，并承诺当关联关系发生变化时及时向董事会报告；股东特别是主要股东应当严格按照法律法规及银行章程行使出资人权利，不得谋取不当利益，不得干预董事会、高级管理层根据章程享有的决策权和管理权，不得越过董事会和高级管理层直接干预商业银行经营管理，不得损害商业银行利益和其他利益相关者的合法权益；股东获得本行授信的条件不得优于其他客户同类授信的条件；股东应当严格按照法律法规及商业银行章程规定的程序提名董事、监事候选人；股东大会年会应当由董事会在每一会计年度结束后6个月内召集和召开；股东大会会议应当实行律师见证制度，并由律师出具法律意见书等。

《指引》也明确规定：董事会对股东大会负责，对商业银行经营和管理承担最终责任。除依据《公司法》等法律法规和商业银行章程履行职责外，还应当重点关注以下事项：制定商业银行经营发展战略并监督战略实施；制定商业银行风险容忍度、风险管理和内部控制政策；制定资本规划，承担资本管理最终责任；定期评估并完善商业银行公司治理；负责商业银行信息披露，并对商业银行会计和财务报告的真实性、准确性、完整性和及时性承担最终责任；监督并确保高级管理层有效履行管理职责；维护存款人和其他利益相关者合法权益；建立商业银行与股东特别是主要股东之间利益冲突的识别、审查和管理机制等。

《指引》还明确规定：监事会是商业银行的内部监督机构，对股东大会负责，除依据《公司法》等法律法规和商业银行章程履行职责外，还应当重点关注以下事项：监督董事会确立稳健的经营理念、价值准则和制定符合本行实际的发展战略；定期对董事会制定的发展战略的科学性、合理性和有效性进行评估，形成评估报告；对本行经营决策、风险管理和内部控制等进行监督检查并督促整改；对董事的选聘程序进行监督；对董事、监事和高级管理人员履职情况进行综合评价；对全行薪酬管理制度和政策及高级管理人员薪酬方案的科学性、合理性进行监督；定期与银行业监督管理机构沟通商业银行情况等。

此外，《指引》还对银行董事、监事、高级管理人员的选任、基本义务等做出明确规定。

（二）强化对公司治理中决策、执行、监督、激励和约束机制等运行有效性的指导

这体现在《指引》第四章至第七章，强调公司治理运行有效性的重要内容，包括发展战略和价值准则、风险管理和内部控制、激励约束机制、信息披露等。《指引》明确要求银行应当兼顾股东、存款人和其他利益相关者合法权益，制定清晰的发展战略和良好的价值准则，并确保在全行得到有效贯彻；董事会应当根据银行风险状况、发展规模和速度，建立全面的风险管理战略、政策和程序，判断银行面临的主要风险，确定适当的风险容忍度和风险偏好，督促高级管理层有效地识别、计量、监测、控制并及时应对商业银行面临的各种风险；董事会应当持续关注商业银行内部控制状况，建立良好的内部控制文化，监督高级管理层制定相关政策、程序和措施，对风险进行全过程管理；银行应当建立健全对董事和监事的履职评价体系，明确董事和监事的履职标准，建立并完善董事和监事履职与诚信档案；应当建立与银行发展战略、风险管理、整体效益、岗位职责、社会责任、企业文化相联系的科学合理的高级管理人员薪酬机制；商业银行的绩效考核机制应当充分体现兼顾收益与风险、长期与短期激励相协调，人才培养和风险控制相适应的原则，并有利于本行战略目标实施和竞争力提升；应当建立本行的信息披露管理制度，按照有关法律法规、会计制度和监管规定进行信息披露等。

（三）对监管部门的职责进行规定

该《指引》借鉴巴塞尔委员会《加强银行公司治理》的要求设立独立章节明确了监管部门对商业银行公司治理的评估、指导与干预作用。《指引》不仅强调银行监管部门应当将银行公司治理纳入法人监管体系中，全面评估银行公司治理的健全性和有效性，提出监管意见，督促商业银行持续加以完善，还可以通过非现场监管和现场检查等实施对商业银行公司治理的持续监管，可以派员列席商业银行董事会、监事会和年度经营管理工作会等会议，并对不能满足关于公司治理要求的银行视情况采取相应的监管措施。

第三节 我国商业银行的公司治理实践

一、概述

（一）国有银行开始公司治理之路

从20世纪90年代开始，国有银行采取了系列举措开展商业化、公司化，开始国有银行公司治理之路。1995年，国家专业银行实行商业化改革，四家国家专业银行将政策性业务剥离到新成立的三家政策性银行。商业银行法明确规定四大国有商业银行不设股东会，由财政部、人民银行和银监会分别行使股东会的部分职能，同时又规定四大国有银行设立监事会。这样其法人治理结构在形式上具备了现代商业银行法人治理结构的特征。1998 年，国有独资商业银行实行资本金充实改造。2003 年，国家动用 450 亿美元外汇储备通过中央汇金公司对中国建设银行和中国银行注资，推动四大国有商业银行股份制改造，引进战略投资者，进行财务重组，改善银行财务状况。2005 年，中国建设银行在香港成功上市，拉开了四大国有商业银行资本市场上市的序幕，国有商业银行公司治理改革进入了一个新的阶段。

（二）股份制银行开始公司治理之路

从 20 世纪 80 年代后半期，区域商业银行发展成为新型现代商业银行，探索股份制发展道路，开始公司治理之路。1987 年，交通银行重新组建了第一家综合性股份制商业银行，其后又陆续新组建了中信实业银行、中国光大银行、华夏银行、广东发展银行、福建兴业银行、深圳发展银行、上海浦东发展银行、中国民生银行、恒丰银行、浙商银行等共 16 家股份制商业银行。1996 年以后到 2009 年年底，在对城市信用社进行整顿、改组的基础上，建立了一百余家城市商业银行。股份制商业银行发展十分迅速，截至 2009 年年底，16 家股份制商业银行总资产规模达到 787690.5 亿元，占全部银行业金融机构总资产的 30.8%，而且有 14 家银行在国内外资本市场上市，在银行公司治理方面也走在金融业体制改革的前列。

按照金融体制改革的整体设计，在我国建立股份制商业银行主要有两个目的：一是要在四大国有商业银行为主体的传统体制之外建立新的商业银行，通过竞争主体的扩大，提升银行业的市场竞争水平，促进银行业竞争机制的形成和整体服务水平的提高；二是要通过对商业银行实行股份制这种现代企业制度形式，在商业银行内部形成“股东大会——董事会和监事会——经营者”的法人治理结构，从而对上可以挡住来自政府的干预，有利于政企分开，对下可以形成对银行经营者的产权约束，解决由于银行所有者缺位而引起的“内部人控制问题”，即经营者为了自己的利益而损害所有者利益的问题，使股份制商业银行能够真正成为自主经营、自负盈亏、自我发展和自我约束的市场主体，实现股份制商业银行的政企分离，形成股份制商业银行的自我约束机制。

现在看来，股份制商业银行的改革与发展在实现第一个目标方面比较成功，但在实现第二个目标方面还有较长的路要走。相对于四大国有商业银行，16 家股份制商业银行普遍实行了股份制改革，改组为股份有限公司，并按国际惯例和现代企业制度的基本要求初步建立起了公司制的法人治理结构，包括立股东大会、董事会和监事会制度，有效地实现了所有权和经营权的分离，较早推行了资产负债比例管理和风险管理；参照国际惯例并结合实际情况，逐步推行级信贷资产分类和考核办法，按照审慎会计原则改革呆账准备金提取和核销制度完善资本补充机制，推进人力资源管理和劳动工资制度改革，逐步建立有效的激励机制。为此，股份制商业银行被认为是国内按照市场原则建立起来的最具生命力竞争力的商业银行。但是从实际情况来看，我国股份制商业银行在治理结构上仍面临一些重要缺陷和问题，如股权结构不合理、治理结构需要进一步完善等。

二、我国商业银行公司治理现状

商业银行公司治理有效性是商业银行健康、可持续发展的基石。银行公司治理问题是商业银行深化改革的焦点，也是金融风险产生的根源。当前，中国商业银行基本按照《商业银行公司治理指引》建立公司治理机构框架，我们侧重从中国上市银行股权结构、董事会安排和高管薪酬进行银行公司治理现状进行了分析。

（一）我国商业银行股权结构

国外银行与非银行类公司在股权结构方面具有相似的特征，因此与非银行类公司一样，商业银行的股权结构存在明显的地域差异，即以美英和加拿大等国为代表的市场导向型（Market Oriented）模式和以德日等国代表的网络导向型（Network Oriented）模式。市场导向型模式股权结构的最大特点是股东高度分散，并且流动性强。银行的众多小投资者对管理层的影响力较弱，主要依靠股市的流动性来增强治理的效果，通过严格的信息披露制度，分散的股东可以通过在股票市场上“用脚投票”方式，对银行经营者施加压力。网络导向型模式股权结构的特点是股权集中度相对较高，银行间存在普遍的叉持股、相互依赖的现象，形成了独具特色的银企关系，相互持股的稳定性较强。而中国上市商业银行的股权结构呈现出多元性和差异性，难以用一种模式来概括。表 7－1 列出了截至 2012 年年底国内 16 家上市银行股权结构情况。

表 7－1　　我国 16 家上市银行股权结构（截至 2012 年 12 月）

银行名称	第一大股东持股比例（%）及性质	第二大股东持股比例（%）及性质	前五大股权比例（%）	前十大股权比例（%）	股权制衡度（倍）
工商银行	35.46（国有）	35.27（国有）	96.43	97.05	2.72
中国银行	67.72（国有）	29.25（H 股）	95.89	97.89	0.42
建设银行	57.21（国有）	28.22（H 股）	93.87	97.22	0.64
农业银行	40.22（国有）	39.21（国有）	92.82	94.58	1.35
交通银行	26.53（国有）	20.06（H 股）	71.39	75.98	1.69
平安银行	42.16（国有法人）	10.16（法人）	54.44	57.71	0.29
浦发银行	20.00（国有法人）	16.93（法人）	45.2	49.35	1.26
民生银行	20.22（H 股）	4.70（民营法人）	35.3	47.12	0.74
招商银行	17.87（H 股）	12.40（国有法人）	42.37	52.77	1.37
华夏银行	20.18（国有法人）	18.24（法人）	60.38	69.8	1.99
兴业银行	21.03（国有）	12.8（外资法人）	40.63	45.43	0.93
中信银行	61.85（国有法人）	15.75（H 股）	93.51	94.04	0.51
光大银行	48.58（国有法人）	5.18（国有法人）	63.67	69.52	0.31
宁波银行	13.74（境外法人）	8.50（国有法人）	45.48	63.90	2.31
南京银行	12.68（境外法人）	12.33（国有法人）	39.74	45.08	2.55
北京银行	13.64（境外法人）	8.84（国有法人）	35.98	45.95	1.63

资料来源：根据各上市银行 2012 年年度报告整理而成。其中股权制衡度是第二大股东至第五大股东持股比例的和与第一大股东持股比例之比，用来说明公司其他股东对公司第一大股东的制衡度。

通过表7-1中16家上市银行股权结构分析，可以归纳国内上市银行有以下特点：

1. 股东性质趋向多元化，但国有国大行和其他银行存在国家股一股独大

国有控股银行中，工商银行、中国银行、建设银行及农业银行虽然通过引进战略投资者并成功在A股和H股的资本市场上市，实现了股权多元化，但是在大股东中仍然以国家股为主，通过财政部或汇金公司持有的国家股分别占到70.73%、67.72%、57.21%和79.43%。这是显著区别于市场导向型模式中投资基金高度分散持股的特征，说明中国国有银行虽然已经是股权多元化上市银行，但是政府仍具有绝对的控股权。交通银行、兴业银行、中信银行、光大银行、平安银行第一大股东也表现为国家股或国有法人股绝对优势控股，其中中信银行和平安银行主要表现为国有金融集团控股，兴业银行表现为地方政府背景的商业银行通过改制而成为上市银行，地方政府保持了相对控股地位。浦发银行、民生银行、招商银行、华夏银行、宁波银行、南京银行、北京银行股权结构具有相似性，前十大股东没有国家股，民生银行和招商银行的H股流通比例大，但还是以境内法人股为第一大股东，且法人股权分散，没有一个绝对控股股东；宁波银行、南京银行、北京银行都引进境外法人股成为第一大股东，但境内法人股具有比较强的股权制衡。

2. 股权集中度有较大差异

根据16家上市银行的前五大股权比例和前十大股权比例分析股权集中程度，大致可分为三种类型：

（1）股权高度集中型，如工商银行、中国银行、建设银行、农业银行、中信银行，前五大和前十大股东持股比例均超过90%，存在一个绝对控股股东。

（2）股权相对集中型，如交通银行、平安银行、华夏银行、光大银行，前十大股东持股比例均超过50%，一个相对较大的控股股东，同时还有另外几个大股东。

（3）股权分散型，如民生银行、招商银行、宁波银行、南京银行、北京银行等，前十大股东持股比例较为均匀分散。

3. 股权制衡度有较大差异

股权制衡度是第二大股东至第五大股东持股比例的和与第一大股东持股比例之比，用来说明公司其他股东对公司第一大股东的制衡度，从表7-1可以分析，股权制衡度大于1.5倍的上市银行，具有较强的抗衡作用，其从高到低依次排序是南京银行、宁波银行、华夏银行、交通银行、北京银行（这里未将工商银行排入，由于工商银行第一大股东和第二大股东合并为一后，股权制衡度也比较低；增加民生银行，由于民生银行H股流通股东除外后，股权制衡度比较高）；股权制衡度在1~1.5倍的上市银行，具有相对强的抗衡作用，分别有招商银行和浦发银行；股权制衡度较低的银行有工商银行、中国银行、建设银行、中信银行等。

从以上中国上市银行的股权结构可以看出，各级政府独资的商业银行经过改制上市后，第一大股东仍以国家股为主，大部分股份制商业银行上市后，第一大股东以法人股为主，显著区别于以投资基金为主体的股权分散的市场导向型模式，只有民生银行高度分散的股权结构类似于市场导向型模式。因此，中国上市银行的股权结构呈现出多元性和差异性，难以用一种模式来概括。

（二）我国商业银行董事会和监事会

董事会是公司决策的核心和公司监控的关键机构，其主要职责是对公司重大事务进行

决策以及监督公司管理层，以确保管理层根据利益相关者利益来经营管理企业。对于上市银行而言，董事会作为股东大会的代理人和管理层的委托人，同样是上市银行的决策和监督中心，是银行内部治理的核心，对银行绩效有决定性作用。商业银行经营风险、管理风险的特性凸显了风险控制在上市银行治理中的核心地位，并决定了上市银行董事会在人员构成、具体设置、责任范围等方面比一般公司董事会的要求更高，具体体现在董事会规模的合理性、董事会与独立董事的独立性以及职能委员会的独立性等方面。监事会是公司治理的法定的监督机构，公司治理复杂性日益增强的情况下，负责监督董事、经理等管理人员有无违反法律、法规、公司章程及股东大会决议的行为。

根据巴塞尔委员会发布的《强化公司治理指导原则》规定，巴塞尔委员会并没有强制性地推行一种特定的董事会治理结构，商业银行就有权选择不同模式。目前具有代表性模式有单层制董事会和双层制董事会。其中单层制董事会是股东导向型的，也称为盎格鲁—撒克逊治理模式，美国、英国、加拿大、澳大利亚和其他普通法国家一般采用这种模式。该模式只设有一个管理机关，即只有董事会而没有监事会，股东大会将绝大部分经营管理权交付董事会，董事会拥有决策权和监督权。双层制董事会也称为欧洲大陆模式，即由一个地位较高的监督董事会监管地位较低的执行董事会，其特点是将董事会的决策权与监督权分开。双层制董事会中，执行董事会负责管理银行的日常事务，而监督董事会承担监督执行董事会的职能。目前，关于两种董事会结构孰优孰劣并没有达成一致，也没有明显的证据表明哪一种结构更有效率，事实上，两种模式的董事会都可以提高良好的公司治理水平。

对于我国上市银行，根据我国《公司法》规定，对董事会的职能定位介于盎格鲁—撒克逊模式和欧洲大陆模式之间。从形式上看，可以称之为混合模式，该模式设有两个管理机关，即董事会和监事会，股东大会将绝大部分经营管理权交付董事会，董事会拥有决策权和监督权，同时，股东大会又赋予监事会以监督权，见图 7-1。执行董事和高管负责银行的日常管理工作，非执行董事和监事负责监督执行董事和银行高管的工作。董事会由职能细分的次级委员会组成，常设有执行委员会、审计委员会、提名委员会、报酬委员会等次级委员会。监事和独立董事两者都定位为银行内部的监督者角色。因此，从权力配置角度看，中国上市银行董事会安排更多的是继承了盎格鲁—撒克逊模式，只是在董事会之外，又单独设置了一个专门监督机构，形成了单一决策，双重监督的治理结构。

从我国上市银行的董事会和监事会规模看（见表 7-2），上市银行董事会最大规模为 20 人，最小规模为 12 人，主要由执行董事、非执行董事和独立董事构成。目前，《公司法》和《商业银行公司治理指引》都没有对非执行董事和独立董事的规模和结构做出具体规定。从上市银行董事会结构看，具有明确非执行董事的银行，非执行董事大致在 35% 左右；所有上市银行都具有独立董事，除了农业银行 3 人独立董事外，其他银行的独立董事一般都有 5～8 人，占 30%～40% 之间，独立董事发挥保护中小股东和存款人利益的作用。上市银行的监事会基本上由股东代表监事、职工代表监事以及外部监事三部分构成，从上市银行的监事会规模看，最多交通银行有 13 人，最少的中信银行只有 6 人，通常在 7～9 人左右，从监事会结构看，职工监事达到三分之一以上，外部监事除农业银行 1 人外，通常为 2～3 人。

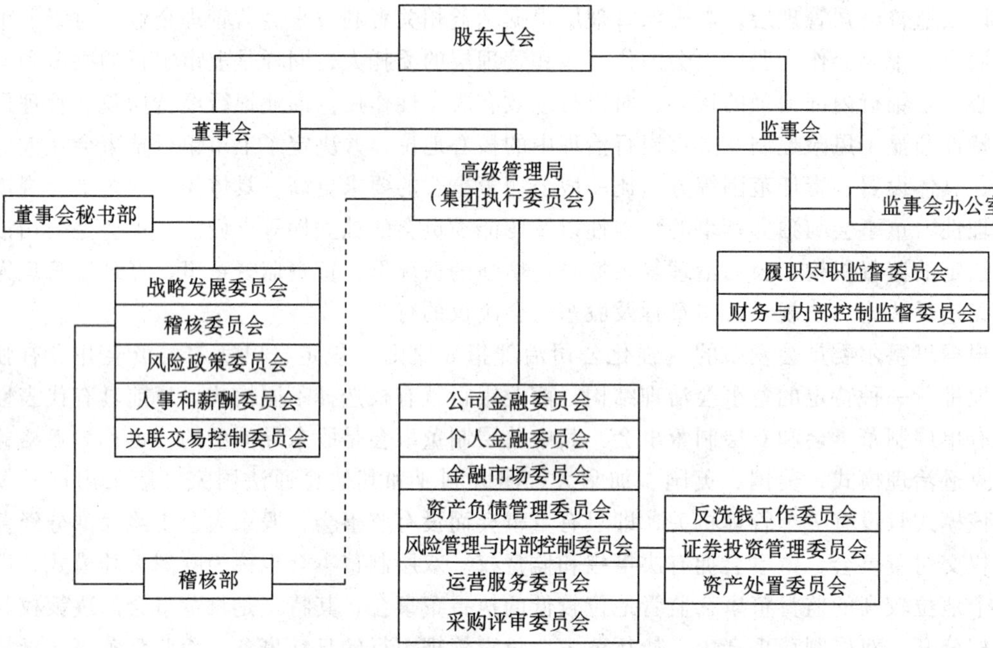

图 7－1　我国银行公司治理框架图

表 7－2　　我国上市银行董事会情况（2012 年 12 月）

银行名称	董事会人数	非执行董事人数及占比	独立董事人数及占比	监事会	外部监事人数及占比（%）
工商银行	17	6　35.3%	7　41.4%	7	2　28.6%
中国银行	20	7　35%	7　35%	9	2　22.2%
建设银行	12	3　25%	5　41.7%	9	2　22.2%
农业银行	15	8　27.8%	3　10%	7	1　14.3%
交通银行	17	8　47.1%	6　35.3%	13	2　15.4
平安银行	20	–	8　40%	7	2　28.6%
浦发银行	17		7　41.4%	8	3　37.5%
民生银行	18	4　22.2%	6　33.3%	9	2　22.2%
招商银行	20	7　35%	8　40%	9	3　33.3%
华夏银行	19	–	7　36.8%	12	2　16.7%
兴业银行	14	–	5　35.7%	10	2　20%
中信银行	17	6　35.3%	5　29.4%	6	2　33.3%
光大银行	15	6　40%	5　33.3%	12	2　16.7%
宁波银行	19		6　31.6%	9	2　22.2%
南京银行	12		5　41.7%	9	2　22.2%
北京银行	15	–	6　40%	9	3　33.3%

资料来源：根据各上市银行 2012 年年度报告整理而成。

（三）我国商业银行高管报酬

银行高层管理人员对于银行购并、重组等涉及所在银行发展战略的重大决策，往往会对该银行的生存与发展产生决定性的影响。因此，建立一种完善的对银行业高管人员的激励与约束机制，将他们的所获报酬与银行的经营业绩、特别是与银行的长远发展联系起来，激励高级管理层勤勉尽责，兼顾银行的短期利益与长期利益，最大限度地减少股东与高管之间、股东与债权人之间的代理成本，这也是银行公司治理的重要内容。

从2012年度各家上市银行发布的年报可以发现，我国大多数上市银行对高级管理人员实行年薪制。如民生银行高级管理人员年薪由基础薪酬、业绩薪酬和特别贡献奖励组成。其中基础薪酬由基本薪酬和福利薪酬构成，业绩薪酬由风险薪酬、管理薪酬和效益薪酬构成。高级管理人员基本薪酬和福利薪酬按总行三级行员基本薪酬和福利薪酬标准的系数执行。其中：行长系数为3，其他高管人员系数为2。业绩薪酬按照风险控制、综合管理和效益水平考核结果发放，三项占比分别为业绩薪酬的40%、10%和50%。董事会薪酬与考核委员会根据每年董事会下达的年度经营计划中关于风险控制、综合管理和效益水平等方面的要求，制定业绩薪酬考核指标体系。业绩薪酬考核指标体系要符合监管部门的规定，体现有利于提高资产质量、有利于加强内部风险控制和制度建设、有利于提高管理水平和经济效益的原则。

董事会依据薪酬与考核委员会提供的考核意见，对高级管理人员发放业绩薪酬。如民生银行规定，完成董事会下达的年度经营计划各项指标，行长及其他高管人员分别按完成计划税后利润的一定比例发放业绩薪酬；未完成计划时，根据未完成进度情况和各项占比，相应扣减其业绩薪酬。在全面超额完成各项计划指标后，给予经营班子特别贡献奖励，奖励比例按计划税后利润超额数的2.5%执行，其中行长占特别贡献奖总额的40%，其他高管人员占60%。

由此可以看出，中国上市银行的薪酬形式基本上是以短期激励效应的现金薪酬为主，除了宁波银行、北京银行和南京银行外，其他银行都没有长期激励效应的限制性股票奖励和股票期权等薪酬形式（见表7-3）。

表7-3　　中国上市银行高管年薪及持股情况

银行名称	高管平均年薪（万元）	高管持股人数	高管持股	比例（%）
工商银行	95.33	2	52000股	
中国银行	109.63	-	-	
建设银行	92.6	-	-	
农业银行	83.33	-	-	
交通银行	158.45	2	288960股	
平安银行	407.4	4	27100	
浦发银行	199.99	-	-	
民生银行	355.66	1	633100	
招商银行	299.59	1	20000	
华夏银行	179.11	-	-	

续表

银行名称	高管平均年薪（万元）	高管持股人数	高管持股	比例（%）
兴业银行	316.58	–	–	
中信银行	176.43	–	–	
光大银行	79	–	–	
宁波银行	181.22	11	17992700	0.62
南京银行	120.50	11	1735000	0.058
北京银行	182.57	7	1988100	0.0226

资料来源：根据各上市银行2012年年度报告整理而成。

事实上，近两年来，中国上市银行年薪在社会分配不公的压力下有所下调；同时，部分上市银行的薪酬体制越来越向市场化激励靠近，考虑了经营绩效与薪酬挂钩，考虑短期利益与中长利益的结合。但由于中国大部分上市银行高管在选拔上非市场化带来的“双重身份”，国有上市银行或者地方政府影响较大的上市银行的高管平均收入明显较低，一般为80万~300万元，而非政府背景或者机构投资者影响较大的上市银行高管平均收入明显较高，一般为200万~600万元。市场化的薪酬体系除了包含工资、奖金福利短期激励之外，还有长期激励。虽然交通银行、招商银行、中国银行和建设银行均有实施长期激励政策的计划，其中包括管理层股票增值权计划和员工持股计划，但是出于银行特殊性和银行高管选拔制度的非市场化的考虑，监管层对激励制度难以完全放开、实施市场化，我国上市银行长期激励处于暂停阶段，有关金融企业股权激励管理办法正在制定过程中。因此，如何兼顾效率和公平，防止激励有余约束不足，是长期激励制度设计的关键。

三、我国商业银行公司治理的主要成绩

近年来，监管部门不断推动以国有银行为主的股份制改造，深化银行业金融机构经营体制机制变革，银行业金融机构初步建立了符合行业特点的公司治理机制，公司治理制度在不断完善，公司治理水平有显著提高，公司治理有效性逐步增强。主要表现为以下几个方面：

（1）公司治理理念和意识已深入人心。银监会牢牢把握公司治理监管在整个银行业监管中的核心地位，持续通过制度建设和国际国内最佳做法的推广引领，使得银行业机构从上到下充分认识到公司治理的重要意义并付诸实践。

（2）银行业金融机构普遍搭建了较为健全规范的公司治理组织架构。普遍建立了股东大会、董事会、监事会和高级管理层（简称“三会一层”）为主体的公司治理组织架构，基本明确了职责边界和议事规则，“三会一层”各司其职、有效制衡、协调运作的公司治理结构基本形成。

（3）银行业金融机构通过股改、上市等方式形成了多元化股权结构。上市银行股权已具有国有股、国有法人股、民营法人股、境外机构股、境内和境外社会公众流通股、员工股等多元化结构。

（4）银行业金融机构初步建立了独立运作、有效制衡、协调发展的公司治理运作机

制。通过设立董事会专门委员会、优化董事会构成、提高董事独立性和专业性等措施，不断强化董事会的核心地位和决策职能；董事、监事和高管人员的履职评价和激励约束机制初步建立；全面风险管理和内审职能垂直独立等内控体系建设逐步完善，公司治理的有效性开始显现。

(5) 逐步形成了市场约束机制。目前绝大部分银行业金融机构实现了向社会公众披露经营管理信息，特别是上市银行信息披露的及时性、准确性、全面性显著提高，市场约束机制开始发挥作用。

(6) 银行业金融机构的企业社会责任意识不断增强。上市银行自觉履行社会责任，倡导和推行绿色信贷，积极投身公益事业，树立了良好的社会形象。

四、我国商业银行公司治理的主要问题

虽然我国上市银行在公司治理上取得了长足进步，但是公司治理结构仍存在“形似神不似”的问题，主要表现在以下几个方面：

(一) 股东的知情权被弱化，股东大会股权结构不合理，股权制衡度低

部分中小城市商业银行未按《商业银行公司治理指引》的要求将监管部门对其监管意见及其执行整改情况在股东大会年会中审议，也未向股东大会报告董事会对董事的评价，在年度报告中未披露薪酬信息。这弱化了股东，特别是小股东的知情权，导致股东参与经营管理积极性不高，在股东大会上发挥不出应有的作用。

同时，尽管我国上市银行都设有股东大会，在形式上实现了股权多元化，但股权结构不合理，大股东处于绝对或相对控股地位，小股东明显缺乏对抗性，大股东侵害小股东利益的现象时有发生。同时，小股东所占股份较少，也缺乏对商业银行经营进行关注和监督的积极性，造成股东大会形同虚设，起不到应有作用。

(二) 董事会独立性不强，非执行董事和独立董事及专门委员会职能不健全，难于发挥独立性的决策作用

董事会作为公司治理的核心，其独立性是形成公司内部监控机制的关键所在。但是，大多数董事会缺乏独立性，不能形成有效的经营决策机制。

首先，从董事会成员的来源来看，上市银行的董事会人员构成复杂，有来自政府部门、行业主管部门直接派遣的董事，也有来自银行（包括有债权关系和股权关系的银行）和非银行金融机构派遣的董事，还有来自关联单位和非关联单位派遣的董事，其中来自关联单位的董事人数占较大比例，这表明了上市公司中关联股东比例较大。由于这些董事代表不同利益主体，它们都有着各自的利益目标，从而使董事会难免会受多方利益的左右而降低独立性。

其次，从董事会构成情况来看，内部董事、执行董事所占比例过高，而外部董事、独立董事比例过低，从而使董事会缺乏应有的独立性。大股东控制董事会主要是通过执行董事发挥作用。所谓执行董事是指既是董事会成员，又担任公司高级管理职务的人；外部董事是指既非执行董事，又非股东董事，且与公司没有直接利益相关关系的董事。过高比例的内部董事使董事会往往以大股东利益出发进行公司决策，甚至与管理层合谋形成“内部人控制”，为了自身利益的最大化有可能损害广大股东的利益，从而导致其对经理人员

监督的无效。

最后，各专门委员会履职不充分，部分专门委员会议流于形式。各专门委员会召开例会次数较少、发言不充分，多数采用通讯表决的方式完成，不能有效地识别和防控风险。其中，风险管理委员会还负责对超高管层授权范围贷款的审批，与其监督、评估职能相对抵触，不能客观、公正地对商业银行风险状况进行定期评估，也不能有效地对内部稽核部门的工作程序和工作效果进行评价；审计委员会未能对内部控制环境、内部控制策划、运行控制等进行系统评审，未按季度向董事会报告审计工作情况，并通报高级管理层和监事会。

（三）监事会履职不充分，未有效发挥监督职能

目前，我国大多数公司监事会形同虚设，难以有效地发挥监督约束作用，委员发言较少，表达意见不充分，对银行的重大事项未进行审议并发表意见。

首先，从监事会成员产生来看，由于上市银行国家股占绝对优势，董事会成员，高级经理人员和监事会成员多数由国家股东指定，主要来自于公司内部。据有关部门的调查数据显示，73.4%的有效样本公司的监事会主席是从企业内部提拔上来的，绝大部分有效样本公司副监事会主席和其他监事也是企业内部提拔上来的，在这种情况下，由于监事会成员的身份和行政关系不能保持独立，他们的报酬、奖励、晋级、职位等都由董事会或总经理决定，董事会间接地控制着监事会，由此决定监事会一般无法担当起监督董事会和管理层的职责。

其次，从监事会成员的构成来看，监事会主要由股东、职工代表和工会主席组成。股东监事由于存在着信息的不对称，对银行具体情况了解较少，或者本来就与董事会的多数派是同一利益主体，所以其监督动力不足，同时存在着代理风险，主要表现为监事不认真履行职责甚至与董事经理人员合谋。而职工监事由于在职务上是下属，因而对于董事会和经理人员的监督有诸多不便，从而导致监事会的实际监督工作弱化。

再次，从专业素质上看，一些监事会成员由非专业人员担任，缺乏法律、财务、技术等方面的专业人士，缺乏发现查处问题的专业素养，这使得监事会对董事会和管理层的经营失误和自利行为不能及时发现和监控。

最后，监事会不参与银行决策，对银行事务缺乏深入了解，信息有限，难以发挥监督作用。此外，《公司法》规定的监事职权难以操作，如对董事和经理损害银行利益的行为仅仅要求纠正，而没有任何惩戒条款和强制措施，所有这些因素都限制了监事会监督作用的有效发挥。

（四）激励约束机制不健全

首先，薪酬体系不健全。部分商业银行未按《商业银行稳健薪酬监管指引》的要求在年度报告中披露薪酬信息；薪酬体系中未将风险和合规类指标纳入考核，缺乏绩效薪酬延期追索、扣回制度和中长期激励机制。

其次，监督约束体系不够健全。内审部门未按年度对薪酬制度的设计和执行情况进行专项审计，内审评估不到位；主要负责人绩效薪酬超过监管规定；监事薪酬方案未按要求经监事会议定并提交股东大会审定；董事、监事和高级管理层成员的履职评价体系不完善，缺乏董事、监事和高级管理层履职档案和诚信档案，相关档案管理更是无办法可寻。

五、完善我国银行公司治理的措施

（一）建立清晰的职责边界

有序的组织架构必然要以清晰的职责界定为基础。一是进一步明确、梳理董事会、监事会、高级管理层以及党委的关系和职责边界，尤其是党委书记与董事长、董事长与行长的职责边界。董事长应本着“抓大放小”的原则，更多地关注于战略性、全局性和前瞻性的重大问题；行长则应本着“抓小不放大”的原则，更多地侧重于执行董事会的决策，抓好经营、发展和市场拓展等工作，形成既有效制衡又相互促进的良性循环。二是进一步发挥董事会下设战略委员会的作用，加强对事关银行长远发展的重大战略问题的研究，建立起战略管理框架，通过战略规划、控制和评价，实现对银行经营管理的掌控和对高级管理层的制衡，为长期可持续发展明确战略方向。

（二）建立完善的议事规则

完善合理、有效的议事规则，可使董事会、监事会的运作更加规范，效能更加明显。一是根据自身发展水平，认真研究公司治理架构设置不合理的问题，制定方案和计划，弥补体制中的不合理环节，加强对股东关联关系的真实性以及对董事评价的透明度。二是明确董事会专业委员会的职责权限，完善议事规则，以符合公司治理要求，并认真尽职履责。尤其要重视董事会下风险管理委员会的职责划分，科学合理地设定经营管理层的信贷审批权限，在风险可控的前提下，不断提高信贷审批效率。同时，要严格按照要求明确超高管层授权范围的信贷审批权限，超授权范围的信贷审批部门与风险管理委员会要实现风险隔离，防止操作与监督评价部门混为一谈。风险管理委员会要定期对商业银行风险状况进行评估，对内部稽核部门的工作程序和工作效果进行评价。三是监事会应按照银监会《股份治理商业银行公司治理指引》和《中小商业银行关于进一步完善中小商业银行公司治理指引意见》要求，进一步强化监事会的监督职能，开展董事及高级管理人员的履职评价工作，对商业银行的重大事项进行审议并发表意见。同时，监事会还需进一步完善监事会专门委员会的设置以及各项制度的建设，让专委会成员能各司其职。

（三）加强内部监督的力度

一是加强风险管理的力量，严格按照银监会关于风险管理指引要求，建立一套全面的、科学的风险管理体系，改变目前单一的、分散的、片面的风险管理状况，提升风险管理能力。二是完善董事、监事和高管层成员履职评价体系，建立制定董事和高级管理层履职档案管理办法，尤其要建设好董事、监事和高级管理层履职档案和诚信档案，促使充分履行职责。三是严格按照相关规定和制度要求进一步梳理和完善现有的各项内部规章制度，增强内部控制制度的全面性和有效性。要建立对内部规章制度建设和执行力的后评价制度，对内部控制工作进行定期评审，董事会审计委员会要对内部控制环境、内部控制策划、运行控制等进行系统评审，并按季度向董事会报告审计工作情况，同时通报高级管理层和监事会。

（四）实施有效的激励约束机制

按照《商业银行稳健薪酬监管指引》的规定，建立适应市场经济体制的约束激励机制，实现经营业绩与薪酬的有机结合，使管理机制发生彻底的变化，以充分适应市场的需求。一是制定合理的薪酬制度，建立完善中长期激励及特殊奖励的考核办法；二是不断完善绩效考核指标，将经济效益指标、风险成本指标和社会责任指标等纳入绩效考核范畴并合理确定各类指标的考核权重；三是通过建立健全主要负责人的薪酬体制，促使其尽职履责；四是加强对薪酬激励约束机制的监督评价，通过审计部门的薪酬制度年度专项审计提高薪酬制度的执行成效。

（五）强化信息披露和透明度

信息披露是公司治理结构是否有效的重要因素之一，同时也是防止银行“内部人控制”的有效手段。股份制商业银行应重视信息披露和透明度，不断完善信息披露相关制度，董事会办公室要通过全面、及时、客观、详实地信息披露，提高信息披露的真实性和准确性，保障股东和债权人的知情权，加强对高级管理层的监督，推动公司治理结构的完善。

（六）健全独立董事的约束机制

独立董事的主要职责在于公正地评价董事和高级管理人员的业绩和薪酬。在我国，根据证监会的相关规定，独立董事应发挥的作用更侧重于制约大股东不正常关联交易，保护广大中小投资者的利益。独立董事制度的引入，在我国公司内部将形成新的、更为有效的约束主体。独立董事制度的引入，将增进公司的透明度，改变现有信用状况，有利于公司实现所有权和经营权的分离，完善法人治理机制。独立董事一方面从维护全体股东的合法利益出发，客观评价公司的经营活动，避免大股东操纵公司；另一方面，为董事会提供有利于公司全面健康发展的客观、公正的决策依据，防止公司经营管理层与董事会“合谋”，进行违法活动。

主要概念

公司治理　银行公司治理　利益相关者　委托代理关系　激励约束机制　内部治理机制　外部治理机制　信息披露

复习思考题

一、单选题

1.（　）是指控制、管理商业银行的一种机制或制度安排。

A. 商业银行内部控制　　B. 商业银行公司治理

C. 商业银行战略管理　　D. 商业银行风险管理

2. 真实、准确、完整、及时的（　），是商业银行公司治理持续有效的重要保证和促进因素。

A. 薪酬激励　B. 市场约束　C. 股权治理　D. 信息披露

3. 下列哪一机构是作为公司治理的核心，其独立性是形成公司内部监控机制的关键所在？(　　)

A. 股东会　　B. 董事会　　C. 监事会　　D. 经理

4. 股东大会的性质是（　　）。

A. 最高权力机构　　B. 最高执行机构　　C. 最高监管机构　　D. 最高决策机构

5. 商业银行公司治理的目标是（　　）。

A. 公司价值的最大化

B. 职工利益的最大化

C. 银行本身的安全和稳健

D. 不仅包括公司价值的最大化，还包括银行本身的安全和稳健

二、多选题

1. 银行公司治理主体包括（　　）。

A. 董事会　　B. 股东大会　　C. 监事会　　D. 秘书处

E. 高级管理层

2. 商业银行的利益相关者包括（　　）。

A. 存款人　　B. 职工　　C. 监管部门　　D. 中央银行

E. 债权人

3. 银行公司治理结构的组成包括（　　）。

A. 权力机构　　B. 决策机构　　C. 监督机构　　D. 执行机构

4. 银行公司治理的基本功能有（　　）。

A. 权力配置功能　　B. 激励和约束功能

C. 权力制衡功能　　D. 协调功能

5. 商业银行良好公司治理的内容主要包括（　　）。

A. 健全的组织架构

B. 清晰的职责边界

C. 科学的发展战略、价值准则与良好的社会责任

D. 有效的风险管理与内部控制

E. 合理的激励约束机制

F. 完善的信息披露制度

三、思考题

1. 简述银行公司治理的主要要素。

2. 简述银行公司治理的基本功能。

3. 简述商业银行公司治理目标的特殊性。

4. 简述商业银行内部治理机制的特殊性。

5. 结合中国上市银行公司治理现状，谈谈中国上市银行如何完善公司治理的措施。

第八章 银行贷款分类监管

【内容提要】

本章介绍贷款分类在各国的实践与发展情况的基础上，阐释贷款分类的目标，总结贷款分类的方法和标准，并介绍我国银行监管贷款分类的实践。

【重点与难点】

1. 贷款分类制度的分类
2. 贷款分类的监管目标
3. 贷款分类的标准

【学习目标】

掌握从监管机构的角度出发分析说明贷款分类在银行监管中的作用及需要注意的问题。

第一节 概述

一、银行贷款分类的定义

（一）基本定义

一般而言，银行贷款分类是指银行根据观察到的贷款风险和贷款的其他特征，审查各项贷款并将贷款分为几个档次的过程。通过对贷款进行连续的检查和分类，银行能够监控贷款的质量，并在必要时采取补救措施防止信贷资产质量恶化，其实质是判断债务人及时足额偿还贷款本息的可能性。换而言之，贷款分类是指银行根据贷款自身的质量，将贷款划分为不同类别的一整套监管框架安排。而监管机构的贷款分类是监管部门监测商业银行贷款质量的一项重要工具。

不同的商业银行，其贷款管理要求和水平不尽相同，其客户群体、贷款种类也不尽相同。从内部管理实际出发，各家商业银行可能会对贷款风险分类进行不同的定义，按照不同的标准进行分类，并将其视为商业秘密。这种状况使得商业银行对各自的分类互不认可，也不具有可比性，这无疑会给商业银行自身以及金融监管当局的管理带来难度，因此就要求具有权威性的中央银行或金融监管当局制定和发布贷款风险分类的统一定义和分类标准，作为衡量贷款风险的统一价值尺度，所有商业银行照此执行。

（二）监管当局的贷款分类和银行的内部贷款评级

监管当局的贷款分类系统是用来跟踪所有银行总体贷款质量的。银行的内部贷款评级系统也被各银行用于跟踪贷款质量，分类的档次也更加详细，特别是正常类贷款，银行应建立比监管部门贷款分类更加复杂的内部客户评级和贷款评级体系，将其全面运用在贷款前中后台的管理，并逐步提高其量化风险的水平。

由于这两个系统都用于跟踪贷款质量，银行有必要将其内部贷款等级与监管当局的贷款分类类别建立起对应关系。表8－1给出了一个示例，展示了如何将银行内部贷款等级与监管当局的贷款分类类别建立起对应关系。此外，需要说明的是，本章讨论的是监管当局的分类制度，而不是银行的内部分类制度。

表8－1　银行内部贷款等级与监管当局的贷款分类对应关系

银行内部贷款等级	描述	监管当局的贷款分类
AAA	优异	正常类
AA＋	优良	
AA	良好	
A	满意	
BBB	充足	

续表

银行内部贷款等级	描述	监管当局的贷款分类
BB +	注意	特别关注类或关注类
B	特别注意	
CC	次级	次级
C	可疑/损失	可疑/损失

二、银行贷款分类的国际实践

迄今为止，国际上还未形成一套普遍认同的贷款分类制度。目前各国没有对贷款分类方法达成共识。用何种方法对贷款进行分类是银行管理层的责任或监管当局的事。表8-2列示了主要国家的贷款分类制度的实践情况，各国监管当局对贷款分类的要求大致可以分为三种类型：

（1）采用五级分类方法，把贷款划分为正常、关注、次级、可疑和损失五类，如美国、意大利、加拿大等。德国要求银行将贷款分类划分为4级（即，没有明显风险贷款、潜在风险增加贷款、不良贷款和呆账）。东南亚、东欧多数国家大多采纳此模式。日本近期就贷款分类制定了新的指导原则，以加强检查和监管，继而达到提高整个国家金融体系的信用水平。国际货币基金组织和世界银行也向各成员国推荐与美国类似的贷款分类方法。我国1998年开始引入此模式。

（2）基本上不对贷款分类做出任何规定，监管当局只采取道义规劝，希望银行有适当的风险管理程序或自行设计分类方法，如英国、荷兰等。英国监管当局不要求银行对贷款分类，但可以要求银行修改其贷款分类制度。监管当局也希望银行有适当的风险管理程序，包括定期更新的谨慎贷款评估。荷兰监管当局对贷款分类没有监管要求，由银行管理人员自行设计分类方法，监管当局定期检查。法国只规定了损失（可疑）类贷款的最低要求，没有针对正常和损失类贷款分类的法规性指引，各银行自行制定内部贷款分类方法。这些没有详细监管分类制度的国家，银行管理人员负责制定贷款分类内部政策和程序。监管当局和外部审计师的作用，仅限于对银行的政策是否恰当以及贯彻落实情况是否令人满意且保持了连续性做出评价。

（3）大洋国家（如澳大利亚、新西兰）的模式，按贷款是否计息，把贷款划分为正常、受损两类。后者又细分为停止计息、重组和诉诸担保收回的贷款。此模式本质上是以期限为依据的分类方法。我国原有"一逾两呆"方法与此基本类似。

表8-2　　贷款分类制度的国际实践情况

国家或地区	贷款分类制度的实施情况
美国	制定了分类制度
德国	制定了分类制度
英国	英国不要求银行对贷款分类，但希望银行建立适当的风险管理程序
荷兰	贷款分类没有监管要求，由银行自己设计分类方法，监管当局定期检查

续表

国家或地区	贷款分类制度的实施情况
法国	只规定了损失和可疑类贷款的最低要求，没有针对正常贷款的分类监管指引
日本	制定了贷款分类指导原则
发展中国家	一般都制定了贷款分类监管制度

其他国家根据不同复杂度，采用了不同的贷款分类系统（贷款分为3到9级），其目的在于准确反映不断增加的风险和不断减少的回收期望。对于普遍存在的贷款分类不当现象，监管当局致力于制定详细的规则来鼓励审慎行为，保持公平竞争。例如，巴西采用了一种9级分类制度，并且规定了银行进行贷款分类时必须考虑的因素。这些因素既有定性的，也有定量的，涉及每笔贷款、债务人和债务人的经营环境等情况；捷克采用了5级分类制度，主要依据是贷款拖欠的天数，并且根据债务人的最新财务信息作定性分析；西班牙采用6级贷款分类制度，需要从多方面进行检查；墨西哥首先将债务人分为7级，债务人如果能提供有助于增加贷款回收率的足够的抵押，银行则可以调整初始级别；新加坡的分类制度包括5级；智利、墨西哥对按揭贷款、墨西哥对信用卡贷款颁布了特别规定，原因是这些贷款有各自的特色。

如前所述，国际上并没有一套普遍接受的贷款分类标准，也没有权威的准则与指导方法。但各国监管当局及银行内部对于最佳的贷款分类做法，有趋于一致的认识，那就是分类的标准应能揭示贷款的内在风险，及时、准确、全面地反映贷款的风险价值。贷款分类标准通常取决于贷款质量的许多事前和事后信号。事后标准包括贷款逾期的天数和债务人的目前状况。大多数国家中，逾期天数是贷款分类的重要标准。少数标准考虑了前瞻性因素，但具备违约损失率的前瞻性方法目前还不普遍。

三、银行贷款分类的监管目标

（一）监控银行的总体稳健性

通过计算不良贷款在总贷款余额中所占的比例，可以衡量一家银行的贷款组合质量。该比例越高，贷款组合质量越差。监管当局可以使用基准值来设定银行不良贷款比例不得超越的上限。这些基准值一般是各国监管当局根据自身银行业经验所设定的标准。例如，不良贷款总额不得超过5%。

（二）按照贷款分类规定准备金计提的标准

对于贷款组合中已识别和确认的各种损失，监管当局必须确保银行已计提了符合最低标准要求的损失准备金。一些监管当局按照不同的贷款分类分别规定准备金计提的最低标准。在最低标准要求的基础上，银行也可能会根据其内部贷款评级系统，进而计提准备金。还有一些监管当局则可能只对准备金计提制定总体性的监管要求，在符合这些要求的前提下，银行可以根据自己的内部估计值来计提准备金。

（三）评估银行体系的相对健康程度

监管当局运用银行所上报的贷款分类报告来发现哪些银行需要更加密切地加以监控，比较各类银行的贷款质量，确定银行业总体贷款质量的变化趋势。例如，在某个国家的

100 家银行中，有一家银行 50% 的贷款为不良贷款。从审慎的角度出发，监管当局可能要做进一步调查，看能否帮助这家银行改进对贷款组合的管理。监管当局也可能想了解不良贷款比例在各类银行间的分布，如来自特定区域、有着类似资产结构或特定股权结构的银行。例如，通过比较国有银行和外国银行的不良贷款水平，有助于发现特定类别的银行是否存在问题。贷款分类报告的另一个用途，是可以提供有关银行业总体贷款质量的信息，并确定总体趋势是不断改善还是不断恶化。

（四）提高市场透明度

绝大部分监管当局都规定，银行应向公众披露其贷款分类的信息。上市银行还必须定期报告其财务状况和贷款质量。作为这种报告和信息披露的重要组成部分，银行需要披露其不良贷款状况以及如何对这些贷款进行会计处理。表 8－3 给出了一些国家对披露不良贷款信息所规定的频率和内容。

表 8－3　一些国家对披露不良贷款的规定

国家	频率	规定的披露内容
韩国	每季度	按贷款组合质量进行细分
澳大利亚	每季度	披露不良贷款信息
沙特阿拉伯	每半年	按贷款组合质量进行细分
意大利	每半年	不良贷款
日本	每半年	不良贷款
法国	每年	正常类和可疑类贷款

第二节

银行贷款分类的方法与标准

一、银行贷款分类的方法

从分类使用的技术手段、涉及的贷款风险特征来看，银行贷款分类又可分为贷款质量期限分类法和贷款风险等级分类法。

（一）贷款质量期限分类法

贷款质量期限分类法是以贷款逾期时间长短进行分类。此类方法依靠单一风险因素进行贷款质量分类，优点是简单易用，标准清晰，不会产生歧义，维护成本低，是传统的分类方法，现在仍为许多银行使用。但是这种方法是单纯以借款人违约时间进行划分，属于静态分类，为事后管理，不能充分反映贷款的潜在风险，不能评价贷款的真实价值。该方法对银行信贷管理水平要求不高，几乎不涉及贷款价值的评估。

（二）贷款风险分类法

贷款风险分类法是根据当前经营情况和违约迹象来判断还款的可能性并确定风险等

级，这种方法综合了借款人财务、非财务因素，是对贷款未来安全收回可能性的评价。分析借款人还款能力是需要分类人员进行判断，而分类人员的判断又可能存在差异，因此该分类结果容易产生歧异。贷款风险分类法最早是美国开展出来的，由于其简单且易操作，许多新兴市场国家包括中国的银行监管部门都采用这一方法。

二、银行贷款分类的标准

（一）客观标准

假设贷款质量发生恶化的关键指标是指借款人无法按照贷款合约正常还款，采用客观标准的银行是依据贷款的逾期时间长短来划分贷款类别的，如90天和180天。例如，基于逾期状态，可将贷款划分为以下四个类别：

（1）正常类。该类贷款被认为是正常的，即已经按照贷款合约正常还本付息。

（2）次级类。一旦贷款本息的偿还违反了初始贷款合约的规定，那么贷款就变为逾期状况，进而可能要将其作为不良贷款来加以对待。如果逾期时间在90天和180天之间，那么贷款将被划分为次级类。

（3）可疑类。如果逾期时间超过180天，那么贷款将被划分为可疑类；

（4）损失类。如果逾期时间超过360天，那么贷款将被划分为损失类。当银行、银行内外部审计人员或者监管当局的现场检查人员认定某笔贷款无法收回时，可以直接将该贷款划分为损失类，此时不必考虑其逾期状况。

（二）主观标准

如果监管当局规定使用主观标准，那么银行可以根据一系列因素，如借款人的财务实力和偿还能力、贷款的逾期状态、抵押品以及担保状况等，来判断贷款是否能按期收回。当然，这种方法只适用对公贷款，不适用零售。

（1）正常类。当借款人还款能力正常，或者有现金、银行定期存单、政府债券之类的现金等价物提供足额担保时，贷款应划分为正常类。

（2）特别关注类或关注类：特别关注类或关注类具有潜在的缺陷，不加以消除，将可能对借款人的还款能力产生不利影响。例如，贷款容易受到不良经济或市场条件的影响，或者银行失去对抵押品的完全控制。

（3）次级类。具有明显影响借款人还款能力的因素。例如，借款人没有足够的现金流来偿还到期贷款，或者借款人的市值出现大幅下跌。

（4）可疑类。具有明显影响贷款回收能力的因素。例如，当银行所评估的抵押品价值下跌50%时，可以直接将贷款划分为可疑类。

（5）损失类。这些是被认定无法回收的贷款，但这并不意味这类贷款已经没有回收的希望，只是代表不能推迟冲销这些贷款，即使在将来也可能会回收部分贷款。

（三）贷款分类和抵押品

抵押品价值会影响贷款的回收能力。如何在贷款分类中考虑抵押品因素，要取决于监管当局制定的指引。有些监管当局规定，在贷款分类时不考虑抵押品因素。此时，贷款分类只是根据逾期状态来反映贷款质量，而不考虑抵押品对贷款回收能力的影响。其他一些监管当局则规定，在贷款分类时需要明确考虑抵押品因素，因为它会影响贷款回收能力，进而影响贷款的质量。

在考虑抵押品对贷款分类的影响时，通常会考虑以下因素：是否具有流动性以及是否可以出售；如果可以回收，能回收多少金额；回收的金额是否能足额偿还欠款。如果贷款的抵押品市场价值能完全覆盖所有到期的贷款本息，那么就不需要将其划分为不良贷款。相反，如果贷款的抵押品市场价值大幅下跌，那么即使逾期状态没有达到不良贷款的标准，也可能必须将其划分为不良贷款。

三、特殊情况的处理

（一）多笔贷款分类

银行对一个客户或关联方的风险往往表现在不同类型的贷款上。虽然通常情况下同一借款人的不同贷款的还款情况不同，但一笔贷款出现的还款困难仍可能是债务人财务状况恶化的前兆，极可能影响该客户的其他贷款。在这种情况下，监管当局有必要防止监管漏洞，并且必须针对银行如何处理多笔贷款，制定明确规定。

假设借款人有三笔贷款：一笔定期贷款、一笔信用卡贷款及一笔住房贷款。当定期贷款逾期超过90天，银行将其划分为次级类，那么信用卡贷款及住房贷款是否也应被划分为次级类呢？这要取决于监管当局规定银行是按借款人进行分类，还是按各笔贷款进行分类，或是综合这两种方法来进行分类。

1. 按借款人进行分类

这种方法假定，如果借款人对偿还某笔贷款出现问题，那么该借款人不断恶化的财务状况最终将会影响其他贷款。因此，如果银行向同一借款人提供了多笔贷款，而其中的一笔转为不良贷款，那么需要对其他贷款进行重新分类，以使得它们与发生违约的贷款分类相一致。此时的重新分类可能会应用于：借款人的所有贷款和借款人的所有交叉抵押贷款。当同一抵押品为一笔以上的贷款提供担保，这些贷款即为交叉抵押关系。如果借款人对其中一笔贷款发生违约，大多数贷款协议约定其他贷款也被视为发生违约。采用这一分类标准的国家有澳大利亚、意大利、智利、巴西、捷克共和国、法国、印度等国家。

我们已经看到，在适用客观标准时，当客户的贷款持续逾期超过180天后，该笔贷款可能已经被划分为可疑类。假定客户还有一笔汽车消费贷款，且该笔贷款一直按照合同条款正常履约，如果监管当局要求按借款人进行分类，那么这笔汽车消费贷款也将被划分为可疑类，尽管单独来看，该笔贷款一直是正常履约的。

2. 按各笔贷款进行分类

这种方法要求对所有贷款进行单独分类。如果一笔贷款出现问题，该借款人的其他贷款不会自动被划分为不良贷款。但此时也会对这些贷款进行逐笔评估，以查找是否存在缺陷，然后再根据贷款各自的特征进行重新分类。像韩国、墨西哥和沙特阿拉伯就采取了更加灵活的方法，银行根据对每笔贷款执行情况的检查做出判断，与该客户的其他贷款无关。

这种评估主要基于以下几项因素：①贷款的历史表现；②借款人的还款能力；③抵押品和担保情况；④在借款人所有贷款中是否有其他担保品，以确保贷款本息是可收回的。

在前面客户的贷款案例中，如果按各笔贷款进行分类，那么银行将不必对客户的汽车消费贷款进行重新分类。该笔贷款可继续保持为正常类。

3. 根据借款人分类结果对其他贷款的分类设限

采用这种方法时，尽管监管当局可能没有明确要求将同一借款人的所有贷款进行重新分类，以使得它们与违约贷款的分类相一致，但会对该借款人其他贷款的分类规定某些限制性条件。例如，如果借款人的一笔贷款被划分为不良贷款，那么监管当局可能会要求对该借款人的其他贷款进行重新分类，同时限制借款人其他贷款不得高于不良贷款的分类一个等级，建议将该借款人的其他贷款从目前分类结果调低一个等级。例如在西班牙，如果同一借款人所有贷款的拖欠总额超过了债务总余额的25%，则所有贷款均会被认定为可疑贷款。

假如向客户提供贷款的银行，其所在国的监管当局规定，借款人的所有贷款不得高于不良贷款的分类一个等级，在这种情况下，如果银行将客户的定期贷款划分为可疑类，那么汽车消费贷款最高只能被划分为次级类，从而不可能达到正常类。

（二）银团贷款

银行常常会以银团方式向大型客户提供贷款。在这种贷款安排中，各银行会按照贷款金额或者贷款品种（定期贷款、透支、担保、信用证等）来向借款人提供贷款。每一家银行只对银团贷款中自身贷款的风险负责。

监管当局一般会规定，银团中的每一家银行应根据还款记录或信用质量来对自身的贷款进行分类。由于是对各自的贷款进行单独评估，此时同一个借款人可能会被各家银行划分为不同的等级。

（三）重组贷款

由于银行经常需要修改贷款的原始条款，如银行为保证其资产安全，或在客户市场条件改善的情况下，银行可能与客户重新谈判贷款条款，通过降低利率或延长还款期（或二者兼用）的方法帮助债务人偿还债务。这样的重新谈判虽然会面临诸如银行是否有必要处理损失的复杂问题，但并不违反审慎原则。但是，有问题贷款的重组要复杂得多，对不失去偿还能力的客户，银行为掩盖损失程度提出的新条件，但这样只是暂时减轻债务人的压力，却可能导致银行不断让步。监管当局如不实施适当的报告制度或在现场检查时调查这一问题，是难以发现此类粉饰现实的做法（如没有修改合同利率的贷款展期）。

监管当局通常会要求，重组贷款在一定时期内应至少被划分为次级类。监管当局明确规定重组贷款的分类要求，是为了确保银行恰当地对待这种重组贷款，不会通过重组贷款来提升其正常贷款的水平。银行可在以下情况下将重组贷款恢复到原有等级：已偿还全部的逾期款项；银行确信未来的本息可足额收回；重组贷款的条件与当前类似风险下银行所能提供的贷款条件相当。

第三节

我国的银行贷款分类监管制度

一、我国的银行贷款分类监管制度演进

（一）原有的“一逾两呆”期限贷款分类制度

在计划经济时期，我国银行尚不是真正意义的银行，所发放的贷款面向国营、集体企业，起的作用实质上是国家的“第二财政”，因此客观上没有贷款分类的必要。1998 年以前，我国贷款分类方法基本是沿袭财政部 1988 年在《金融保险企业财务制度》中的规定，即将贷款划分为正常、逾期、呆滞、呆账，其中后三类被视为不良贷款，一般习惯称为“一逾两呆”。

该方法简便易行，在当时的经济环境下，发挥了积极作用。但随着改革开放的深入和社会主义市场经济迅猛发展，“一逾两呆”的分类方法的弊病逐步显现。主要表现在以下两方面：一是对风险识别滞后。对风险的识别是静态的，以致对贷款风险的处置、化解应对不力。未到期贷款不一定都正常，仅以时间作为划分标准，忽视了风险的发现和风险防范。二是标准宽严不一致，不利于衡量贷款真实质量。由于该方法存在弊病，我国开始引入贷款五级分类，有时也称之为以风险为基础的贷款分类方法。

（二）贷款风险分类制度的实施

1. 学习引入阶段

1993 年，世界银行资助的资产质量检查技术援助项目，将美国的贷款五级分类法介绍到我国。1993 年 ~1996 年该项目世界银行专家带领人民银行总行相关人员运用此种方法，对四大国有商业银行部分机构和一家股份制银行整体进行了资产质量专项稽核。该技术援助项目完成后，人民银行总行经反复研讨、实践、论证，提出了改革现有“一逾两呆”的分类方法实施风险分类法的方案。在 1997 年全国金融工作会议上，提出了改革贷款分类制度的任务。

2. 试点实施阶段

1998 年 5 月，贷款五级分类制度试验首先在广东开始。1999 年 7 月，人民银行下发了《中国人民银行关于全面推行贷款风险分类工作的通知》及《贷款风险分类指导原则（试行）》，计划“从 1999 年 7 月末开始到 1999 年年底前，完成四家国有独资商业银行和三家政策性银行的贷款风险分类工作；从 1999 年开始到 2000 年年底前，完成 10 家其他商业银行的贷款风险分类工作；从 2000 年年初开始到 2000 年年底前，完成 88 家城市商业银行。”

但是贷款风险分类工作实施情况差强人意。当时广东省的“清分”结果表明，按风险分类计算出的不良资产比例，就比“一逾两呆”下的不良资产比例要高近 20 个百分点。这一结果在银行界引起相当大的争议。认为风险分类“国际惯例”不符合中国国情

的说法一度占了上风。于是国有商业银行的信贷考核、会计处理等均没有经相应的调整，一切都是按照原来“一逾两呆”的方式在继续进行，风险分类的结果仅仅作为一个统计的参考值。绝大多数的城市商业银行仍未实行贷款风险分类。

2000 年 9 月，央行发布《关于不良贷款的认定办法》，政策又回到了 1999 年 7 月以前。该办法重申要以“一逾两呆”作为不良贷款分类的标准，同年按照“一逾两呆”的标准和办法，对银行的财务真实性和贷款质量进行全国范围的检查。

3. 全面实施阶段

中国人民银行在 2001 年 12 月发布《中国人民银行关于全面推行贷款质量风险分类管理的通知》和《贷款风险分类指导原则》。通知称，从 2002 年起，在中国各类银行全面施行贷款质量风险分类管理，实施范围包括国家开发银行、中国进出口银行、国有独资商业银行、股份制商业银行、城市商业银行和在华的外资银行。

2003 年 7 月中旬，中国银监会宣布，从当年下半年起，在所有从事信贷业务的金融机构全面推行贷款风险分类制度，到 2003 年年底，四大国有商业银行及股份制银行结束双轨制，正式实行贷款风险分类；全国 111 家城市商业银行要全面实行贷款风险分类。从 2004 年年初到 2004 年年底，全部农村信用社及所有从事信贷业务的金融机构亦须实行该办法。贷款风险分类工作全面深入展开。2007 年 7 月 3 日中国银监会发布了《贷款风险分类指引》（以下简称《指引》）。

二、我国五级贷款分类监管制度的内容

银行贷款分类是银行信贷管理的重要组成部分，指银行按照一定的标准将贷款分成不同类别的管理过程。贷款风险分类是指银行按照贷款的风险程度，根据审慎性原则和管理需要，定期对信贷资产质量进行审查，并将审查结果进行分析归类的管理过程。

银行工作人员在对每一笔贷款风险分类过程中，都必须严格按照既定的贷款风险分类程序，熟练掌握贷款风险分类的标准，综合并深入地分析影响贷款质量的各种财务信息和非财务信息，正确判断债务人及时足额偿还贷款本息的可能性，从而对贷款风险进行正确的分类。

（一）贷款分类标准

根据《指引》的规定，我国商业银行至少将贷款划分为正常贷款、关注贷款、次级贷款、可疑贷款和损失贷款五类，后三类合称为不良贷款。五类贷款的定义见表 8－4。

表 8－4 我国贷款分类标准的定义

贷款档次	定义
正常贷款	借款人能够履行合同，没有足够理由怀疑贷款本息不能按时足额偿还
关注贷款	尽管借款人目前有能力偿还贷款本息，但存在一些可能对偿还产生不利影响的因素
次级贷款	借款人的还款能力出现明显问题，完全依靠其正常营业收入无法足额偿还贷款本息，即使执行担保，也可能会造成一定损失
可疑贷款	借款人无法足额偿还贷款本息，即使执行担保，也肯定要造成较大损失
损失贷款	在采取所有可能的措施或一切必要的法律程序之后，本息仍然无法收回，或只能收回极少部分

贷款风险分类的核心标准是贷款偿还的可能性，其主要影响因素是还款能力和还款意愿。具体来说，在实践操作中，五类贷款划分的具体标准为：

1. 正常贷款

正常贷款的标准具体包括：①借款人有能力履行承诺，还款意愿良好，经营、财务等各方面状况正常，能正常还本付息，银行对借款人最终偿还贷款有充分把握；②借款人可能存在某些消极因素，但现金流量充足，不会对贷款本息按约足额偿还产生实质性影响。

2. 关注贷款

关注贷款的标准具体包括：①借款人的固定资产贷款项目出现重大的不利于贷款偿还的因素（如基建项目工期延长、预算调增过大）；②借款人的销售收入、经营利润下降或出现流动性不足的征兆，一些关键财务指标出现异常性的不利变化或低于同行业平均水平；③借款人或有负债（如对外担保、签发商业汇票等）过大或与上期相比有较大幅度上升等。

3. 次级贷款

次级贷款的标准具体包括：①借款人经营亏损，支付困难并且难以获得补充资金来源，经营活动的现金流量为负数；②借款人已不得不通过出售、变卖主要的生产、经营性固定资产来维持生产经营，或者通过拍卖抵（质）押品、履行保证责任等途径筹集还款资金；③借款人不能偿还其他债权人债务；④借款人采用隐瞒事实等不正当手段取得贷款；⑤借款人内部管理出现问题，对正常经营构成实质损害，妨碍债务的及时足额清偿；⑥借款人处于半停产状态且担保为一般或者较差的；⑦为清收贷款本息、保全资产等目的发放的“借新还旧”贷款；⑧可还本付息的重组贷款；⑨信贷档案不齐全，重要法律性文件遗失，并且对还款构成实质性影响；⑩借款人在其他金融机构贷款被划为可疑类；⑪违反国家法律、行政法规发放的贷款；⑫本金或利息逾期91至180天（含）的贷款。

4. 可疑贷款

可疑贷款的标准具体包括：①借款人处于停产、半停产状态，固定资产贷款项目处于停、缓建状态；②借款人或其法定代表人涉及重大案件，对借款人的正常经营活动造成重大影响；③借款人实际已资不抵债；④借款人进入清算程序；⑤改制后，借款人难以落实农村合作金融机构债务或虽落实债务，但不能正常还本付息；⑥经过多次谈判借款人明显没有还款意愿；⑦已诉诸法律追收贷款；⑧贷款重组后仍然不能正常归还本息；⑨借款人在其他金融机构贷款被划为损失类；⑩本金或利息逾期181天以上的贷款。

5. 损失贷款

损失贷款是指在采取所有可能的措施或一切必要的法律程序之后，本息仍然无法收回，或只能收回极少部分。损失贷款的标准具体包括：①借款人已完全停止经营活动且复工无望，或者产品无市场，严重资不抵债，濒临倒闭，银行依法对其财产进行清偿，并对其担保人进行追偿后未能收回的贷款；②借款人因依法解散、关闭、撤销、宣告破产终止法人资格，银行依法对借款人及其担保人进行追偿后，未能收回的贷款等。。

（二）补充说明

1. 重组贷款的分类

重组贷款是指银行由于借款人财务状况恶化，或无力还款而对借款合同还款条款作出调整的贷款。需要重组的贷款应至少归为次级类，重组后的贷款（简称重组贷款）如果仍然逾期，或借款人仍然无力归还贷款，应至少归为可疑类。重组贷款的分类档次在至少6个月的观察期内不得调高，观察期结束后，应严格按照指引规定进行分类。

2. 非信贷资产的分类

逾期天数是分类的重要参考指标。商业银行应加强对贷款的期限管理。对贷款以外的各类资产，包括表外项目中的直接信用替代项目，也应根据资产的净值、债务人的偿还能力、债务人的信用评级情况和担保情况划分为正常、关注、次级、可疑、损失五类，其中后三类合称为不良资产。分类时，要以资产价值的安全程度为核心，具体可参照贷款风险分类的标准和要求。

3. 小企业贷款分类

对零售贷款如自然人和小企业贷款主要采取脱期法，依据贷款逾期时间长短直接划分风险类别。根据《小企业贷款风险分类办法》，银行业金融机构应将小企业贷款至少划分为正常、关注、次级、可疑和损失五类，后三类合称不良贷款。银行业金融机构可根据贷款逾期时间，同时考虑借款人的风险特征和担保因素，参照小企业贷款逾期天数风险分类矩阵（见表8－5）对小企业贷款进行分类。

表8－5　小企业贷款逾期天数风险分类矩阵

逾期时间 担保方式	未逾期	1至30天	31至90天	91天至180天	181天至360天	361天以上
信用	正常	关注	次级	可颖	可疑	损失
保证	正常	正常	关注	次级	可疑	损失
抵押	正常	正常	关注	关注	次级	可疑
质押	正常	正常	正常	关注	次级	可疑

当发生影响小企业履约能力的重大事项时，小企业贷款的分类应在逾期天数风险分类矩阵的基础上至少下调一个等级；贷款发生逾期后，借款人或担保人能够追加提供履约保证金、变现能力强的抵质押物等低风险担保，且贷款风险可控，资产安全有保障的，贷款风险分类级别可以上调。

4. 农村合作金融机构信贷资产风险分类

根据《农村合作金融机构信贷资产风险分类指引》，农村合作金融机构依据安全履行合同、及时足额偿还的可能性将信贷资产分为正常、关注、次级、可疑和损失五个类别，后三类合称为不良信贷资产。农村合作金融机构应根据借款对象不同，将贷款分为企事业单位贷款和自然人贷款，不同种类贷款使用不同的分类方法。

其中，企事业单位贷款在对借款人财务、现金流量、担保、非财务等各项指标进行全面、综合分析的基础上分类。自然人贷款分为自然人一般农户贷款、银行卡透支、住房按揭贷款和汽车贷款、自然人其他贷款，主要分类标准为：自然人一般农户贷款主要依据核心定义，结合借款人的农户信用评定等级、担保因素和逾期时间进行分类；银行卡透支主要依据逾期时间进行分类；住房按揭贷款和汽车贷款主要依据连续违约期数或逾期时间进行分类。

5. 融资平台贷款的分类标准

根据《关于加强融资平台贷款风险管理的指导意见》，金融机构应科学分析融资平台贷款项目现金流以及借款主体其他还款来源的可靠性，合理评估融资平台公司的整体偿债能力，对融资平台贷款进行准确分类和动态调整，具体分类标准参见表 8－6。金融机构按现金流覆盖比例划分的全覆盖、基本覆盖、半覆盖和无覆盖平台贷款计算资本充足率贷款风险权重，其中，全覆盖类风险权重为 100%；基本覆盖类风险权重为 140%；半覆盖类风险权重为 250%；无覆盖类风险权重为 300%。

表 8－6　　融资平台贷款分类标准说明

<table>
<tr><th>覆盖类型</th><th>正常类</th><th>关注类</th><th>次级类</th><th>可疑类</th><th>损失类</th><th>风险权重</th></tr>
<tr><td>全覆盖</td><td rowspan="4">贷款项目在同行业中具有较强的竞争优势，项目本身可收回现金流现值大于贷款账面价值，即使经济环境和所在行业整体盈利能力发生不利变化时，借款主体仍然按期偿还全部本息的融资平台贷款，应归为正常类</td><td rowspan="4">符合正常类贷款的其他特征，但在经济环境和所在行业整体盈利能力发生不利变化时，借款主体可能无法全额偿还的融资平台贷款，应归为关注类。</td><td rowspan="4">• 贷款项目自身现金流、担保及抵质押品折现价值合计不是贷款本息 120% 的融资平台贷款，应至少归为次级类。
• 主要依靠财政性资金偿还的融资平台贷款一旦发生本息逾期，应将该借款人所有同类贷款至少归为次级类。
• 借款人因财力状况恶化或无力还款而进行债务重组的融资平台贷款，应至少归为次级类。
• 对违反贷款集中度监管要求的融资平台贷款，应至少归为次级类。</td><td rowspan="4">• 贷款项目自身现金流、担保及抵质押品折现价值合计不足贷款本息 80% 的融资平台贷款，应至少归为可疑类。
• 对逾期六个月以上仍不能支付贷款本息的，应将该借款人所有同类贷款至少归为可疑类。
• 因财力状况恶化或无力还款而进行重组后，如借款人财务状况继续恶化，再次发生贷款本息逾期的，应至少归为可疑类。</td><td rowspan="4"></td><td>100%</td></tr>
<tr><td>基本覆盖</td><td>140%</td></tr>
<tr><td>半覆盖</td><td>250%</td></tr>
<tr><td>无覆盖</td><td>300%</td></tr>
</table>

主要概念

贷款分类　贷款分类标准　正常贷款　关注贷款　次级贷款　可疑贷款　损失贷款　不良贷款　重组贷款　银团贷款　逾期天数　还款能力　贷款担保　非财务因素

复习思考题

一、单选题

1. 在适用客观标准的情况下，贷款分类一般会基于（　　）划分。

A. 抵押品状况　　B. 拖欠还款的时间

C. 借款人可运用的贷款金额　　D. 所提供担保的可靠性

2. 一笔（　　）贷款具有潜在的缺陷，如果得不到改善，将可能会对借款人的还款能力产生不利影响。

A. 特别关注类或关注类　　B. 次级类

C. 正常类　　D. 损失类

3. 从监管当局的角度出发，以下哪些是规定贷款分类的重要目的？（　　）

①监控银行每一笔大额贷款。

②监控银行和银行体系的总体贷款质量。

③规定准备金计提的最低标准。

④比较不同国家银行的贷款质量。

A. 只有①、②和③是贷款分类的重要目的

B. 只有③和④是贷款分类的重要目的

C. 只有②和③是贷款分类的重要目的

D. 以上都是贷款分类的重要目的

4. 我国贷款风险分类的标准的核心内容是（　　）。

A. 贷款偿还的可能性　　B. 贷款偿还的意愿

C. 贷款偿还的能力　　D. 贷款偿还的时间

5. 借款人还款能力的主要标志就是（　　）。

A. 借款人的现金流量是否充足　　B. 借款人的资产负债比率是否足够低

C. 借款人的管理水平是否很高　　D. 借款人的销售收入和利润是否足够高

二、多选题

1. 下面哪些表述是正确的？（　　）

A. 银行的内部贷款评级系统在不同银行之间存在着差异，与此不同，贷款分类指引是通用的，各国监管当局都规定了相同的分类类别

B. 银行的内部贷款评级系统和监管当局的贷款分类系统都是用来评估贷款的质量的

C. 在一些国家，针对单笔贷款所设定的准备金水平是与贷款的分类结果相联系的

D. 一旦将某一笔贷款划为不良贷款，就不再需要对其计息状况实行监控了

2. 对商业银行贷款偿还可能性存在影响的因素主要包括（　　）。

A. 商业银行贷款增长速度　　B. 信贷管理水平

C. 不良贷款催收能力　　D. 银行所在地区的宏观经济走向

3. 影响贷款偿还的非财务因素包括（　　）。

A. 借款人的行业风险　　B. 借款人的经营风险

C. 借款人的管理风险　　D. 自然及社会因素

4. 以下属于次级类贷款的特征有（　　）。

A. 借款人支付出现困难，并且难以按市场条件获得新的资金

B. 借款人不能偿还对其他债权人的债务

C. 借款人内部管理问题未解决，妨碍债务的及时足额清偿

D. 借款人采取隐瞒事实等不正当手段套取贷款

5. 以下属于可疑类贷款的特征有（　　）。

A. 借款人处于停产、半停产状态

B. 固定资产贷款项目处于停缓状态

C. 银行已诉诸法律来回收贷款

D. 可还本付息的重组贷款

三、思考题

1. 为什么要进行贷款分类？

2. 监管当局的贷款分类和银行的内部贷款评级有何不同？

3. 抵押品是否影响贷款的质量？

4. 如果借款人的一笔贷款被划分为不良贷款，那么该借款人的其他贷款如何进行分类？

5. 我国监管机构对重组贷款的分类有何具体规定？

第九章 监管准备金制度和会计减值准备制度

【内容提要】

本章主要从财务会计和银行监管两个角度阐述准备金的概念及其分类、准备金监管主要指标、准备金计提、准备金制度的演变等问题，同时阐述了新会计准则的执行对原有准备金制度的影响，以及《金融企业准备金计提管理办法》对准备金计提带来的主要变化。

【重点与难点】

1. 准备金监管主要指标
2. 准备金制度的演变
3. 资产减值准备计提的方法

【学习目标】

掌握准备金的概念、主要监管指标、资产减值准备计提的方法，理解准备金制度的演变、新会计准则的执行对原有准备金制度的影响。

第一节 监管准备金制度

一、准备金的概念

（一）财务会计角度对准备金的理解

准备金，又称拨备，是指金融企业对承担风险和损失的金融资产计提的准备金，即按照收入与支出配比的原则，及时将可确认的损失列入当期费用中，以准确反映当期的经营成果。作为会计准则权威制定机构的国际会计准则委员会和美国财务会计准则委员会，从会计信息反映客观经济活动的基本功能出发，均将依金融资产实际损失确认金融资产拨备作为基本理念，要求企业在资产负债表日对资产的账面价值进行检查。如有客观证据表明该资产已发生减值的，应将该资产的账面价值减记至预期未来现金流量的现值。减记的金额确认为资产减值损失，计入当期损益。

（二）银行监管角度对准备金的理解

从银行监管角度看，准备金也就是银行贷款损失准备，是指商业银行在经营活动中为冲销各种贷款损失而提取的准备金，可反映贷款损失抵补程度，是商业银行面对贷款损失的第一道防线。为此，准备金是防范风险的工具，与资本具有基本相同的功能。但是，准备金与资本在抵御风险方面存在差异，即准备金用于抵御贷款预期风险损失，而资本用于抵补非预期风险损失。2007 年金融危机后，现行准备金制度的亲周期性问题得到了广泛重视。金融监管界，尤其是银行监管界要求会计准则制定者发展更具前瞻性的准备金计提方法，作为应对系统性风险的重要工具。G20 伦敦峰会联合声明中也要求会计准则制定者与相关监管机构共同改善贷款损失准备会计准则。因此，准备金已不再是一个纯粹的财务会计问题，而更多地成为了一个金融监管问题。

根据监管部门的要求，商业银行提取的贷款损失准备金一般分为一般准备金、专项准备金和特别准备金。

1. 一般准备金

一般准备金是根据全部贷款余额的一定比例计提的，用于弥补尚未识别的可能性损失的准备。即便有很好风险识别机制和分类制度，但由于可用资料和人员素质等限制，都很难做到将贷款的内在损失全部识别出来，因此就要提取一定的准备金，以用于弥补贷款的不确定损失。从某种意义上讲，一般准备金是弥补贷款组合损失的一种总准备。一般准备金所针对的贷款内在损失是不确定的，这种内在损失可能存在，也可能不存在，还有可能部分存在，但目前无法认定。因此，一般准备金在一定程度上具有资本的性质，可以一定程度上用于弥补银行的未来损失。

2. 专项准备金

专项准备金是对贷款进行风险分类后，按每笔贷款损失的程度计提的用于弥补专项损失的准备。专项准备金反映的是贷款账面价值与实际评估价值的差额，或者说反映的是贷款的内在损失，尽管在账务上还没有将这部分内在损失冲销，但实际上专项准备金已经用于弥补目前贷款组合中存在的内在损失，不能再用于弥补银行未来发生的其他损失，其性质与固定资产折旧相同。因此，专项准备金不具有资本的性质。

3. 特别准备金

特种准备金是针对某一国家、地区、行业或某一类贷款风险计提的准备。特种准备金不是商业银行经常提取的准备金，只有遇到特殊情况，商业银行才会计提。比如，国家出现政治动荡、经济或金融危机等重大事件，影响了该国公司的贷款偿还能力，那么，银行就可以对该国的全部贷款按一定比例计提特别准备金。特种准备金是按照贷款内在损失计提专项准备金基础之上计提的。

二、准备金监管的主要指标

目前，根据银监会2011年出台的《商业银行贷款损失准备管理办法》，监管部门考核商业银行拨备充足率的指标有两个：一是拨备覆盖率，二是拨备率。按照贷款五级分类计提的准备金，在实际中使用得越来越少，虽然中国人民银行2002年公布的《银行贷款损失准备计提指引》仍然有效。

（一）拨备覆盖率

拨备覆盖率是贷款损失准备与不良贷款余额之比，体现了商业银行对所有贷款损失的抵补能力。其计算公式为：

拨备覆盖率 = 拨备余额/不良贷款余额

式中分母是不良贷款余额，当拨备覆盖率固定时，拨备数取决于不良贷款数，如果不良贷款多，提取的拨备就多，不良贷款少，提取的拨备就少。这个指标具有严重的亲周期性。即当经济形势很好时，各项经济指标都很好，银行的贷款质量就高，不良贷款就少，提取的拨备也很少，但经济上行期，贷款总量却会大大增加，这是由经济规律决定的。这样就产生一个矛盾，一方面贷款总量很高，杠杆率也很高；另一方面拨备却很少，几乎没有拨备，一旦经济下行时，资产质量会迅速下滑，呆账会迅速增加，而由于没有足够的拨备，加上经济下行时银行的盈利能力下降，补充贷款损失准备金的能力下降，于是就要发生金融危机。

（二）拨备率

贷款拨备率是贷款损失准备与各项贷款余额之比，体现了商业银行对不良贷款损失的抵补能力其计算公式为：

拨备率 = 拨备余额/贷款余额

式中分母是贷款余额，当拨备率固定时，拨备数取决于贷款总数，贷款总数越多，拨备额也越高。这个指标有良好的逆周期作用，当经济上行时，贷款质量变好，呆账变少，银行风险隐藏起来了，用于应对呆账的准备金按理也可以减少，但由于经济上行，贷款总量增加，拨备数量反而随着贷款总量的增加而增加，当经济上行到顶点时，拨备额也上升至顶点。由于经济上行时，银行效益很好，多提一点拨备对利润影响不大，银行不自觉地就把拨备提得非常充足了，一旦经济波动，风险来临时就能轻松应对。由于拨备率只反映贷款损失准备与贷款总量的关系，不反映不良贷款的多少，当一家银行不良资产很高时，根据贷款拨备率提取的准备金不能覆盖所发生的风险。

因此，就拨备覆盖率和拨备率单项指标看，都有缺陷，但若配合使用，则可以有效解决不同银行的差异性监管问题。因为对于资产质量好、不良贷款率低的银行，就以贷款总量为衡量标准提取准备金，用于抵御不可预测的风险；对于资产质量差、不良贷款率高的银行，以不良率为衡量标准，不良率越高，提取拨备越多，而且上不封顶。此外，采用拨备率和拨备覆盖率两个指标联动控制，还可以有效解决资产质量稳健性评价问题。

（三）拨备基本标准

根据《商业银行贷款损失准备管理办法》规定，银行业监管机构设置贷款拨备率和拨备覆盖率指标考核商业银行贷款损失准备的充足性。贷款拨备率基本标准为2.5%，拨备覆盖率基本标准为150%。该两项标准中的较高者为商业银行贷款损失准备的监管标准。在确定上述两项基本标准的过程中，主要考虑了以下几项因素：

1. 国有银行近几年的拨备水平

近几年，国有银行的拨备大致在2.5%。可以认为，监管部门是将国有银行的拨备水平作为整个行业的标准。

2. 商业银行现实的承受能力

近年来，我国商业银行的盈利水平较高，每年利润增长幅度在20～30%，有能力达到2.5%的拨备要求。另外，银监会制定了分步的达标时间安排：系统重要性银行应当于2013年年底前达标，非系统重要性银行应当于2016年年底前达标。于2016年年底前未达标的，应当制定达标规划，并向银行业监管机构报告，最晚于2018年年底达标。

3. 未来风险因素

主要影响因素包括：经济结构调整加速、淘汰落后产能的力度加强、国际竞争比较优势减弱等。因此，拨备监管新标准建立在充分、扎实的数据测算基础之上，综合考虑了国内银行业贷款历史损失水平，未来风险因素以及现实财务承受能力，符合审慎监管的要求。

此外，监管部门可根据经济周期发展的不同阶段对拨备监管标准进行动态调整。监管部门可以对单家金融机构的拨备监管要求进行差异化调整。

三、准备金制度的演变过程

（一）不区分资产质量，按统一比率计提减值准备阶段

1988年7月8日，财政部下发了《关于国家专业银行建立贷款呆账准备金制度的暂行规定》，标志着贷款呆账准备金制度的正式建立。该规定中首次对呆账准备金的计提、认定、核销等内容做出了较为全面的规范。其中计提比例为年初各类贷款余额的一定比例，不同类别的贷款比例标准不同。计提方法以不良资产的界定为基础，计提管理采取“三级提取、三级管理”的办法。

1992年7月11日，财政部下发了《关于修订〈关于国家专业银行建立贷款呆账准备金制度的暂行规定〉的通知》，其中规定呆账准备金不分贷款类别，统一按照年初贷款余额的一定比例在年初以人民币计算金额提取，当年的计提比例为5‰，从1993年起每年增加1‰，当历年结转的税后呆账准备金余额达到年初贷款余额的1%时为止。从达到年

度起，之后一律按1%的比例差额提取。

1993年7月，财政部制定并颁布了《金融保险企业财务制度》和《金融企业会计制度》，统一了商业银行呆账准备金的提取方法，把商业银行呆账准备金分为坏账准备金、呆账准备金和投资风险准备金三部分。其中，坏账准备金是针对应收账款损失提取的准备金，呆账准备金是针对贷款损失提取的准备金，投资风险准备金是针对长期投资提取的准备金。

1998年，财政部颁布了《关于修改金融机构应收利息核算年限和呆账准备金提取办法的通知》，对商业银行的呆账准备金的计提方式作了进一步调整，呆账准备金由按年初贷款余额1%的差额改为按本年末贷款余额1%的差额提取，并从成本中列支，当年核销的准备金可以在下年予以补提。准备金年末（或季末）计提的方法一直延续至今。

同年，人民银行发布《贷款风险分类指导原则》（试行）的方案，要求将过去的“一逾两呆”分类法改为贷款五级分类法，即根据借款人的还款能力分为正常、关注、次级、可疑和损失五类。但是，由于当时的国有商业银行的考核、会计处理没有经过相应的调整，大多数银行对信贷资产质量的评估仍按照原来“一逾两呆”的方式在进行，而按照五级分类法评估的结果只是作为统计的参考值。

（二）以贷款五级分类为基础，按固定比率计提准备阶段

2001年财政部颁布了《金融企业呆账提取及呆账核销管理办法》，对呆账准备金的提取做了较大修改。首先，它规定金融企业建立统一的呆账准备制度，不再提取坏账准备和投资风险准备，不再单独核销坏账损失和投资损失。截至2000年12月31日的呆账准备金、坏账准备和投资风险准备余额一并转入统一的呆账准备金账户管理。其次，金融企业应根据提取呆账准备资产的风险大小确定呆账准备的计提比例。呆账准备期末余额最高为提取呆账准备资产期末余额的100%，最低为提取呆账准备资产期末余额的1%。

同年，财政部还颁布了修订后的《金融企业会计制度》，对呆账准备中的贷款损失部分作出规定。该制度指出，金融企业应当在期末分析各项贷款的可回收性，并预计可能产生的贷款损失。对预计可能产生的贷款损失计提贷款损失准备。贷款损失准备包括专项准备和特种准备两种。其中，专项准备按贷款五级分类结果及时、足额提取，具体比例由金融企业根据贷款资产的风险程度和回收的可能性合理确定。

这一时期呆账准备金制度的主要变化是，呆账资准备金的计提范围和计提比例发生了明显变化，之前的相关制度对计提准备金的范围没做具体规定，笼统地按贷款余额的一定比例计提，而自2001年开始，计提准备金的资产范围逐步过渡到预计会发生损失的资产而不是全部资产，计提的比例开始有所区分，最高可达100%，最低可到1%。

2002年，中国人民银行发布了《银行贷款损失准备计提指引》。首先，规定了贷款损失准备包括一般准备、专项准备和特种准备。这是第一次提出一般准备的概念。其次，明确了贷款损失准备的计提范围为承担风险和损失的资产，规定了计提的周期和比例。银行应按季计提一般准备，一般准备年末余额应不低于年末贷款余额的1%；同时，银行也应按季计提专项准备，并制定了可参照比例。该比例是：关注类贷款，计提比例为2%；次级类贷款，计提比例是25%；可疑类贷款，计提比例是50%；损失类贷款，计提比例是100%（该计提比例延续了很长时间，2012年才有所改变）。其中，次级类和可疑类贷款的损失准备的计提比例可以上下浮动20%。关于特种准备的计提比例，由银行根据不同

类别贷款的特殊风险情况、风险损失概率及历史经验自行确定按季计提比例。贷款损失准备由总行统一提取。最后，银行提取的一般准备，在计算银行的资本充足率时，按照《巴塞尔资本协议》的有关原则，纳入银行附属资本。

2005 年 7 月 1 日，财政部颁布了《金融企业呆账准备提取管理办法》和《金融企业呆账核销管理办法》，对 2002 年的《银行贷款损失准备计提指引》从制度上加以确认，准备金计提范围从贷款进一步拓宽到拆放同业、投资等其他金融资产。至此，我国商业银行的呆账准备金制度趋于成熟，形成了较为固定的呆账准备金构成体系。

（三）与国际会计准则接轨，计提减值阶段

2006 年财政部颁布了《企业会计准则第 22 号——金融工具确认和计量》，该准则基本采纳了《国际会计准则第 39 号：金融工具确认与计量》（IAS39）的相关内容，对商业银行的资产分类、准备计提、会计处理和税收政策作了调整。按 IAS39 的规定，除交易性金融资产之外，其他各类金融资产都要在资产负债表日进行减值测试，若金融资产的账面价值超过预计可回收额，则表明该金融资产发生了减值。对于未来可能发生的损失，无论可能性多大，都不能进行减值测试。

在贷款分类方面，因采用未来现金流折现法，将贷款分为减值贷款和非减值贷款。其中，非减值贷款相当于原来的正常类和关注类，而减值贷款则指贷款五级分类的后三类，即次级、可疑和损失类。新的贷款分类方法能清晰体现贷款的未来收益状况，更加科学，更加符合商业银行风险管理的要求。

第二节 会计减值准备制度

一、新会计准则对资产减值准备计提的变化

在 2006 年新的会计准则颁布之前，金融企业执行的是会计制度，而会计制度和准备金监管制度是统一的。金融企业不论是按会计制度还是按监管制度，计提准备金的做法基本都是一致的。而在 2006 年新的会计准则颁布之后，财政部要求不再执行原来的准则、会计制度。2007 年银监会发布的《关于银行业金融机构全面执行新会计准则的通知》明确要求，已经上市银行业金融机构要全面执行新会计准则；非上市的股份制银行、城市商业银行、信托公司等从 2008 年起按照新会计准则编制财务报告；农村商业银行、农村合作银行、农村信用社等从 2009 年起按照新会计准则编制财务报告；各银行业金融机构要健全贷款减值评估体系，完善贷款风险管理，全面收集贷款减值的历史数据，健全价值评估内部控制政策、程序和方法，准确计提贷款减值准备，不得利用贷款减值准备调节利润；银行业金融机构执行新会计准则后，银监会的各项监管政策、制度保持不变。

新会计准则提出的金融资产减值准备的计提制度与原来的准备金制度相比，主要发生了以下变化：

（1）准备金名称的变化。新准则中明确提出了金融资产和金融资产减值的概念，金融资产的概念当中涵盖了贷款、应收账款和长期投资等过去的资产称谓。新准则中将金融资产分为交易性金融资产、持有至到期投资、贷款和应收款项及可供出售金融资产四类。其中，交易性金融资产是以公允价值计量的，其账面价值会随着资产本身价格的变化在期末时进行调整，不需要计提减值准备。其他几类资产都需要计提，分别是持有至到期投资减值准备、贷款减值准备、坏账准备、可供出售金融资产减值准备，会计科目的设置依此名称设置。新准则与旧制度相比，首先取消了呆账准备金的名称，在准备金的构成上取消了一般准备，对贷款减值准备（原来制度中有贷款损失准备的提法，但二者没有本质的差别）不再分类（原先分为专项准备和特种准备两种）。

需要说明的是，新准则并没有改变计提减值准备的资产范围。原来是贷款和贷款以外的其他资产，都有计提减值准备的规定（现金除外），而新准则当中则是金融资产和金融资产以外的其他资产，也都有计提减值准备的规定。

（2）计提减值准备条件的变化。新准则规定，企业应当在资产负债表日对以公允价值计量且其变动计入当期损益的金融资产以外的金融资产的账面价值进行检查，有客观证据表明该金融资产发生减值的，应当计提减值准备。旧制度框架下对资产减值条件的规定并不明确，主要是按固定比例计提，并不强调客观证据。

（3）计提减值准备方法的变化，即分别采用单笔计提的方法和组合计提方法，而不是按贷款五级分类的结果计提。

二、金融资产减值准备计提的方法

新会计准则对金融资产损失准备计提方式分为单项计提与组合计提两大类，其中单项计提减值准备是指单笔评估金融资产的未来可收回金额，与该金融资产目前的账面价值进行比较，对可收回金额小于账面价值的部分计提金融资产减值准备。单项计提采取未来现金流折现法。组合计提减值准备是指对具有类似信用风险特征的金融资产组合进行减值测试，并根据测试结果对金融资产组合计提减值准备。采用组合评估方法计提减值准备适用于除单项评估计提减值准备以外的金融资产。组合计提则可以依据情况选择迁徙率模型与滚动率模型方法。

（一）未来现金流折现法

1. 基本含义

未来现金流折现法是将未来一定时期内产生的期望现金流还原为当前现值的方法。具体到金融资产损失准备的计提上，也就是银行在合理适当的预计出每一笔资产将来的各期现金流基础上，按照有效的折现率折现各期现金流，以此来计算出金融资产的现值，再根据金融资产现值与金融资产面值的差额计提损失准备金。

在具体操作方面，当金融资产发生减值，应当将该金融资产的账面价值减记至可收回金额，减记的金额确认为资产减值损失，计入当期损益。可收回金额应当通过对该金融资产的未来现金流量（不包括尚未发生的信用损失）按原实际利率确定，并考虑相关担保物的价值（扣除预计处置费用等）。原实际利率是初始确认时对该金融资产确定的实际利率。应收账款、持有至到期投资是浮动利率金融资产的，在计算可收回金额时可采用合同规定的当期实际利率作为折现率。

2. 表明金融资产发生减值的客观证据

表明金融资产发生减值的客观证据，是指金融资产初始确认后实际发生的，对该金融资产的未来现金流量有影响，且企业能够对该影响进行可靠计量的事项。具体是指：①发行方或债务人发生严重财务困难；②债务人违反了合同条款，如偿付利息或本金发生违约或逾期等；③债权人出于经济或法律等方面因素的考虑，对发生财务困难的债务人做出让步；④债务人很可能倒闭或进行其他财务重组；⑤因发行方发生重大财务困难，该金融资产无法在活跃市场继续交易；⑥无法辨认一组金融资产中的某项资产的现金流量是否已经减少，但根据公开的数据对其进行总体评价后发现，该组金融资产自初始确认以来的预计未来现金流量确已减少且可计量，如该组金融资产的债务人支付能力逐步恶化，或债务人所在国家或地区失业率提高、担保物在其所在地区的价格明显下降、所处行业不景气等；⑦债务人经营所处的技术、市场、经济或法律环境等发生重大不利变化，使权益工具投资人可能无法收回投资成本；⑧权益工具投资的公允价值发生严重或非暂时性下跌；⑨其他表明金融资产发生减值的客观证据。

3. 对金融资产进行减值测试的要求

对单项金额重大的金融资产应当单独进行减值测试，如有客观证据表明其已发生减值，应当确认减值损失、计入当期损益。对单项金额不重大的金融资产，可以单独进行减值测试，或包括在具有类似信用风险特征的金融资产组合中进行减值测试。单独测试未发生减值的金融资产（包括单项金额重大和不重大的金融资产），应当包括在具有类似信用风险特征的金融资产组合中再进行减值测试。已单项确认减值损失的金融资产，不应包括在具有类似信用风险特征的金融资产组合中进行减值测试。其逻辑顺序如图 9－1 所示。

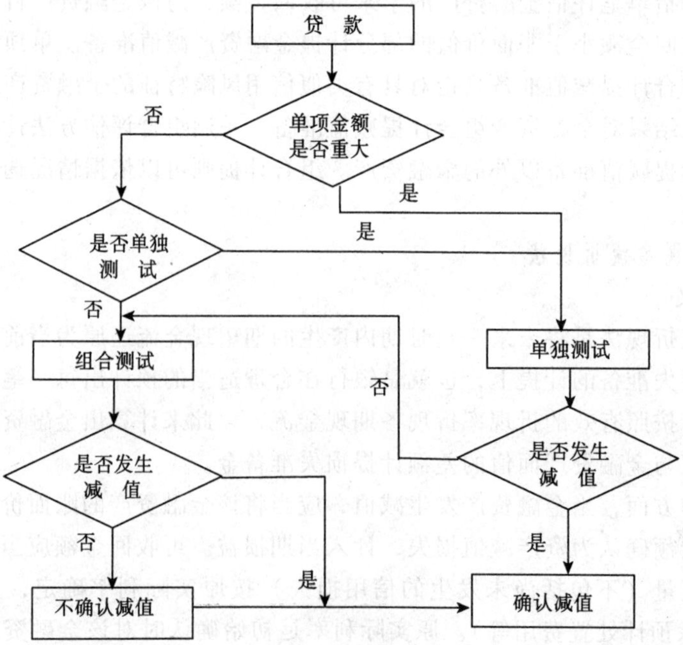

图 9－1 金融资产减值测试要求

（二）迁移率模型

迁移率模型计算流程是，跟踪非重大减值贷款或者重大但未有减值迹象的贷款近期的五级分类的变化情况，根据历史的五级分类迁移状况，计算出给分类贷款迁移的概率，并计算出每一分类的损失机会概率，最终确定出贷款的减值准备金。具体步骤如下：

（1）将不存在减值迹象减值贷款根据风险特征等划分为具有相同信用特征的组合贷款，并且对组合贷款依据五级分类标准或者其他分类标准划分等级。

（2）下期期初时，重新对每一组组合贷款划分风险等级，构成本期的新风险等级的贷款组合。迁移的期间跨度一般设为1年。

（3）用当期的风险等级贷款除以前期等级贷款，得出迁徙率。

（4）确定出组合贷款中最高风险等级贷款的损失率，需要根据历史损失经验。

（5）根据各组合贷款的迁徙率以及最高风险等级贷款的损失率计算出其余风险等级贷款的损失率。其余各风险等级的组合贷款的损失率计算如下：

可疑类贷款损失率＝可疑转损失类迁徙率×损失类贷款损失率

次级类贷款损失率＝次级转可疑类迁徙率×可疑类贷款损失率＋次级类转损失类迁徙率×损失类贷款损失率

关注类与正常类的损失率依此类推。

（6）计算出组合贷款的损失准备金，即每一风险等级贷款余额乘以各级别贷款的损失率。

（三）滚动率模型

滚动率模型在计算流程上类似于迁移率模型，计算出贷款在不同风险等级之间的滚动率与损失率，从而计算出贷款的减值损失。该方法一般用于信用卡的透支贷款。具体步骤如下：

（1）其中没有逾期的（含已偿还最低还款额的透支）定义为周期0，逾期0~29天的定义为周期1，逾期30~59天的定义为周期2，逾期60~89天的定义为周期3，逾期90~119天的定义为周期4，逾期120~149天的定义为周期5，逾期150~179天的定义为周期6，逾期180天以上的定义为周期7。

（2）根据上一个周期拖欠余额中进入下一个周期的发生额，计算出每个周期的坏账分期变动率（Flow Rate），即：

$$坏账分期变动率=\frac{当月该周期应收账款余额}{上月上周期应收账款余额}$$

（3）对最近6个月的坏账分期变动率进行平滑处理，计算出6个月的平均坏账分期变动率和坏帐回收率（Bad Recovery Rate），即：

$$6个月平均坏账分期变动率=\frac{\Sigma 6个月坏账分期变动率}{6}$$

$$坏账回收率=\frac{\Sigma 6个月坏账回收额}{\Sigma 6个月核销本金额}$$

（4）计算净坏账损失率。

（5）计算坏账拨备额。

三、新会计准则对银行执行准备金制度带来的影响

新会计准则要求对贷款损失准备的测量采用未来现金流折现法，从一定程度上加强了银行信贷资产的管理，提高了信贷资产的质量。具体表现为：

（1）对未来现金流的测算要求有利于商业银行强化贷款现金流的管理，因为未来本息偿付现金流估计始终是银行信贷管理的重中之重。

（2）有助于强化贷后管理中量化指标的运用，推动贷后管理的规范化与标准化。

（3）有助于提高贷款风险分类的准确性，准确反映资产质量，真实解读风险暴露特征。

（4）有助于推动并强化银行经营部门、会计部门之间的合作与制衡，加深对彼此工作的了解和认知，培养通力合作的工作习惯，因为新的减值测试方法对会计部门来说，更多的风险数据是依靠业务部门来提供的，如果双方不加强合作，将无法进行减值测试工作的开展。

（5）有助于推动银行风险量化管理相关工作，借此可适应和达到巴塞尔新资本协议的要求等。

但是，新会计准则的准备金制度仍存在一些问题。主要表现为：

（1）银行计提的准备金数额并不能满足未来风险防范的需要。由于我国会计准则要求采用已发生损失模型，强调有客观证据证明发生减值的情况下才可确认减值损失，从而将预期可能发生的损失排除在损失认定的范围之外，使准备金覆盖的风险范围有所收缩，银行的抗风险能力受到一定影响。

（2）采用未来现金流折现法测量减值损失，未来现金流的估计操作难度较大，一定程度的影响准则的执行效果。目前，由于采用未来现金流折现法测算减值损失的方法比较复杂，对会计人员素质要求较高，导致企业会计准则有关贷款减值准备的规范要求，在部分商业银行尚未得到充分有效落实。

（3）存在利用贷款减值准备调节利润的现象。贷款损失准备计提缺乏明确的规则，准则、指南和讲解主要围绕原则进行阐述，原则说得很清楚，具体怎么落实不明确、不具体。对未来现金流的估计，在缺乏科学、有效、操作性强的方法时，估计的结果与客观实际可能相差较远，客观上助长了执行者人为调节利润的动机。

（4）容易产生顺经济周期效应。会计准则要求以已发生损失的理念计提减值准备的方法在一定程度上会放大银行信贷对经济周期的影响。在经济繁荣期，信贷高速增长，银行利润丰厚但信用风险已经开始聚集，现行会计准则要求银行提取的减值准备相对较低，这会激励银行进一步放贷；当经济下行、信贷紧缩、银行亏损而信用风险已充分暴露时，反而要求银行多提拨备，从而进一步抑制银行放贷并延缓复苏。

四、《金融企业准备金计提管理办法》对准备金计提的主要变化

在新会计准则颁布实施后，财政部启动了对《金融企业呆账准备提取管理办法》（以下简称原办法）的修订工作，最终于 2012 年出台了《金融企业准备金计提管理办法》（以下简称新办法），并废止了原办法。新办法与原办法相比，主要有以下几个方面的变化：

（一）重新定义准备金相关概念

1. 调整了“准备金”的概念

原办法将金融企业对承担风险和损失的债权和股权资产计提的所有呆账准备金统称为“呆账准备”；新办法将“呆账准备”改称为“准备金”，同样包括一般准备和资产减值准备。其中，资产减值准备在利润分配前计提，属于营业支出的一部分，而一般准备是利润分配的一部分。

2. 提出了动态拨备、潜在风险估计值、内部模型法、标准法等新概念

动态拨备是金融企业根据宏观经济形势变化，采取的逆周期计提拨备的方法，即在宏观经济上行周期、风险资产违约率相对较低时多计提拨备，增强财务缓冲能力；在宏观经济下行周期、风险资产违约率相对较高时少计提拨备，并动用积累的拨备吸收资产损失的做法。内部模型法是指具备条件的金融企业使用内部开发的模型对风险资产计算确定潜在风险估计值的方法。标准法是指金融企业根据金融监管部门确定的标准对风险资产进行风险分类后，按财政部制定的标准风险系数计算确定潜在风险估计值的方法。尽管新办法未对潜在风险估计值给出明确定义，综合起来理解，应指金融机构估计的已识别和未识别的可能性损失总量，金融机构的准备金总额须持续大于或等于潜在风险估计值。

3. 增加了不良贷款拨备覆盖率和贷款拨备率（拨贷比）定义

不良贷款拨备覆盖率指金融企业计提的贷款损失准备与不良贷款余额之比。贷款拨备率是指金融企业计提的与贷款损失相关的资产减值准备与各项贷款余额之比，也称拨贷比。上述界定与银监会《商业银行贷款损失准备管理办法》保持一致。新办法还提出了“贷款总拨备率”概念，其是指金融企业计提的和贷款损失相关的各项准备与各项贷款余额之比。

（二）修订适用范围

1. 扩大了适用企业类型的范围

新办法不仅将原办法中明确除外的金融资产管理公司纳入管理范围，还增加了村镇银行。这一变化使新办法管理的金融企业类型由原来的6个增加至8个。此外，上述金融企业的属地条件仍为经中国银行业监督管理委员会批准在中华人民共和国境内依法设立的金融企业。

2. 调整了计提准备金的资产范围

新办法对计提准备金的资产范围进行了调整：一是对国内贷款部分根据新会计准则调整了会计科目表述；二是将“可供出售资产”及“抵债资产”纳入计提范围；三是明确对金融企业不承担风险的委托贷款、购买的国债等，不计提准备金。与原办法比较，新办法对“应收利息、应收股利、应收租赁款”是否应计提准备金未作明确规定。

（三）调整计提方法

1. 对资产减值准备不再明确规定计提方法

新办法取消了关于贷款损失准备、坏账准备和长期投资减值准备的划分，以及相应的计提范围、依据、方法和标准等方面的规定。对于贷款损失准备，仅规定“贷款至少应当按季进行分析，采取单项或组合的方式进行减值测试，计提贷款损失准备”，与新会计准则保持一致。

2. 对一般准备计提方法作出了较大的调整

新办法将原办法的比率法调整为差额法。同时，新办法还规定“对非信贷资产未实施风险分类的，可按非信贷资产余额的1%～1.5%计提一般准备”。此外，新办法将一般准备的底线要求由原则上不低于风险资产期末余额的1%调高至1.5%，并准许金融企业可以分年提取到位，但原则上不得超过5年，即2017年年底前需达标。

3. 明确规定了潜在风险估计值的计算方法

新办法规定银行可选择标准法或内部模型法对风险资产所面临的风险状况定量分析，确定潜在风险估计值。对于采用标准法计算潜在风险估计值的，对信贷资产，按照五级分类将标准风险系数暂定为：1.5%、3%、30%、60%和100%，也即：

标准法潜在风险的估计值＝正常类风险资产×1.5%＋关注类风险资产×3%＋次级类风险资产×30%＋可疑类风险资产×60%＋损失类风险资产×100%

对其他风险资产，金融企业可参照信贷资产进行分类且采用的标准风险系数不得低于信贷资产系数。同时，新办法允许具备条件的金融企业采用内部模型法计算潜在风险估计值。

（四）新增一般准备用途的规定

新办法新增了关于一般准备使用范围的规定：“金融企业履行公司治理程序，并报经同级财政部门备案后，可用一般准备弥补亏损，但不得用于分红。因特殊原因，经履行公司治理程序，并报经同级财政部门备案后，金融企业可将一般准备转为未分配利润”。

主要概念

准备金　资产减值准备　一般准备金　专项准备金　特种准备金　拨备覆盖率　贷款拨备率　未来现金流折现法　迁移率模型　滚动率模型

复习思考题

一、单选题

1. 哪一类准备金是指对贷款进行风险分类后，按每笔贷款损失的程度计提的用于弥补损失的准备？（　）

A. 资产减值准备　　B. 一般准备金　　C. 专项准备金　　D. 特种准备金

2. 贷款拨备率基本标准为（　　）。

A. 1%　　B. 1.5%　　C. 2.5%　　D. 100%

3. 单项计提采取（　）。

A. 未来现金流折现法　　B. 迁徙率模型法

C. 滚动率模型法　　D. 预期损失法

4. 哪一类金融资产不需要计提减值准备？（　　）

A. 交易性金融资产　　B. 持有至到期投资

C. 贷款和应收款项　　D. 可供出售金融资产

5. 对非信贷资产未实施风险分类的，可按非信贷资产余额的多少比例计提一般准备？（　　）

A. 0.5%　　B. 1%～1.5%　　C. 2%～2.5%　　D. 5%

二、多选题

1. 下列哪些表述是正确的？（　　）

A. 拨备覆盖率是贷款损失准备与不良贷款余额之比

B. 贷款拨备率是贷款损失准备与各项贷款余额之比

C. 贷款拨备率具有严重的亲周期性

D. 拨备覆盖率有良好的逆周期作用

2. 准备金的计提原则有（　　）。

A. 保守会计原则　　B. 预防性原则

C. 全面性原则　　D. 及时性和充足性原则

3. 新会计准则中将金融资产分为（　　）。

A. 交易性金融资产　　B. 持有至到期投资

C. 贷款和应收款项　　D. 可供出售金融资产

4. 新会计准则对金融资产损失准备计提方式分为（　　）。

A. 单项计提　　B. 组合计提　　C. 多元计提　　D. 全面计提

5. 金融资产发生减值的客观证据有（　　）。

A. 发行方或债务人发生严重财务困难

B. 债务人很可能倒闭或进行其他财务重组

C. 债务人违反了合同条款，如偿付利息或本金发生违约或逾期等

D. 因发行方发生重大财务困难，该金融资产无法在活跃市场继续交易

三、思考题

1. 为什么现实中商业银行要同时遵守两套准备金制度？

2. 确定贷款拨备率和拨备覆盖率指标两项基本标准中主要考虑哪些因素？

3. 新会计准则对银行执行准备金制度带来哪些影响？

第十章 银行业务范围监管

【内容提要】

本章在介绍分业经营、混业经营和综合经营三种银行经营模式基础上，阐述美国、德国和日本的银行业务范围监管，重点分析了我国银行综合经营的风险监管问题。

【重点与难点】

1. 分业经营、混业经营和综合经营的利弊
2. 美国、德国和日本银行业务范围监管的比较
3. 中国银行综合经营的风险管理

【学习目标】

掌握分业经营、混业经营和综合经营三种银行经营模式，了解美国、德国与日本的银行业务范围监管制度，熟悉我国银行经营模式的演进，掌握我国银行综合经营中的风险管理及其解决措施。

第一节 概述

一、银行业务范围监管的概念

银行业务范围监管是指银行监管机构严格规范商业银行可以从事的业务种类，具体包括业务分类、审批开设、停办以及对超越业务范围经营的处罚等。银行业务范围监管不同于银行业务监管，前者解决的是银行可以从事哪些业务，后者是在前者基础上重点解决具体业务运营中的合规性问题。

银行业务范围监管是各国银行监管领域中的重要组成部分，其决定了一家银行的经营模式与营运能力，进而影响银行的生存与发展。但不同国家或同一国家在不同时期如何监管银行的业务范围，则取决于一国金融监管机构在对具体的社会经济环境和金融条件的综合考虑。

尽管世界各国对银行业务范围的监管制度设计不尽一致，但总体上可以概括为分业经营、混业经营、综合经营三种经营模式。

二、银行分业经营模式

分业经营有狭义与广义之分。狭义分业经营是指银行机构局限在银行业务范围内经营，证券、期货机构限定在证券、期货业务范围内经营，两者不得交叉进入对方业务领域，即银行业与证券业的经营分离；广义分业经营即银行、保险、证券、期货、信托机构等都限定在各自的传统业务领域内经营，不得超越既定业务范围。20 世纪 90 年代中期以前，美国、日本等国家曾采用此种模式。

分业经营模式的优势在于：降低金融机构的经营风险，避免货币市场的资金直接流入高风险的资本市场，维护一国的金融稳定；客观上起到遏制垄断、维护竞争的作用；专业化分工集中在某一特定领域的产品和服务，专门从事银行业务、证券管理、资产组合管理或为大型公司提供融资服务，资源集中，易创品牌，与客户关系简单，透明度高，易于监管。但分业经营模式也存在着弊端，即分业经营的金融机构所提供的产品品种单一，难以分散风险，综合应对风险的能力较弱，对于外部市场环境的重大变动相当敏感，面临较大的竞争压力。

随着国际金融业竞争加剧，金融创新层出不穷，欧美国家出台新金融法，混合经营模式逐步成为潮流。这种发展趋势的改变是金融资本运作效率化要求的表现，并不是监管当局任意采取的变革行为。

三、银行混业经营模式

混业经营是指银行、证券公司、保险公司等机构的业务互相渗透、交叉，而不仅仅局限于自身分营业务的范围。在此种模式下，没有金融业务之间的界限划分，银行可以同时经营商业银行存贷款业务、证券承销和经纪业务、保险业务，还可以持有非金融企业的股票。每家银行具体选择何种业务经营则由银行根据自身优势，各种主客观条件及发展目标等自行考虑，国家对其不作过多干预。为此，这种混业经营模式又被称为“全能银行制度”。世界上大多数国家都采用这种模式，其中以德国、瑞士国家为典型代表。以德国的全能银行模式为例，见图 10－1。在德国，银行可以全面经营各种金融业务而不受限制，包括商业银行的传统业务以及证券、保险等跨业业务，甚至是实业投资，其特征是一个法人、多张执照和多种业务。德国银行的全能性体现在：一是经营范围的广泛性，基本涵盖了金融业的所有业务；二是作为金融中介的主体，德国银行业基本控制了本国证券市场；三是德国银行可以购买股票，对许多企业的股权份额都超过 25%。此外，与瑞士全能银行相比，德国全能银行从事更多的传统商业银行业务。

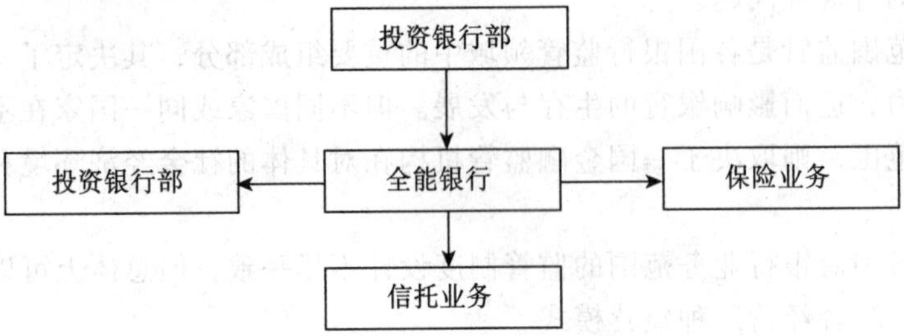

图 10－1　全能银行模式结构图

混业经营模式的优势在于：可以为客户提供较全面的金融服务，有利于扩大经营范围，实现规模经济。通过提供多样化的服务，降低了单一品种的风险，分散了经营风险，降低成本、增加利润，促进银行业务的创新能力，提高银行业的竞争力和金融服务效率。混业经营模式弊端在于：存在着相当大的管理难度，从事的业务种类过多，面临来自各方面的激烈竞争，为了设法巩固本机构在每一领域的地位，管理与风险控制将更加复杂，需要大量的资源，并且同一集团内从事存贷、共同基金、咨询、商业银行与保险等业务部门之间有潜在利益冲突。

四、银行综合经营模式

综合经营是从混业经营的概念上梳理出来的，是一种银行、证券、保险相互融合、相互促进的综合金融发展。20 世纪 90 年代初所提倡的混业经营是只是简单的提倡业务之间的相互渗透，即银行可以经营证券业务，证券公司可以经营银行业务，而没有足够地强调多种业务之间的相互配合和相互融合。

（一）英国银行母公司模式

英国银行母公司模式（见图 10－2），即允许银行在符合一定条件时成立子公司，或由其控股母公司成立其他子公司，从事证券、保险等非银行业务，其特征是多个法人、多张执照和多种业务。银行母公司包括混合控股模式和纯粹控股模式两大类。与全能银行模式相比，银行母公司内部信息交流的限制使信息优势降低，不同部门之间的隔离将规模经济、范围经济的程度降低，而管理成本则增加。但是，与全能银行相比，银行母公司的“防火墙”控制、避免了不同部门之间的利益冲突和风险传递，其透明度更高，受到监管当局的推崇。

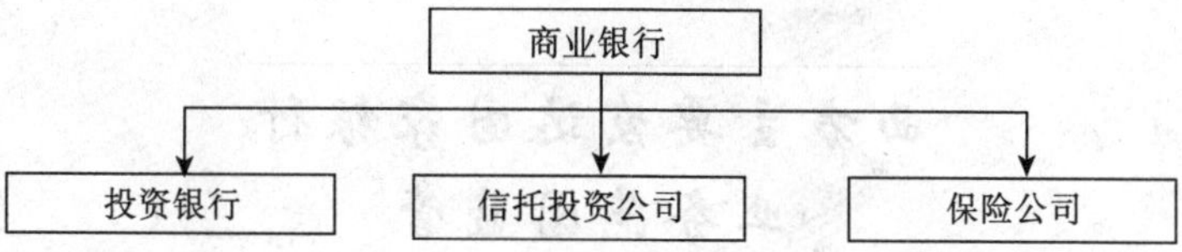

图 10-2　银行母公司模式结构图

（二）美国金融控股模式

美国的金融控股模式（见图 10-3），即银行本身或与其有直接投资关系的子公司不得经营非银行金融业务，但银行控股公司的另设子公司，可以在限定范围内经营证券或保险业务，其特征是多个法人、多张执照和多种业务。与英国模式不同，美国控股公司的母公司本身不从事业务，而是通过其从事不同业务的子公司来实现混业经营。银行控股公司可以收购证券、保险等非银行子公司，同样，非银行的证券、保险控股公司也可以收购商业银行。美国的金融控股公司，以花旗银行为典型代表。1968 年，花旗银行通过换股方式成立了单一银行控股公司—花旗公司，以此作为花旗银行的母公司。花旗公司共有 13 家子公司，分别提供银行、保险、证券、信托等多种金融服务。花旗银行和花旗公司拥有同样的董事会，两个机构是一个班子、两块牌子。这样，通过花旗公司这块招牌，花旗银行扩大了其经营范围和利润来源。1998 年，花旗银行与旅行者集团合并成立花旗集团，成为美国第一家集商业银行、投资银行、保险公司、基金管理于一身的金融集团，也成为世界上规模最大的全能型金融集团之一。

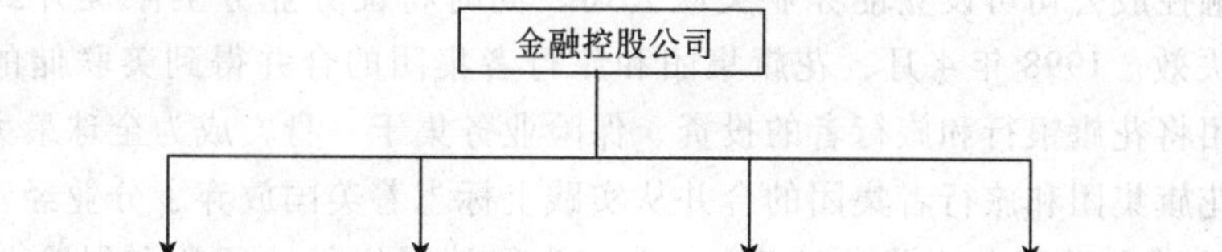

图 10-3　金融控股公司模式结构图

综合化经营是金融机构出于经济理性的必然选择。在综合化经营中，商业银行在贷款时和投资银行在办理证券承销时可以充分地掌握企业的经营状况，从而降低贷款呆账率和投资银行承销业务的风险。综合化经营也可以使银行充分利用其有限资源，实现金融业的规模效益，降低成本，提高盈利水平。同时，多元化的经营模式将使银行利润的来源多样化和风险分散化，从而提高其赢利能力并增强其竞争力。此外，综合化经营的一站式金融服务的竞争有利于优胜劣汰，有利于提高效益和促进社会总效用的提高。当然，综合化经营也存在着弊端，其主要体现在：集团化发展规模扩张拉长监督与管理防线，监督程度加大，母子公司存在利益冲突与风险渗透及传递，存在资本杠杆放大和资本抵制风险能力下降的风险，存在多重委托代理及内部人控制的道德风险。

第二节

西方主要发达国家银行业务范围监管

一、美国银行业务范围监管

在20世纪30年代以前，美国处于金融业竞争完全自由时期，金融机构基本上都是混业经营，没有严格的业务范围的划分。因为当时美国金融机构的种类比较少，服务品种也不丰富，作为金融机构的主要代表——银行几乎承揽了社会上需要的全部金融服务品种。但1929年~1933年的世界性经济大萧条，使美国的银行体制几乎崩溃。大家普遍认为导致这场大危机的重要的原因就是商业银行参与了证券市场的投资活动，而银行资金一旦陷入股票市场甚至亏损，就导致整个金融业的连锁反应而爆发全面危机。为此，为了挽救危机中的银行体系，美国出台了《格拉斯—斯蒂格尔法》（简称《格法》）。该法严格规定金融业实行分业经营模式，禁止商业银行、投资银行跨界经营。1956年，美国通过了《银行控股公司法案》，进一步加强了对银行经营业务的限制，包括禁止银行控股公司从事非银行类业务及在其他州购买银行。20世纪70年代以前《格法》在稳定金融市场、维持金融秩序、防范金融风险方面确实发挥了积极的作用。

随着金融业的发展，尤其是金融创新的不断出现，到了20世纪90年代，为提升综合竞争力，金融控股公司可设立证券业关联公司，同时将证券业务上限提升到25%，《格法》实质上失效。1998年4月，花旗集团和旅行者集团的合并得到美联储的批准，合并后的花旗集团将花旗银行和旅行者的投资、保险业务集于一身，成为全球最大的综合金融服务公司。花旗集团和旅行者集团的合并从实践上标志着美国放弃了分业经营模式。1999年美国颁布了《金融服务现代化法案》，进一步取消了银行、证券和保险业之间原有的"分业经营"限制，为未来全能型金融服务业的发展扫清了障碍，标志着美国金融业进入了综合经营的新时代。《金融服务现代化法》在一开始就明文废除了《格法》第20条和第23条规定，从而从立法上拆除了在商业银行与投资银行之间"格拉斯—斯蒂格尔"墙。同时，该法规定，符合法律限定条件的现有银行控股公司可以选择申请在银行控股公司的基础上建立金融控股公司，允许金融控股公司从事"具有金融性质的活动"，这表明该金融控股公司可以提供任何类型的金融服务，实际上成为一种真正"全能型"的金融机构。

然而，始于美国的2007年次贷危机引发全球金融市场的深度震荡。昔日的金融业巨擘在危机中遭受重创：花旗银行被分拆、苏格兰皇家银行巨亏、汇丰在全球市场遭遇危机、华盛顿互惠银行倒闭，而美国昔日风光无限的五大投行中，雷曼破产、贝尔斯登及美林被收购、高盛及摩根士丹利被迫转变为银行控股公司。根据彭博财经（Bloomberg）的统计，截至2008年年末，全球金融机构在金融危机中的资产损失已高达1.2万亿美元，受损金融机构主要集中在欧美发达国家，其中美洲约8100亿美元，欧洲约3500亿美元。为此，各国政府都在反思自己在金融监管体制上的缺陷，纷纷推进金融监管制度的改革。欧美金融机构的纷纷转型尤其是花旗分拆引发了人们的思索，花旗分拆是否意味着综合经营模式返回分业经营模式呢。这有有待于进一步观察分析，但总体上，大银行还是坚持综合经营模式。

二、德国银行业务范围监管

与美国银行业务范围监管不同，德国立法一如既往地始终坚持“混业经营”体制。这在德国体现为全能银行制度：即除了传统的商业银行业务外，法律还允许商业银行从事包括证券业务在内的多方面金融业务。19世纪下半叶起，德国工业开始迅速发展，急需大量长期资本。但当时工业融资的传统来源（私人银行家）无力提供巨额融资，因而满足工商企业对融资的多样化需求、规模较大的合资银行应运而生。这类银行不仅要从事传统存贷业务为企业提供短期资金，而且要从事证券业务（主要是新证券的发行业务）帮助企业筹措大量长期资本，形成了可从事多方面业务的全能银行。

受20世纪30年代资本主义世界性经济大危机的影响，德国银行业在1931年也发生了危机。这次危机几乎摧毁了德国的银行系统，并触发了经济总危机。在大危机后，尽管也有人将德国的经济危机归咎于全能银行体制，要求予以取消，但经过一番调查与争论之后，德国企业界和学术界的大多数意见均认为全能银行制度能给银行、客户和经济带来许多好处，因而对全能银行的批评是没有根据的。为此，德国的银行体制并未发生大变革，全能银行模式仍旧继续存在。

现行《德意志联邦共和国信用业法》仍明确规定“银行业务”包括“为他人购置和出售有价证券（证券业务）”及“为他人保存和管理有价证券（保管业务）”。此外，根据欧盟《第二号银行业指令》及其附表也明确列举的银行业务活动范围，则不仅包括传统的商业银行业务，而且还包括证券交易等投资银行业务。该《指令》中有关银行业务活动范围的规定自然也适用于德国的银行。总之，德国的商业银行可以从事包括新发行证券的承销、自营或代客买卖证券、证券清算与过户，以及证券保存与管理等全套的证券业务。当然，全能银行制度并非对商业银行的业务经营毫无限制。比如被归为全能银行的储蓄银行（以吸收个人存款、发放房地产贷款为主要业务）就是被禁止投资于股票的；当银行作为顾客的代理人或经纪人从事证券交易时，其行为受到一定限制等。

三、日本银行业务范围监管

日本的金融体制在第二次世界大战之前主要在模仿德国，而在第二次世界大战之后则主要效法美国。1948年《日本证券交易法》明确规定：任何银行不得从事证券业务，包括交易、承销或分销证券。日本在仿照美国《格法》的基础上，形成了严格的金融分业与银行分工制度。具体而言，首先，日本长期信用机构可以发行金融债券（如10年期以上的金融债券）来筹集长期资金，而普通银行只能通过吸收存款来筹措资金；普通银行所吸收的定期存款的期限最多不得超过3年，从而建立长期信贷业务与短期信贷业务分离。其次，实行银行业务与信托业务分离，促使信托机构发展为长期融资机构。最后，严禁银行从事证券业务、严禁证券公司从事存款吸收业务，构建银行业务与证券业务分离，避免重蹈美国20世纪30年代初银行大崩溃的覆辙。日本战后金融体制中的分业经营确保了高速增长所需的廉价资金的稳定供应。

20世纪70年代石油危机以后，日本经济的高速增长时代结束，战后确立的金融体制越来越不适应变化了的国内外经济环境。因为随着时间的推移，许多金融机构的业务之间出现了自然的渗透和交叉。例如，普通银行业务领域已扩展到长期融资、外贸融资和中小企业融资等，而不再局限于短期信贷业务。加上由于经济情况的变化，对金融机构业务领域的限制，事实上加剧了金融机构之间的不公平竞争。其次，一方面由于国民收入的提高、国民金融资产的积累和融资技术的发展，国民的金融需求日益趋向多样化和复杂化，另一方面许多新金融工具、新金融市场出现，打破了分业经营原则。最后，世界金融市场的一体化、自由化、证券化方兴未艾，对日本产生了强烈的冲击和巨大的压力。为此，日本于1981年6月公布实施新《银行法》，明确银行可以经营国债、地方政府债券和政府担保债券的募集和买卖业务，启动以金融证券化为标志的“金融自由化”改革，由此拉开了日本金融业由分业管制到混业管制进程的序幕。

1992年日本国会通过了《金融改革法案》，其主要内容包括：银行业和证券业或以通过建立子公司，相互进入对方业务领域，但除非获得特殊许可或在特殊情况下，银行不得通过其证券子公司进行证券投机活动；证券概念扩大到商业票据和证券化的住宅贷款，银行业和证券业可以经营新证券业务；专业银行可以按一定种类与商业银行合并，一些长期信贷银行和外汇银行也可以和城市银行合并。1996年10月17日，日本经济审议行动计划委员会下设的金融工作小组，公布了以放宽和取消各种限制为中心内容，题为《搞活我国金融系统》的报告。该报告从实现广泛竞争、资产交易自由化、缓和限制、改革监督体制等方面提出了金融大改革的框架措施，从而揭开了日本大改革的序幕。同年11月11日，桥本首相向大藏省和法务省明确提出，为了有效利用本国1200万亿日元的个人金融资产，要在2001年全面完成金融大改革。至此，日本版“金融大爆炸”正式启动。大改革将金融控股公司确立为各项金融业务相互渗透的目标，并致力于加强金融商品、业务和组织形态的自由化和多样化。此后，银行既可以拥有证券和信托银行子公司，也可以收买证券公司或信托公司等形成金融控股公司，但不得收购普通企业。其次，是取消对各类金融子公司业务范围的限制及普通银行长短期业务领域方面的限制。至此，日本完成了由追随美国建立起金融分业经营制度，到先于美国实现通过金融控股公司形式进入金融混业经营高级化阶段的转变过程。

第三节 我国银行业务范围监管

一、我国的银行经营模式发展演变

我国银行业经营模式可谓向美英模式学习，经历了混业经营、分业经营和综合经营的发展历程。

（一）混业经营阶段

1985年开始，各类非银行金融机构发展较快，尤其是信托投资公司。各国有专业银行（中农工建）都将其信托业务转移到银行下设的信托投资公司之中。1986年，重新组建交通银行和中信实业银行，业务范围都跨越了银行和非银行业务，可从事本外币银行业务、证券、保险、租赁、信托及房地产等业务。特别是1992年，全国经济气氛高涨，融资热再度升温，各家国有专业银行、交通银行、中信实业银行及区域性股份制商业银行都开始介入股票、房地产、保险等非银行业务，形成了全国金融业混业经营的局面。

（二）分业经营阶段

随着股票市场发展，房地产投资热潮带来虚拟资产的繁荣，银行和信托投资公司纷纷加大股票和房地产投资，但随着过热投资的通货膨胀，国家“一刀切”硬着陆，让信托投资公司和银行在混业经营泡沫破灭，混业经营累积风险爆发，导致银行不良资产迅速增长，信托投资公司大量破产。为此，1993年12月我国发布了《金融体制改革的决定》，对金融业进行治理整顿，并提出了分业经营措施。1995年5月《商业银行法》明确规定我国商业银行可以经营下列部分或者全部业务：吸收公众存款；发放短期、中期和长期贷款；办理国内外结算；办理票据贴现；发行金融债券；代理发行、代理兑付、承销政府债券；买卖政府债券；从事同业拆借；买卖、代理买卖外汇；提供信用证服务及担保；代理收付款项及代理保险业务；提供保管箱服务等。同时，该法第43条规定：“商业银行在中华人民共和国境内不得从事信托投资和股票业务。商业银行在中华人民共和国境内不得向非银行金融机构和企业投资。”从而在法律上确立了商业银行分业经营制度。随着证监会、保监会、银监会的成立，《证券法》和《保险业》进一步确立分业经营、分业监管的模式。

但我国银行业在分业经营中出现了不少问题：

1. 我国银行业面临国际综合经营冲击与竞争

随着全球经济金融一体化、金融自由化、金融服务多元化，国家间开放银行、证券、保险市场及西方国家的金融综合经营，对我国银行业的分业经营制度带来强烈冲击，直接威胁我国的分业经营制度。发达国家商业银行传统的存贷款间接融资业务比重越来越小，表外业务和中间业务成为银行收入的主要来源，综合经营证券、保险、信托及衍生金融业务成为国际银行业发展的方向。我国银行业必须主动适应这种变化，及早行动，以求在未来开放市场的竞争中处于有利地位。

2. 分业经营制度不利于我国银行业的规模经营和现代金融企业的改革

现行制度对银行业务、证券业务经营的严格区分和限制，抑制了市场资金供给来源，人为地割裂了资本市场和货币市场的融通渠道，不利于资金之间的相互融通。银行、证券、保险的业务品种有限而单调，使行业素质及竞争力不断下降。

3. 分业经营制度不利于我国银行业金融创新

在分业经营制度下，由于银行参与证券业务受到限制，一些具有转移风险及套期保值功能的金融产品和金融工具无法在市场立足，由此影响了证券机构的市场运作及策略，表现出很强的短期投机性和不稳定性。银行业和证券业都缺乏创新机制和创新能力。从金融工具创新来看，银行、证券、保险被强制分离，满足不了市场内在连续性的要求，导致金融创新很难开展起来；从技术创新来看，由于分业经营的束缚，银行业、证券业和保险业很难通过联合来开展技术创新。

4. 分业经营制度导致监管机构权力交叉重叠，降低了监管效率

尽管各金融机构进行严格的分业经营，不存在业务上的交叉，但监管主体重复检查与监督的情况时有发生，并且金融法规不统一，影响了金融机构的正常业务运行，同时也降低了金融监管的效率。

5. 分业经营制度不利于监管金融控股公司

金融控股公司存在复杂的组织结构和内部关系网络，同时，又从事银行、证券和保险中的两种或两种以上的经营活动，而我国现行的法律、行政法规中对金融控股公司未作任何规定。因而，面临着特殊的风险，如资本重复计算、高财务杠杆风险、不正当的内部交易或关联交易的风险等。

（三）综合经营阶段

随着欧美发达国家银行业综合经营发展趋势驱动下，我国《商业银行法（2003 年修改版》和《保险法（2005 年修改版）》都为金融业综合经营预留了发展空间。在实践中，我国已逐步形成了五种各具特色的综合经营模式：一是以商业银行为主体的综合经营模式，依托银行的客户资源、渠道资源和管理资源，以银行的业务单元或非银行子公司的形式提供多元金融服务；二是以非银行金融机构为主体的综合经营模式，银行业务不是主要的收入来源；三是纯粹的金融控股集团模式，通过不同类别的子公司提供多元金融服务和其他非金融业务，母公司通常不从事具体的业务，主要职责是对旗下的机构进行统一的管理；四是以产业为核心的综合经营模式，工商企业集团通过内部设立、入股等方式进入金融领域，开展金融业务；五是地方政府主导的地方金融控股集团模式，政府对城市商业银行、信托公司、证券公司进行重组，成立的机构从事综合经营业务。

二、我国的银行综合经营

（一）综合经营的必然性

我国金融业在 20 世纪 90 年代初期的“综合经营”事实上实行的是混业经营制度。当时，大多数商业银行都不同程度地通过全资或参股的证券公司、信托投资公司参与了证券和投资业务。由于受国内经济高涨气氛的影响，不仅各家专业银行，甚至连财政部和人民银行各级分行也不同程度地参与证券和投资业务，导致大量信贷资金进入股票、外汇、

期货和地产市场，形成了金融业混业经营的局面。混业经营导致了金融秩序混乱，并对经济过热起到了推波助澜的作用。1995 年的全国金融工作会议正式提出了金融分业经营的原则和精神，随后颁布实施的《银行法》、《证券法》、《信托法》则构筑了金融分业经营、分业监管的法律基础。

分业经营、分业监管是我国经济金融发展特定阶段的一种有效的制度安排，对防范金融系统性风险、提高了经营效率、促进金融业稳定发展发挥了非常重要的作用。但随着我国国有商业银行体制改革的深化和内部治理的改善，商业银行正在重构盈利模式，将经营重点转向理财和零售业务。在这种情况下，发展综合经营的内在要求更加迫切。在监管部门的支持下，近年来金融业综合经营的态势日趋清晰，目标选择更加明确。总体上归结为以下几个原因：

1. 综合经营是金融创新、全球化和金融监管放松的必然结果

金融产品的创新使得各项金融业务之间差异越来越小，而技术的创新也极大地改变了传统概念中的资金融通成本、收益对比状况，改变了传统的金融服务提供方式。金融的全球化极大地强化了金融企业之间的竞争，迫使金融企业追求规模的扩大和服务的扩大，迫使金融企业服务效率的提高，使得金融企业有内在的要求走向综合经营。而金融监管的放松则是综合经营实现的重要前提，它使得金融企业综合经营的努力成为合法的现实。

2. 综合经营是金融机构出于经济理性的必然选择

同分业经营相比，综合经营具有众多优势，包括信息优势、协同效应、规模经济和范围经济以及多元化利益等。具体来说：在综合经营中，商业银行在贷款时和投资银行在办理证券承销时可以充分地掌握企业的经营状况，从而降低贷款呆账率和投资银行承销业务的风险；综合经营可以使金融机构充分利用其有限资源，实现金融业的规模效益，降低成本，提高盈利水平；多元化的经营模式将使金融机构利润的来源多样化，从而提高其盈利能力并增强其竞争力，同时，金融机构的多元化金融服务也具有风险分散效应；综合经营的或一站式金融服务的竞争有利于优胜劣汰，有利于提高效益和促进社会总效用的提高。

3. 综合经营中国资本市场发展和商业银行体系的内在要求

作为现代金融体系的重要组成部分，资本市场和商业银行之间具有一定的内在联系，资本市场的发展需要银行体系为其提供必要的资金融通渠道，而资本市场则为商业银行资产和负债业务提供发展渠道。商业银行存在一些天然缺陷，资产、负债在收益与风险上的不匹配性决定了商业银行必须依赖资本市场进行资产和负债及流动性的管理，而商业银行功能的日趋衰落和资本市场核心地位的逐步确立也决定了商业银行的业务创新必须以资本市场为平台。无论是资本市场还是商业银行体系，发展到一定阶段都需要彼此合作、融合和沟通，唯有如此，才能促进各自更大程度的发展。

4. 综合经营可避免集中度风险

美国次贷危机的教训之一，是风险资产的集中度太高。金融机构经营的业务结构决定其风险结构。分散风险不仅是要分散具体某个产品、某一客户的集中度风险，还包括同类业务的集中度风险。通过综合经营可以合理调整优化银行业金融机构的业务结构，分散经营风险，避免因同类产品、同类业务的风险敞口占比过大而形成集中度风险问题。从这个意义上讲，综合经营是防范和控制集中度风险的最佳选择，可以提升抗击市场各种系统性

风险的能力。如果一家银行的贷款业务占比过大，经营收入主要依赖存贷款利差，那么一旦贷款市场出现风波，引发巨大的信用风险，银行的经营就会遭受较大的、甚至是致命的冲击。

5. 提高在国际金融竞争力的需要

事实上，银行业金融机构的综合经营也是打造我国金融航母的重要举措。在全球经济日趋一体化的大背景下，国际金融市场对我国经济的影响也不断加大，在激烈的国际金融市场竞争中，我们需要有自己的金融巨无霸。尽管目前我国的银行业在某些方面有些优势，但在综合经营方面还比较薄弱，需通过业务的综合化来提高经营各种复杂金融业务的技能，进而提高在国际金融市场上的竞争能力和抗风险能力，并发挥重要的引领作用。

（二）综合经营中的风险管理问题

我国大中型商业银行综合经营模式要积极研究有效组织形式，主要推进金融控股公司和国有银行集团。这不仅使我国金融业可获得综合经营的正面效应，还可以使原有的分业监管仍然有效。因此，在未来一段时间内，金融控股公司将成为我国银行综合经营的主导组织形式。尽管实施综合经营的金融控股公司或银行集团有很多有利的因素，但是要达到预期目标，并不是一件容易的事情，尤其是其中的风险管理问题十分复杂。

1. 风险管理的方式问题

银行业金融机构综合经营，不仅带来了业务经营范围的扩大和业务领域的增加，还带来了更多的风险因素、风险种类，加大了风险管理的难度，使得风险管理的复杂程度大大提高。由于我国银行业以经营单一业务为基础而形成的风险管理方式，对跨市场、跨业务领域的风险管理要求还难以适应，原先较为熟悉的风险管理方式、技术和工具已不能解决综合经营条件下，对不同市场、不同业务领域的风险识别、计量、监测、分析和控制的问题。

2. 风险管理的整合问题

由于银行在拓展跨市场、跨领域业务的过程中所采取的途径和方式很多：既有全资控股的，也有绝对控股的；既有新设立的，也有调整重组的；既有通过股权收购的，也有合资控股的等。这些机构不仅在业务经营上与母银行会有很大的不同，在风险管理理念、风险偏好上也存在较大的差异，尤其是通过投资收购的一些附属机构差异会更大。就是在具体的风险管理上也有很大的不同，包括风险管理体系、风险管理制度、风险评价标准、风险监测分析方法等。稍有不慎就会形成风险隐患，还会带来更大的风险损失。所以能否把跨市场、跨业务领域的风险管理整合好，形成统一的风险管理模式，是对银行业金融机构综合经营能力的一个很大挑战。

3. 交易风险的控制问题

在分业经营的情况下，一些跨市场、跨风险的交易业务，其经营主体是完全独立的，都会从各自利益最大化的角度来防范和控制风险。而在综合经营的情况下，不同交易对手之间的交易，有可能转变为在一个利益主体下的交易。这样便使原先由交易对手相互制约的业务风险控制机制失效，相关的风险因素并不会因业务交易的双方是一个利益主体而降低，而不同业务间的交易双方还会在集团利益最大化的前提下来评价风险问题。原先是公开的市场交易，现在变成了集团的内部交易、关联交易，使有些风险只是在集团内部交易，没有转移出去，并且还会因交易对手是集团成员而容易被忽视。尤其是当若干不同性质且又相互联系的风险因素交织在一起时，有些会相互抵消，有些则会叠加，形成新的交易风险。

4. 风险的放大与集中问题

在综合经营的条件下，附属机构不论在经营上对母银行有无依赖、有无关联，其经营的风险都会直接构成集团的风险，还会影响、威胁到集团整体的业务经营。原本只是一家附属机构的经营风险，会扩展为全集团的风险。同样，附属机构的一些风险事件或丑闻，还会给整个集团带来声誉风险。如果集团对跨市场、跨领域的业务风险把控稍有失误或管理不到位，特别是对附属机构间的业务往来，放松对其中的风险防控、风险隔离要求，就会使得一些风险隐患酿成全集团的风险损失。此外，综合经营使客户可以把各种金融业务都集中在一家机构办理，但如不对其设定相关业务的风险限额，各条业务线都根据客户的总体资产实力来确定风险敞口，那么加总起来就会大大超过其风险承受能力，给集团带来集中度风险。

5. 风险管理的制度问题

在长期的分业经营、分业监管下，对银行业金融机构、非银行业金融机构所经营的每一类、每一项业务都有较为完善的制度规定和监管要求，然而当这些领域的分业经营被打破之后，其中的风险如何实现有效的隔离，既没有明确的内部风险管理制度，又缺乏必要的监管规定。对不同业务领域间的交易往来，包括交易资金的来源、交易资金的用途、交易间的资金占用、交叉交易以及由此而产生的派生业务都缺乏必要的、严格的风险管理制度和监管要求，给银行业金融机构的综合经营带来一定的风险隐患。

此外，银行业金融机构管理人员的素质问题，对综合经营能否健康发展关系极大。现行的管理人员基本都熟悉单一业务经营条件下的风险管理，对跨市场、跨业务领域的风险管理缺乏经验，对整合和集成多种金融业务、管理综合金融风险缺乏相应的专业技能。

（三）加强综合经营的风险管理措施

大中型银行集团或金融控股公司要健康地综合经营发展，关键是要有强有力的自我风险管理能力，要有严格的风险管理制度以及有效的外部监管规定，同时又要根据综合经营的程度、各类业务的占比等差异情况，加强风险管理。

1. 健全的风险管理体制

综合经营的银行金融机构要健全和完善相应的风险管理制度体系。一是有明确的综合风险管理机构，要在各条线风险管理的基础上，设立集团综合风险管理机构，并明确其综合风险管理的职能和责任。二是有完整的、与综合经营业务相适应的风险管理制度，特别是要健全跨市场的风险控制和跨风险种类的业务管理制度，要对不同市场、不同领域的业务实行严格的风险隔离和交叉控制，设立风险防火墙，并建立严密的授权制度、风险监测控制制度和风险报告制度，包括大额交易、重大事项、应急等报告制度。三是实行严格的各类风险敞口限额管理，所有附属机构都要严格执行由集团设定的风险限额，包括各种业务产品限额、客户综合授信限额、内部交易限额、关联交易限额等。

2. 明确的风险偏好和经营战略

由于综合经营的风险管理通常会比经营单一业务难度更大，因此，金融机构在实施综合经营战略时，一是要根据自身的特点和优势，选择最熟悉、关联度最高、互补性最强的市场、业务领域先进入，循序渐进，量力而行，稳步推进，避免因不熟悉市场、不了解业务而带来经营风险。同时要考虑边际效益，以提高集团的总体收益水平为目标。二是坚持要以银行业务为基础为主业，配套来开展综合经营，避免不加区分的齐头并进或独立于银行基本业务来运行，更不要盲目追求综合经营范围及其规模，这对防范综合经营风险是极为重要的。事实上，就一家金融机构而言，其风险管理能力都是有限的，不可能在所有金融领域里都做得最优秀。三是结合风险管理能力来稳步推进综合经营，管理团队有什么样的优势、有什么样的人才就经营什么样的业务。当然风险管理是实践性很强的业务，也不是要求风险管理人员都要事先具备或精通各类风险管理技能，而是要在综合经营的实践中注重提高风险管理人员的业务素质和技能。

3. 对并表的附属机构实行集中统一的风险管理

不同业务领域的并表机构会有不同的经营特点，尤其是投资收购和合资控股的子公司，因此在具体的经营策略、市场营销、内部管理等方面可以采取融合、整合、兼容、包容等方式，但在风险管理上必须强调集中统一、高度一致。事实上也只有风险管理的集中统一才能真正实现对跨市场、跨领域风险的有效隔离、有效控制。一是集团要通过依法派出董事、监事、管理团队来实现对附属机构经营风险的集中统一管理，集团的风险理念、风险偏好、风险文化、风险管理要求和风险经营策略，通过附属机构的董事会得到全面贯彻执行。二是对并表附属机构的信息系统进行统一集中整合，通过集中统一的信息平台不仅把业务操作的流程，而且更重要的是把风险理念、风险文化、风险管理制度和要求传导给附属机构，并实现对各类附属机构经营风险的有效控制，确保各种业务信息能全面、及时、准确反馈到集团。三是在风险识别、计量、监测、分析中要实行统一的计量模型和方法，统一的风险评价标准，这是实现集团统一风险管理的前提条件，也是计算集团总的风险敞口的基础。

4. 适应综合经营而创新风险管理

业务经营的综合化需要通过创新来拓展，综合经营中的风险管理问题也要通过创新来解决。银行金融机构的综合经营以及对附属机构的风险管理是一项较为复杂的问题，并不能一蹴而就，很多问题并没有一个固定的模式，需要在实践中不断探索、不断创新。例如，跨领域的业务合作与风险隔离；不同性质风险的加总及集团综合风险敞口的计量方法；并表附属机构的有限责任和集团的道义责任；属地管理与集团管理的关系等。另外，各国的法律规定差异较大，对境外附属机构实行有效的风险管理中，还有不少特殊的问题也需通过创新和沟通来解决。

5. 提供良好的外部环境

一是改革和完善现行的监管体制，建立起与监管对象综合经营相适应的监管体制，设立更有力度的综合性金融监管机构来全面监管金融机构，及时揭示、提示、预警、控制风险，确保国家金融安全，确保市场有序竞争，金融机构合规经营，金融风险可控。二是整合、完善相关的金融监管制度、办法，对现行按业务领域、条线制定的监管规定进行相应的调整、补充、完善，以便使得监管规定和要求更具针对性和可操作性。同时，对金融机构在综合经营中出现的新情况、新问题，要及时采取合适、有效的监管措施来引导、帮助，不宜简单地禁止、限制了事。三是明确规定较高的准入条件。金融业是个风险行业，一家金融机构如经营多种金融业务那就是在风险行业中经营高风险业务，所以对这类机构仅按经营单一金融业务的监管准入标准是不够的，应当有较高的准入条件，要有一些定性和定量的具体指标规定，只有满足准入条件的金融机构才能实施综合经营。四是对有关的法律也要进行相应的修改、完善。由于现行的法律法规基本都是以分业经营为基础的，有些已不太适应实际的市场变化，使得综合经营的金融机构缺乏相应的法律可依。因此，为规范金融机构的综合经营行为，维护市场秩序和市场主体间的公平竞争，有关部门应尽快修订完善相关的法律法规。这对金融机构、监管部门都十分重要，使得经营者和监管者都能在国家的法律框架内，依法经营、依法监管，这也是防范金融风险的重要基础性法律保障。

主要概念

业务范围监管　分业经营　混业经营　综合经营　金融控股公司

复习思考题

一、选择题

1. 分业经营模式的弊端在于（　　）。
A. 存在着很大的管理难度
B. 难以分散风险
C. 母子银行间存在利益冲突与风险渗透及传递
D. 存在多重委托代理及内部人控制的道德风险
2. 下列哪个国家坚持全能银行制？（　　）
A. 英国　B. 美国　C. 日本　D. 德国
3. 美国《格拉斯—斯蒂格尔法》确立了（　　）。
A. 混业经营模式　B. 综合经营模式　C. 全能银行模式　D. 分业经营模式
4. 我国《商业银行法》第四十三条明确规定，商业银行在中华人民共和国境内（　　）。
A. 不得发行和投资金融债券　B. 不得从事信托投资和证券经营业务
C. 不得向非自用不动产投资　D. 不得向非银行金融机构和企业投资

二、思考题

1. 简述分业经营、混业经营和综合经营的利弊。
2. 简述我国银行综合经营的必要性。
3. 简述我国银行综合经营发展风险问题及风险管理措施。

第十一章 银行监管方式

【内容提要】

本章主要介绍非现场监管的基本含义与作用，非现场监管工作的内容、程序、方法和技术手段。同时，还介绍了现场检查的含义、内容、方式与方法以及程序，并重点讲解了现场检查的操作实务、后续监管行动以及如何提高现场检查水平。

【重点与难点】

1. 非现场监管的基本程序、对非现场监管指标的分析判断
2. 现场检查的流程、现场检查的主要方法和技巧

【学习目标】

掌握非现场监管的概念、工作内容、方法手段以及基本程序，了解非现场监管报表指标体系，同时掌握现场检查的一般手段、分析技术以及基本检查程序，熟悉现场检查系统。

第一节 非现场监管

一、非现场监管的概念与作用

（一）非现场监管的概念

非现场监管是指监管部门在定期或不定期采集被监管机构相关信息的基础上，通过对监管信息的分析处理，持续监测被监管机构的风险状况，及时进行风险预警，并相机采取监管措施的过程。充分发挥非现场监管的作用，不仅需要足够的具备专业分析技能和丰富监管经验的监管人员，而且需要一个信息要求明确合理的非现场监管信息系统作为分析工作和手段，还需要分工合理、职责明确的工作流程来保障非现场监管工作的效率和质量。

（二）非现场监管的作用

第一，非现场监管的工作结果可以反映被监管机构最新、最及时的状况，可以提高监管的时效性。由于监管部门不可能始终在现场，因为这样做不仅成本高且对于大多数被监管机构而言并无必要，现场监管掌握的情况往往是一定周期的情况，而非现场监管可以通过不同手段获取最新的消息。

第二，非现场监管能够帮助监管机构有效地配置资源，降低监管成本。非现场监管可以在第一时间察觉预警信号和存在重大风险和问题的迹象，并据此及时进行现场检查，投入更多的监管资源加强监管，及早处置风险问题。

第三，非现场监管对被监管机构干扰程度小，不会影响被监管机构的日常运营，更容易得到被监管机构的认同。

此外，随着非现场监管系统的不断提升，可以对不断积累的历史数据通过先进的统计模型进行处理分析，及早预测导致被监管机构倒闭的高风险特征。

二、非现场监管的工作内容与方法手段

（一）非现场监管的工作内容

1. 分析判断被监管机构的整体经营状况

非现场监管人员应定期对被监管机构的资本充足状况、资产安全状况、流行性状况、盈利状况、公司治理和内部控制状况等进行综合分析判断。其中，在资本充足状况方面，主要分析被监管机构的资本金状况（含资本充足率变化情况）、资本构成及变动情况、股本再生能力、资本补充规则及可行性、资本充足性管理政策、利润及股息分配等。在资产安全状况方面，主要分析被监管机构不良贷款的余额、结构；不良贷款比例及较上期的变化情况；信用风险管理情况；贷款风险集中度，包括集团客户授信情况；非信贷类资产和表外业务的基本情况；不良贷款清收、核销、拨备情况；资产的实际损失程度。在流动性

状况方面，主要分析被监管机构的主要流动性指标变化情况、资产与负债结构及变动情况、流动性管理政策和措施，要说明主要流动性指标变化情况并分析具体原因，对其中变动异常的指标进行具体分析；对影响银行流动性状况的因素进行分析。在盈利状况方面，主要分析被监管机构的主要财务指标及变动情况、影响经营成果的因素。在公司治理方面，非现场分析人员应从现场检查的结果出发，说明与公司治理相关的重大事项，其中要特别说明关联交易基本情况及相关的管理制度和控制措施，分析关联交易的风险状况。在内部控制方面，主要分析内部控制基本状况，说明其最新的重要内控政策和措施及其影响；关注报告期内案件、事故的发生情况（数量、金额及涉案人员等），并对原因进行具体分析；说明报告期内内部审计和外部审计情况以及审计结果。

2. 评估被监管机构的整体风险状况并发挥预警作用

非现场监管人员应基于分析判断结果，依据规范的方法（如 CAMELS 评级方法）确定和评价被监管机构所承受风险的性质和程度，并根据评价结果确定下一步现场检查和非现场监管工作的重点。

3. 及时采取跟进措施和监管行动

非现场监管人员应根据具体情况采取不同层级的跟进措施和监管行动。在短期和中期的监测分析时，如果发现一些具体的监管信息出现预警信号，监管人员应立即通过电话、函件等形式询问被监管机构得到合理的解释和说明，如果这些预警信号很快演变为潜在的风险，则要考虑立即进行现场检查，以获取更为详细具体的情况。当一些监管指标接近警戒值或触发值时，监管人员应及时发出监管指令，要求被监管机构采取措施改善指标，尽量避免出现违反法规的情况。一旦出现违规的情况，则应动用监管机构的正式权力对被监管机构给予严厉的惩戒。同时，非现场监管人员应特别注意对被监管机构开办的新业务和新产品的日常监测，重点在于了解其对新业务和新产品的内控政策和措施是否足够管控其风险。

在长期的非现场监测和分析完成后，通常采取的监管措施就是为现场检查立项，清楚确定检查的内容、范围、深度和重点。同时，可以与被监管机构的高级管理层进行审慎会谈，通报非现场监管分析的结果。一般来说，在现场检查结束时，非现场监管人员也应参加离点会谈，获知检查结果并持续跟进。

上述非现场监管工作内容应不断循环往复，形成良性的持续的非现场监管。

（二）非现场监管的方法手段

1. 确定监管信息

实施有效的非现场监管工作，根本基础是合理确定对被监管机构的监管信息要求。监管机构确定监管信息要求应注意以下几个方面：

（1）会计准则。被监管机构须向监管机构定期报送财务报表和提供其他非现场监测需要的信息，为了确保被监管机构提供的信息具有可比性，使监管者对于银行财务状况和盈利水平得出真实而公正的判断，监管机构应当对信息的内容做出明确规定，信息内容应完备且清楚。最佳的做法是监管机构向被监管机构提供编制报表的说明，明确规定编制监管报表使用的会计标准。

（2）监管信息报告的范围和频率。监管机构有权决定信息报告的范围和频率，以便及时获取被监管机构发生的重大变动以及整个体系的动态。监管机构应当设计满足监管需要的、科学合理的报表体系，包括月报、季报和年报，还应当包括一些“因事而报”的非定期报告。定期提供的报告至少包括资产负债表、损益表以及涵盖辅助信息和关键风险暴露的报告。

（3）监管信息的准确性。被监管机构管理层有责任保证提供信息的准确、完整和及时，其报告的信息应当经过内部审计部门以及外部审计机构的审核。被监管机构报送的年度财务报表应当由外部审计机构按照国际通行的审计做法和标准进行审计。监管机构可以通过现场检查，或者视监管资源配置情况，全部或部分地利用外部审计对银行提供的信息进行定期核实。此外，监管机构利用外部审计机构须特别注意以下事项：委托外部审计机构的监管任务不能超过其常规审计的工作范围；监管机构有权要求外部审计机构完成特定监管任务时必须满足特定的监管要求，监管机构应当为外部审计机构制定审计工作的范围和操作指引；监管机构有权取消银行对外部审计机构的聘任；监管机构应劝导银行集团在整个集团内尽可能使用同一审计机构和会计日期；监管机构和外部审计机构各自的职责要非常明确；监管机构要确保与外部审计机构保持畅通的交流渠道。

（4）监管信息的保密。监管当局应当对某些敏感的监管信息，诸如被监管机构客户的账户信息和银行面临的严重问题等予以保密，并应让被监管机构清楚地知道监管当局能够保守秘密。

（5）信息披露。为了保证市场的有效运行，建立一个稳定而高效的金融体系，市场参与者需要获取及时准确的信息。因此，信息披露成为监管的必要补充，监管机构应鼓励被监管机构定期向公众发布其经营管理活动的信息，真实而公正地说明其财务状况。被监管机构披露的信息应当及时、准确和全面，使公众充分了解被监管机构的内在风险，以便为有效的市场约束创造条件。

2. 使用规范的分析方法

非现场监管应使用统一规范的、符合国际惯例的分析方法，包括比率分析、趋势分析、因素分析、比较分析、配比分析、结构分析和案例分析等基本分析技能和手段。

三、非现场监管的基本程序和质量管理

（一）非现场监管的基本程序

为规范非现场监管的程序、内容和方法，明确非现场监管人员的职责和报告路径，提高非现场监管的工作质量和效率，根据《银监法》等有关法律法规，银监会印发了《中国银行业监督管理委员会非现场监管指引（试行）》（以下简称《指引》）。该《指引》指出：规范的非现场监管工作包括制定监管计划、监管信息收集、日常监管分析、风险评估、现场检查立项、监管评级和后续监管等七个环节（见图 11－1）。

1. 制定监管计划

非现场监管人员通过重点分析风险评估矩阵、监管评级和现场检查情况，结合掌握的其他信息，找出被监管机构的风险薄弱点和风险疑点，确定需加强监管的业务种类、风险评级和重点区域，提出拟采取的监管策略和措施。

（1）主监管员应当在充分了解被监管机构的基础上，在每一个监管周期之初，征求

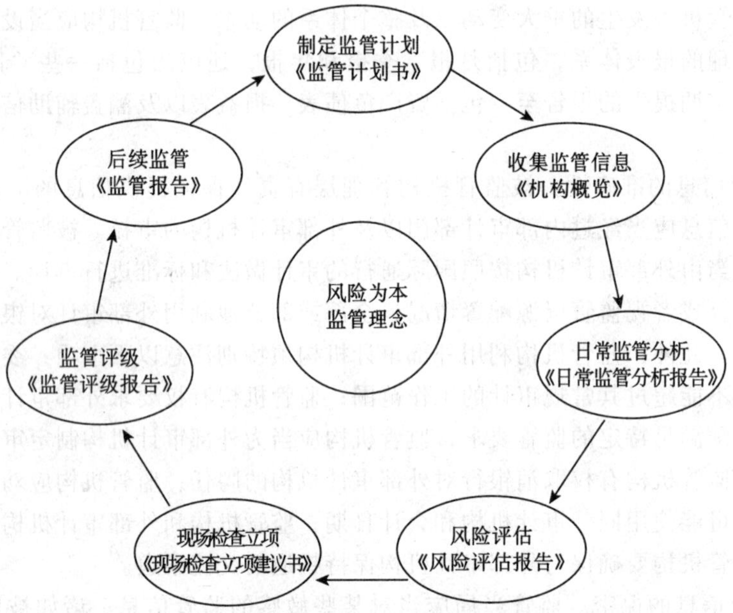

图 11－1 非现场监管流程图

其他非现场监管人员的意见后，制定行之有效的监管计划，以提高非现场监管的计划性和针对性，提前合理配置监管资源，实施分类监管。监管计划的内容至少包括：被监管机构的本监管周期的时间长度，重点关注风险领域，本监管周期内风险评估、现场检查、监管评级等各项主要监管任务计划实施的时间等。

（2）一个监管周期是一个完整的非现场监管的循环，涵盖了制定监管计划、监管信息收集、日常监管分析、风险评估、现场检查立项、监管评级和后续监管等七个阶段。监管周期的时间长度可以参考被监管机构的风险水平和对金融体系稳定的影响程度来确定，监管评级越好，资产规模越小，监管周期越长，应体现被监管机构的风险越小，配置的有效监管资源越少的分类监管原则。

（3）制定监管计划时，主监管员要结合被监管机构的现状和监管资源的实际，从提高监管效率出发，合理安排各项监管任务。

（4）制定监管计划的具体步骤，包括：①搜集充分信息。主要包括相关报表、最新版《机构概览》、上期风险评估报告、上期监管评级情况、上期现场检查报告及机构检查后整改情况、业务发展战略和重大事项报告、新产品和新业务情况、内外部审计报告、审慎会谈、三方会谈等形成的会议纪要等。②主监管员确定监管周期长度。被监管机构的风险水平越高或对金融体系稳定的影响程度越大，监管强度应越高，监管周期应越短。主监管员确定监管周期时长后，应尽快通知非现场监管员。③主监管员提出被监管机构《监管计划书》草案。通过重点分析风险评估矩阵、监管评级和现场检查情况，结合掌握的其他信息，找出被监管机构的风险薄弱点和风险疑点，确定需加强监管的业务种类、风险类别和重点区域，提出拟采取的监管策略和措施。主监管员完成草案后，应尽快下发给非现场监管员。④被监管机构如有分支机构，从事被监管机构的分支机构属地监管的非现场监管员，收到主监管员下发的《监管计划书》草案后，结合本周期被监管机构的监管重点，根据主监管员确定的法人机构监管周期，与同级现场检查人员、准入人员协商，研究制定属地分支机构的《监管计划书（分支机构）》草案，经同级非现场监管负责人审核后报送主监管员。⑤主监管员拟定被监管机构《监管计划书》并报审。主监管员汇总分析被监管机构各分支机构的《监管计划书》，与同级现场检查人员和准入人员协商，修改补充该机构《监管计划书》草案，将拟定的《监管计划书》呈非现场监管负责人审核。⑥银监会各监管部门、各银监局的非现场监管负责人审核《监管计划书》时，应综合考虑同质同类或本地区的银行业金融机构的监管任务的时间、地域安排，合理安排和平衡监管资源，加强协调，避免冲突。如有必要，可由非现场监管负责人将《监管计划书》呈报上级领导审定。⑦《监管计划书》审定通过后，主监管员应及时发送同级现场检查部门和市场准入部门及下级派出机构执行，统一指导同一法人全辖的非现场监管。⑧主监管员根据被监管机构的《监管计划书》，全面掌握和控制监管计划的执行进程，并根据被监管法人机构经营管理情况和风险状况的重大变化，及时修订监管计划和更新执行记录，指导、协调各级监管员履行相应监管职责。

2. 收集监管信息

非现场监管人员从被监管机构收集信息主要包括非现场监管报表和各类定期或不定期信息资料。同时，应加强与现场检查部门、金融机构准入部门、统计部门和创新业务监管部门等内部相关职能部门的信息交流，并建立报告文件和分析资料的信息共享机制，以获取充分的数据和信息支持。还应及时了解和关注社会公众和社会媒体信息。此外，非现场监管人员也可要求银行业金融机构报送已报送信息的补充报告和情况说明，或进行针对性的实地走访，以深入掌握被监管机构风险状况。信息收集流程包括信息采集、质量审核和情况记录三个主要环节。

3. 日常监管分析

非现场监管人员通过定期或不定期收集非现场监管信息，运用多种分析方法进行日常监管分析，可以识别、度量、分析、判断被监管机构经营情况和风险状况，及时进行风险提示，提出防范、化解风险的措施与建议，为风险评估和监管评级奠定基础。在日常监管分析中，非现场监管人员可以运用异常变动分析、合规分析、比例分析、结构分析、趋势分析、同质同类分析和压力测试分析等多种方法对银行业金融机构的基本财务状况分析、信用风险分析、流动性风险分析、市场风险分析、资本充足率分析和合规性分析等进行分析。非现场监管人员应按月撰写《日常监管分析报告》，该报告文字应尽量精简，突出主要风险及问题，着重就异常变动、不符合审慎监管要求的指标和重大风险情况进行说明，不求面面俱到。

此外，根据日常监管分析结果，非现场监管人员应提出工作建议，并做出下一步工作安排。内容一般包括以下几方面：①对需要进一步调查、核实的主要风险点或有关事项，采取现场走访等形式，到被监管机构作实地调查和了解。②对监管指标和主要项目异常变动幅度大、频率高，且可能存在或产生风险隐患的被监管机构，可采取风险提示和约见高级管理人员等措施。③对违反审慎监管要求，存在严重风险和问题的被监管机构，可采取特别监管措施。④其他工作建议和安排。⑤报告路线。银监会及其派出机构的非现场监管人员在日常监管分析时，要建立快速、有效的监管联动工作机制，加强信息沟通、交流和反馈。

4. 风险评估

风险评估是通过对风险种类、风险程度和风险发展趋势进行分析识别，对主要业务的风险状况、风险管理的充分性以及外部风险因素的影响做出判断，并在此基础上对机构的整体风险水平做出评估。风险评估是一个动态过程，每个监管周期至少要对被监管机构进行一次正式的风险评估。监管周期内一旦发生影响被监管机构风险状况的重大事件，非现场监管人员应当及时更新风险评估结果。

风险评估过程包括以下四个阶段：

（1）收集风险评估信息。非现场监管人员应当收集被监管机构的业务活动和风险状况的信息，了解被监管机构的风险环境、业务领域和风险管理制度。如有必要，非现场监管人员还可通过实地走访、与被监管机构管理层会谈等方式来获取所需信息或核对已有信息。

（2）界定主要业务种类。非现场监管人员在界定主要业务领域时，应综合考虑被监管机构的资产结构、业务规模、发展战略、收入贡献、新产品和新业务扩张计划等因素。一般情况下，任何超过总资产或总收入一定百分比（如5%）的业务都应该单独考虑。具体百分比由各机构主监管员确定。部分业务虽然没有超过上述比例，但是对被监管机构的风险状况有较大影响，如衍生产品业务等，也可进行风险评估。

（3）界定主要风险种类。一般情况下，风险评估涉及的风险种类包括信用风险、市场风险、流动性风险、操作风险、法律风险、声誉风险和策略风险等七大类风险。其中，对于信用风险、市场风险和流动性风险是非现场监管人员每一次风险评估中都应考虑的内容。其他四类风险，非现场监管人员可以根据被监管机构实际情况和机构面临的经营环境等因素，决定是否将其纳入某一次风险评估中。

（4）完成风险评估矩阵。具体包括：①评估内在风险水平。非现场监管人员应根据确定的业务种类和风险类别，分析、识别每一业务涉及的每一类风险的内在风险水平。评估内在风险水平应当明确各类风险的主要来源，根据不同风险种类采取相应的定量和定性分析方法，并结合监管人员的主观判断形成结论。内在风险水平可分为高、中、低三个等级。②评估风险管理能力。非现场监管人员应当逐一评估主要业务的风险管理能力，对被监管机构董事会和高级管理层风险认知和参与程度，被监管机构识别、计量、监测和控制所有内在风险的方法进行评估。主要评估因素包括：董事会和高级管理层的有效监督，风险管理政策、程序和风险限额规定，风险计量、监测程序和管理信息系统，内部控制和内部审计。综合上述四项因素的评估，风险管理能力评估结果分为强、可接受、弱三个等级。③确定各类风险发展趋势。非现场监管人员在对风险进行评估时，需要考虑未来一段时期（如12个月）的风险变化趋势，以及新业务和新产品所包含的风险，使风险评估不仅能够反映被监管机构目前的风险状况，而且能够对风险的发展趋势做出前瞻性预测。风险发展趋势用“上升”、“稳定”或“下降”表示。判断风险变动方向需要分析所有影响被监管机构风险状况的重要因素，包括发展战略、重要人事变动、风险管理体系和内部控制的变化、业务发展趋势、新产品和新业务开展情况等市场情况，进而做出判断。④评估整体风险水平。非现场监管人员应当运用风险矩阵分析，对被监管机构主要业务的风险状况进行汇总，并在综合考虑每类业务的内在风险水平、风险控制充分性和风险发展趋势的基础上得出机构的整体风险水平。非现场监管人员应当在日常监管工作基础上进行专业判断，不能对低评级和高评级进行简单的算术平均。原则上，内在风险水平与风险管理能力两个因素的权衡上，风险管理能力所占权重更高。各项主要业务的整体风险水平可以分为高、中、低三个等级。⑤撰写风险评估报告。非现场监管人员在前四个步骤的基础上，完成《风险评估报告》和《风险评估矩阵表》，并按要求将有关材料报非现场监管负责人和（或）上级部门非现场监管人员（或主监管员）。《风险评估报告》揭示被监管机构总体风险评级和风险发展趋势，对主要业务涉及的各类风险进行分析，对管理层控制风险的有效性进行质量评估。《风险评估矩阵表》是风险评估结果的高度概括，其中重要的评价都应包含在《风险评估报告》中。监管人员将依据《风险评估报告》确定被监管机构的总体风险状况、风险点和薄弱领域，为制定监管计划、确定现场检查范围和实施检查提供决策依据。

5. 现场检查立项

主监管员在完成非现场综合分析评价后，可对被监管机构进行现场检查立项。现场检查立项是实现非现场监管与现场检查有机结合的重要保证。其目的主要是以非现场综合分析评价结果为基础，制定现场检查方案，根据风险高低合理配置现场检查资源，提高现场检查的针对性和有效性。

现场检查立项的主要依据是监管流程各阶段形成的监管成果，包括《机构概览》、日常监测分析结果、《风险评估报告》、上一次现场检查报告及内外部审计报告等，重点检查其中不确定的问题、疑点和风险薄弱点。现场检查的重点包括但不限于：①管理薄弱、风险高或风险呈明显上升趋势的领域。②非现场监管数据指标出现重大异常变化，可能存在问题或有问题需要进一步查证核实的领域。③发展战略、业务品种、风险管理架构及管理信息系统等发生重大变化的领域。④非现场监管中难以获取充分信息，需要通过现场检查深入了解的领域，主要是风险管理和内部控制情况。

主监管员原则上应在完成风险评估之日起 30 个工作日内制定《现场检查立项建议书》，并送交现场检查部门。《现场检查立项建议书》的主要内容包括：①陈述本次现场检查的目的。②按风险类别分别概述现场检查中应当关注的重点业务和管理领域及其检查覆盖面。③提出本次现场检查所需人员的经验及技能要求。④估算本次现场检查所需要的人员和时间，包括检查准备、检查实施和撰写报告的时间。

6. 监管评级

监管评级是一个综合非现场监管、现场检查、对监管对象持续关注以及风险评估与预警等信息的过程。有效的日常监管有利于提高监管评级的效率，增强监管评级的准确性。非现场监管人员应在规定时间内对被监管机构进行评级，或者对上一次评级结果进行修订和更新。非现场监管人员必须充分掌握监管评级的所有要素和评级原理方法，依据规范的评级步骤和程序进行评级工作，并充分利用评级结果，及时确定监管重点、采取有针对性地监管措施和行动。监管评级应依循以下程序：收集信息、初评、复评、审核、评级结果反馈和评级档案整理。

7. 后续监管

后续监管指监管机构根据风险评估、现场检查和监管评级情况，提示被监管机构关注重点风险、落实整改、进行三方会谈、与董事会或高管层审慎会谈，撰写监管报告以及对监管效果进行后续评价的阶段，并着手制定下一个监管周期的工作计划。

（二）非现场监管的质量管理

银监会负责对全国性和区域性商业银行的非现场监管，根据工作需要，也可授权银监会各级派出机构对其辖内的全国性及区域性商业银行法人机构进行非现场监管。银监会各级派出机构负责对辖区内的商业银行分支机构的非现场监管及根据授权对辖区内的商业银行法人机构进行非现场监管。上级机构可向下延伸进行非现场监管。下级监管部门应按要求向上级监管部门报送非现场监管分析报告及其他分析报告，上级监管部门应及时向下级监管部门通报有关非现场监管信息。

为保证非现场监管工作的质量和持续性，监管部门应指定专门人员从事非现场监管工作，并保持相对稳定。非现场监管人员对承担的非现场监管工作负责，独立做出监管结论。同时，为促进非现场监管工作的创新和发展，应建立非现场监管工作评价制度，对非现场监管工作的效率和质量进行评价。非现场监管工作的评价内容包括：信息采集的及时性和全面性；信息分析的合理性和准确性；监管信息档案的完整性；监管措施的可行性和非现场监管的有效性。

四、非现场监管报表指标体系

非现场监管报表指标体系是一种工具和技术手段，通过这种手段可以帮助监管人员更加准确、清晰地识别、度量银行业金融机构的风险状况和抵御风险的财务能力，可以帮助监管人员更加全面、方便和快捷地对风险进行分析、评价和预警。非现场监管报表指标体系充分体现了“风险为本”和“法人监管”的理念。

（一）基础报表

基础报表重点反映各类银行业金融机构财务状况、风险情况以及风险抵御能力，是非现场监管报表体系数据源报表的主体。

1. 总体框架

基础报表包括基本财务、信用风险、流动性风险、市场风险、资本充足率和其他类六部分，共24张。其内容基本涵盖目前银行业金融机构资产负债情况、损益情况和主要风险情况。整个基础报表设计思路上体现了以风险为本的监管要求，同时充分借鉴有关国际标准和先进经验。

2. 主要内容

（1）基础财务报表。共5张，分别为“资产负债项目统计表及附注”、“表外业务统计表”、“资产减值准备情况表”、“利润表”和“利润分配表”。

（2）信用风险报表。共6张，其较为全面地反映了一家银行贷款及其他资产的质量分类、抵押担保、抵押资产、拨备充足、迁徙变化、重组盘活、资产处置、授信集中、关联交易等各类信用风险有关信息。

（3）流动性风险报表。共4张，从账面流动性、时点流动性以及未来流动性缺口等方面反映一家银行流动性情况，加上“资产负债表”附注中附表4和附表5中的信息，能够基本反映出一家银行流动性全貌。

（4）市场风险报表。共3张，反映银行机构的汇率风险、利率风险和投资明细情况。

（5）资本充足率报表。共3张，分别反映资本充足率的总体情况和表内表外加权风险资产情况。有关市场风险资本要求一系列明细报表在报表体系中没有包括，只是将其计算结果体现在资本充足率汇总表中。

（6）其他类报表。共3张，包括G51“客户大额授信统计表”、G52“房地产汽车零售贷款违约客户情况统计表”、G53“分地区情况表”。

（二）非现场监管指标体系

1. 概念与作用

监管指标就是在非现场监管工作中经常使用的，反映银行业金融机构财务状况和风险情况的一系列比率。通过监管指标可以直接清晰地反映出一家银行的情况，可以方便地将一家机构与其他机构进行对比分析，也可以供监管人员采用模型等更高级的分析方法对某些问题进行深入研究，同时还可以将指标结果与定量评价预警相结合，对银行情况进行总体研判。

2. 总体框架

非现场监管报表指标体系中全部监管指标分为四大类，即主要指标、辅助指标、特色指标和合规指标（见表11－1和表11－2）。目前监管指标共有114个，其中主要指标有18个、辅助指标有13个、特色指标有50个、合规指标有33个。从每一类指标反映的内容看，又可以按照CAMELS框架分为资本充足、信用风险、盈利性、流动性风险、市场风险和其他六项内容。

表11－1　四类监管指标总体情况表

CAMELS要素	主要指标	辅助指标	特色指标	合规指标
资本充足	2	0	2	—
信用风险	5	4	9	11
盈利性	6	3	—	—
流动性风险	3	4	3	—
市场风险	2	2	—	—
其　他	0	0	36	22
小　计	18	13	50	33

表11－2　主要指标和辅助指标一览表

CAMELS要素	主要指标	辅助指标
资本充足	资本充足率、核心资本充足率	无
信用风险	不良贷款率、不良资产率、贷款损失准备充足率、资产损失准备充足率、单一集团客户授信集中度	90天逾期贷款与不良贷款比率、拨备覆盖率、授信集中度、全部关联度

续表

CAMELS 要素	主要指标	辅助指标
盈利性	调整后资产利润率、资产利润率、资本利润率、风险资产净回报率、成本收入比率、净利差（%）	利息净收入率、利息收入比率、中间业务收入比率、债券利息收入比率
流动性风险	流动性比例、人民币超额备付金率、流动性缺口率	经调整资产流动性比率、核心负债依存度、存贷款比率、最大十户存款比例
市场风险	累计外汇敞口头寸比例、利率风险敏感度	美元敞口头寸比例、投资潜在损失率
小 计	18	13

第二节 现场检查

一、概述

（一）现场检查的定义

现场检查是指银行监管当局及其分支机构派出监管人员到被监管机构进行实地检查，通过查阅金融机构经营活动的账表、文件等各种资料和座谈询问等方法，对金融机构经营管理情况进行分析、检查、评价和处理，督促金融机构合法稳健经营，提高经营管理水平，维护金融机构及金融体系安全的一种检查方式。

与非现场监管相比，现场检查的优点主要表现在：①真实性。现场检查人员直接深入被监管单位，通过对会计凭证、账簿、报表和有关资料进行检查、分析、鉴别，直接对有关人和事进行查访，掌握第一手资料。②目的性。监管方根据有关信息，有目的地深入被监管单位进行检查，提高了灵活性。③灵活性。检查人员可根据需要重点收集有关证据，也可以根据发现的问题灵活地调整检查计划。④准确性。通过现场查阅、观察、询问、核实等方法，可保证检查结果的客观和可靠。⑤全面性。对被监管单位的业务经营和内控状况，检查人员可进行全方位地掌握，反映的信息具有全面性。

尽管现场检查是监管人员发现核实问题的有效手段，但现场检查的成本相对较高，而且存在一定的时间间隔，缺乏连续性。

（二）现场检查的分类

1. 全面检查和专项检查

现场检查按检查的范围和内容划分，可分为全面检查和专项检查。全面检查是指对受检银行业金融机构某一时期内所有业务活动进行的检查。全面检查易于全面掌握被查机构的整体经营管理状况，便于进行总体评价，但需要花费较大的人力、物力，一般不宜过多采用。专项检查是指对受检银行业金融机构业务经营的某一特定方面进行的检查。专项检查重点突出，检查耗费的时间和人力、物力较少，但是检查范围较窄。

2. 定期检查和不定期检查

现场检查按检查时间划分，可分为定期检查和不定期检查。定期检查多半与全面检查相结合，通常称为常规检查。一般来说，对经营状况正常的经营机构定期检查间隔的时间较长；对经营状况较差的金融机构定期检查问题的时间较短；对问题严重的金融机构必要时可派专人实行跟踪检查。不定期检查则根据监管需要确定。

（三）现场检查的作用

1. 发现和识别风险的作用

银行监管当局通过现场检查，审查商业银行在日常经营活动中是否遵守国家的经济金融法律法规，是否符合国际对宏观经济金融调控的要求，是否符合金融监管要求，是否按照会计核算原则、会计处理方法和统计规定进行会计账务及统计资料处理，是否遵守商业银行内部控制制度，是否存在违法违规经营行为，以及由于这些违法违规行为、经营决策失当或者业务操作失当等在多大程度上引致现实风险和潜在风险。因此，现场检查有助于银行监管当局及时发现和识别风险，并针对风险的程度、涵盖的业务领域以及所涉及的机构、有关责任人员采取有效的监管措施。

2. 保护和促进作用

银行监管当局通过现场检查，对商业银行正当、合法的经营活动以及先进的管理操作做法要加以肯定并予以保护。同时还可以针对商业银行在执行政策法规以及经营管理上的漏洞和不合理之处加以指正，帮助其总结经验教训，找出产生问题的原因，促进其提高执行国家金融法规的自觉性，促进其不断提高经营管理水平。

3. 反馈和建议作用

银行监管当局通过现场检查，可以对金融宏观调控的运行情况是否正常，现行的金融法律法规与商业银行业务发展及其与金融体制改革的要求是否相适应等问题进行客观的检验，对存在的问题可以及时向有关部门反馈，并提出相应的政策建议，促进监管部门政策法规制度的及时修订和完善，提高监管部门的监管水平。

4. 评价和指导作用

通过现场检查，银行监管当局可以对商业银行的整体经营状况做出客观的评价，从而对单个商业银行或整个金融体系的风险状况进行整体分析和判断。此外，银行监管当局还可以对商业银行的资本充足状况、资产质量、流动性、盈利性、管理与内控状况、市场风险敏感度等状况来进行评价和比较，对于经营管理情况欠佳的商业银行，可以重点监控其风险状况，针对商业银行的不足与弱点提出具体的政策建议和指导，督促其不断提高资产质量，改善经营管理水平。

（四）现场检查和非现场监管的有效结合

非现场监管和现场检查的合理搭配应当以每个国家的不同情况而定，但是总体的监管框架应使现场和非现场有机结合，充分发挥两者的互补效应，避免出现监管漏洞。

完善的监管框架下非现场监管和现场检查的紧密合作表现在以下几个方面：①通过非

现场监管系统收集到全面、可靠和及时的信息，将大大减少现场检查的工作量；②非现场监管对现场检查的指导作用，通过非现场监管人员的分析结果将为每个现场检查小组提供被查机构以及同类机构的最新情况和信息，特别是对一些风险点和重大的问题缺陷进行检查提示和建议，从而大大提高现场检查的针对性。③现场检查结果将提高非现场监管的质量，检查小组从实地获取的第一手资料将验证非现场监管人员的分析判断，特别是从被监管机构的内部控制和管理质量方面为非现场监管的分析提供大量佐证，提升分析的准确性。④通过现场检查修正非现场监管结果，非现场监管基于各种信息的分析结果有时也是不准确的，出现分析判断失误时则可以通过现场检查来纠正，从而保证监管决策的正确。⑤非现场监管工作还要对现场检查发现的问题和风险进行持续跟踪监测，督促被监管机构的整改进度和情况，从而加强现场检查的有效性。

二、现场检查的内容

（一）业务经营的合理性

对金融机构业务经营合规性检查的目的是督促金融机构严格遵守金融法律法规以及银行监管当局制定的各项金融规章制度，保持金融机构之间的适度竞争，维护健康的金融秩序。由于我国金融体制改革正处于改革阶段，各项法律法规还不健全，金融运行机制尚未完善，金融机构的法律意识还比较淡薄，金融违法案件时有发生。这些违法违规经营行为，不仅损害了金融机构自身的利益，也加剧了金融机构之间的恶性竞争，扰乱了正常的金融秩序。因此，现场检查的重要内容之一就是金融机构是否认真执行金融法律法规，是否认真执行国家金融政策方针，是否认真执行金融监管部门的各项规章制度等。

（二）资本充足性

资本是金融机构生存和发展的基础，为了保证金融机构的稳健运行，银行监管当局通过确定金融机构资本水平、资本构成以及资本与各种风险资产的比例关系，限制金融机构风险资产总量的扩张、减少风险。近年来，金融市场的迅速发展和金融工具的不断创新，一方面加强了金融机构在经济活动中的中介地位，另一方面使金融业务的营运风险更为复杂，金融机构需要应对的不确定风险增加了，对金融机构资本水平及资本结构要求也发生了很大变化。对于商业银行而言，所有者和经营者有责任保持足够的资本金和准备金，有责任调整银行的资产结构，以便经受市场存在的各种不利因素的冲击。根据巴塞尔委员会发布的资本充足率标准，我国监管当局规定了各类金融机构的最低资本要求，并对各类金融机构实现了资产负债比例管理。考察金融机构资本充足水平必须与适当的风险评价标准相结合，包括对信用风险和市场风险进行分析，保证提取足够的呆账准备金。

（三）资产质量

资产质量是衡量一家金融机构经营状况的最重要的依据。一般而言，金融机构出现问题往往是从资产质量恶化开始的，然后才表现为相应收益和资本充足率的下降。对资产质量的监管内容，各国有不同的规定。目前，银监会对金融机构的资产质量规定了基本的监控指标，如单个贷款比例指标、股东贷款比例指标等。2004 年，银监会对金融机构的资产质量监测做了进一步的规定，如《商业银行不良资产监测和考核暂行办法》规定，商业银行不良资产的监测和考核包括对不良贷款、非信贷资产和表外业务风险的全面监测和考核。又如《商业银行与内部人和股东关联交易管理办法》规定，商业银行对一个关联方的授信余额不得超过商业银行资本净额的10%。商业银行对一个关联法人或其他组织所在集团客户的授信余额总数不得超过商业银行资本净额的15%。商业银行对全部关联方的授信余额不得超过商业银行资本净额的50%。

（四）流动性

流行性是指银行为资产的增加而融资及在债务到期时履约的能力，即银行能够在一定时间内以合理的成本筹集到一定数量的资金来满足客户当前或未来资金需求的能力。流动性不足是导致金融机构出现危机的最直接的原因之一，因此也成为监管当局检查的内容之一。流动性的监控指标主要包括：资产流动性指标、中长期贷款比例指标、存贷款比例指标、拆入资金比例指标。值得注意的是，流动性比例的监控必须与金融机构总体的经营状况结合起来进行评估，并不是流动性比例越高，机构的经营越好。流动性过高，金融机构掌握大量的低收益资产必然会影响金融机构的盈利能力，从而影响金融机构的长远发展能力。

（五）盈利能力

金融机构的盈利能力是其生存和发展的关键。金融机构的一切业务经营活动和经营过程的最终目的是以最小的资金成本获得最大的收益。只有盈利，金融机构的股东才能获得股息和红利，银行才有积累，才能增强抵御风险的能力，才能不断开拓业务。金融机构的盈利能力主要取决于两类因素，一是收入，二是支出。收入的来源包括利息收入和非利息收入。支出主要包括利息支出和非利息支出。收入主要依赖于金融机构对资产质量、业务经营的管理，成本是金融机构经营策略、管理水平、利润分配政策的反映。银行监管当局在对金融机构进行监管时，要把盈利状况，特别是盈亏真实性作为一项主要内容。在监管指标体系中，衡量标准主要包括资本利润率、资产利润率和成本收入比。

（六）管理水平和内部控制

从根本上说，金融机构经营失败都与管理和内部控制薄弱有直接或间接的关系。因此，管理水平和内部控制是银行监管当局检查评价金融机构时必须考虑的因素。对管理水平和内部控制的监管，没有专门的客观数据作为监管标准，往往是以银行的内部控制、业务政策、经营规划等方面是否完善，管理人员的经验、职员的素质高低等作为参考，因此，检查的难度较大。

完善金融机构的内部控制是现场检查的重要组成部分，是规范金融机构业务经营行为、有效防范风险的关键，同时也是衡量金融机构经营管理水平高低的重要标志。科学完善的内部控制至少包括：整个金融机构的控制环境、鉴别评估风险的程序、防范化解风险的管理程序，信息报告体系以及对上述程序和过程的内部稽核监督。因此，对于金融机构的内部控制检查的内容至少包括：金融机构的内部组织控制、风险评审和科学决策控制、授权授信的控制、信贷资产、非信贷资产、表外业务的风险控制、会计系统的控制、资金交易和金融衍生工具的风险控制、信息系统及业务管理系统的控制等。

（七）市场风险敏感度

市场风险敏感度是指利率、汇率、商品价格或产权价格的变动对金融机构的盈利或经济资本产生负面影响的程度。对金融机构市场风险敏感度的判断主要需要考虑以下因素：

管理层识别、度量、监测和控制市场风险的能力；金融机构的业务规模；业务性质和复杂程度；相对于市场风险敞口水平而言，该金融机构的资本和盈利水平的充足程度。对许多金融机构而言，市场风险主要产生于非交易及其对利率变动的敏感度。在一些大型金融机构中，境外业务可能是市场风险的主要根源。而有些金融机构，其交易活动则是主要风险来源。对市场风险敏感度往往是评价金融机构风险程度的重要因素。

三、现场检查的一般方法和分析技术

要提高现场检查的效率，就必须注重检查方法。

（一）现场检查的一般方法

1. 问询法。问询法是指检查人员通过调查、询问的方式了解和掌握情况，取得证据的一种方法。问询法可分为座谈提问、质询、函询三种方法。

（1）座谈提问。检查人员通过与部分高管人员、部门负责人或重要岗位的业务人员进行座谈，就他们各自负责的工作进行提问来发现银行业金融机构经营管理中存在的薄弱环节或问题。提问内容涉及有关业务经营状况、业务经营政策、业务操作程序等。检查人员通过金融机构工作人员对每个具体问题的回答，可以对金融机构的业务状况有个基本了解和评价。通常情况下，如果回答不清晰、含糊的话，则此项业务可能存在问题。座谈询问时，应当有两名或两名以上的检查人员在场，并做好座谈记录或询问笔录。

（2）质询。检查人员针对金融机构业务经营的异常变化，向其高管人员进行询问，让其做出口头或书面解释，从中判断其经营管理是否存在的不足。

（3）函询。检查人员为了弄清某个问题，通过发函给有关部门或人员，经对方查证后取得证明材料的一种方法。这种方法适用于对债权债务、银行存款余额等款项的核对，也可用于向工商部门了解企业登记信息、向税务部门核实增值税发票真伪。函询时，检查人员应适当地设计询证函，以得到被函证单位或个人的积极配合。

2. 审阅法

审阅法是检查人员通过审查和查阅被检查单位的会计资料及有关经济业务资料，以鉴别资料本身及其反映的经营活动是否正确、真实、合法、合理、有效的一种方法。审阅法是检查工作中常见的一种取证方法，一般包括对原始凭证、记账凭证、账簿、报表以及其他书面文件的审阅。

3. 核对法

核对法是指将两种或两种以上的书面资料相对照，以检查其内容是否一致，计算是否正确的一种方法。核对法一般包括凭证之间、凭证与账簿之间、明细账与总账之间、账簿与报表之间、报表之间的核对。

4. 顺查法

顺查法是按照经营活动、财务收支以及计划编制、会计处理等程序，依次进行审查的一种方法。它是从各种原始资料着手开始审查，注重对凭证的审查和数据的核对。优点是审查方法简便易行，按照会计核算的顺序进行检查，便于查证资料、取得证据，审查结果比较准确。缺点是方法机械、花时费力，使检查人员的思路不够宽阔，故此法常与逆差法交替使用，以取长补短。

5. 逆查法

逆查法是指逆经营活动程序、财务收支程序和内部控制程序进行审查的一种方法。由于这种方法首先从报表开始分析审查，所以，它的优点是较易发现检查线索，便于选择重点进行深入检查，效果较好。缺点是对一些项目的审查不够详尽，有时会有遗漏；技术难度较大，不易掌握。

6. 详查法

详查法是指检查人员执行检查工作时，对被检查单位检查期内全部或几个方面的全部凭证、账簿、报表及其整个经营业务事项进行周密的、全面的检查的一种方法。详查法是可以全部检查，也可以是针对检查目标选择重要而又可疑的项目进行重点检查。优点是周密详尽，审查结果准确。缺点是费时费力。

7. 复算法

复算法，也称演算法，它是指对会计资料及其他资料中的有关数据进行重复演算的一种方法。该方法主要用来证明各种计算在数学方法上的准确性。复算法可分为全面复算和重点复算。全面复算是对检查范围内所涉及的全部数据进行复算；重点复算是对检查资料中存在疑问的数据进行重点抽样复算。复算法简单易行，验证面较宽，不仅能验证会计资料中在核算上的准确性，而且能够发现其他方法难以查出的错弊，但该方法在实际应用中应注意与审阅法等方法综合使用，才能收到较好的效果。

8. 盘点法

盘点法是通过对现金、有价证券、固定资产、抵（质）押物的实地清查盘点，以审查其准确性和真实性的一种检查方法。盘点法可分为直接盘点和监督盘点两种方式。直接盘点是由检查人员亲自动手进行盘点，这种方法一般用于盘点数量较小、价值较大的财产。盘点实物时，物资的保管人员必须参与现场盘点。监督盘点是在检查人员监督下由被查单位的有关人员进行的盘点，这种方法一般用于盘点数量较大、价值较低的财产。盘点时，检查人员要亲临现场，对盘点全过程进行监督，以取得准确数据。

（二）现场检查的分析技术

检查分析与经济活动的一般分析有所不同。检查分析的目的在于：通过检查分析来验证各种资料所反映的经营状况、财务状况及内控状况；查找可疑事项，为检查工作提供线索。检查分析按照分析方法的不同可以分为以下几种：

1. 定性分析法

定性分析法是根据对相关信息的收集和综合判断，反映被查机构某一方面事务的现象和实质。定性分析法通常通过描述分析对象的状况，从不同方面体现分析对象的性质。定性分析法适用于评价被检查机构的管理和内部控制体系，如银行内部制度是否合理、政策是否完备、风险管理是否审慎等。

2. 定量分析法

定量分析法是根据具体项目的数量比较与联系，反映被查机构某一业务或某一领域的发展情况和趋势。常用的定量分析方法包括：

（1）比率分析法。比率分析法是根据财务报表中的两个或多个项目的关系，计算比率或监管指标，以评价被查机构经营状况和稳健程度，如流动性比率、不良贷款率等。

(2) 结构分析法。结构分析法又称比重分析法，是将某项财务指标（分析对象）细分为若干构成项目，衡量各项构成项目占该指标的百分比，反映各项目之间的相对地位，如资产结构百分比、贷款行业分布等。

(3) 配比分析法。配比分析法是对某些性质相对应的项目按期限或组成结构进行配比，反映相互之间的对应和配比关系。动态、连续的配比分析结果一般能够反映一定程度的发展趋势。

(4) 趋势分析法。趋势分析法是就被查机构最近连续几个期间的数据或比率，以第一期为基期，计算每一期间的项目对基期同一项目的趋势百分比，显示被查机构该项目各期间上升或下降的趋势，反映指标的发展趋势，并为预测未来发展提供参考。

值得注意的是，上述分析方法仅为检查人员提供参考。在现场检查过程中，检查人员只有将上述分析方法综合运用，进行系统分析和对比，才能得出客观、全面的结论。

四、现场检查的程序

一般来说，现场检查包括五个阶段：检查准备阶段、检查实施阶段、检查报告阶段、检查处理阶段和检查档案整理阶段（见图 11－2），其中后三个阶段经常被合并称为现场检查后续阶段。

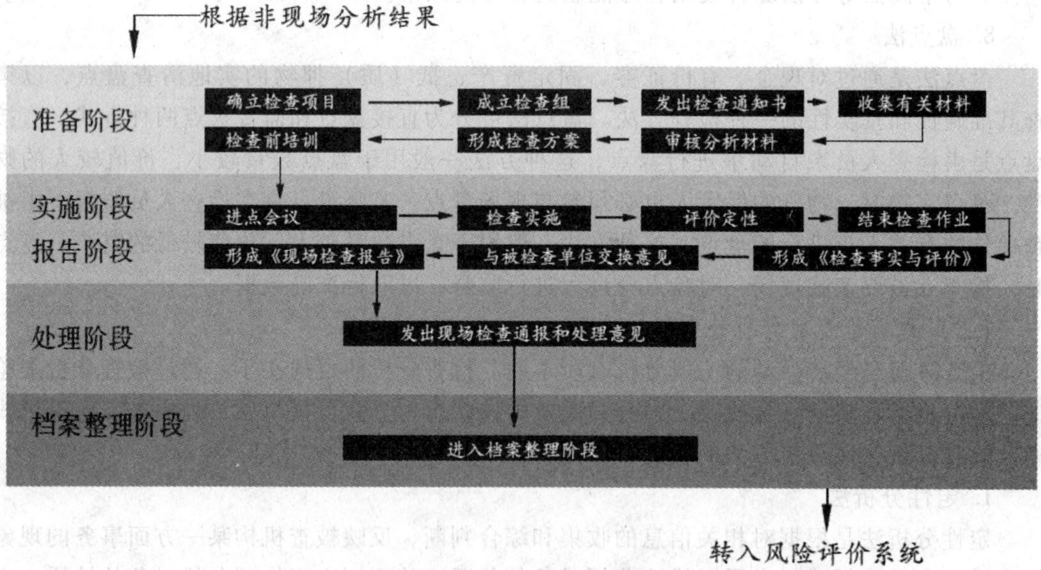

图 11－2　现场检查流程图

（一）准备阶段

在检查准备阶段，需要做好现场检查立项、成立检查组、发出“现场检查通知书”、发出“检查前问卷”及收集检查有关资料、审核和分析所收集的材料、形成“现场检查方案”、检查前培训等七个方面的工作。其中最主要关注以下三个问题：

1. 确定现场检查重点

由于监管资源有限，现场检查的重点应主要包括以下几项：

（1）对重点机构的检查。确定重点机构的一般原则包括：新设机构一般不超过 1 年；正常机构距上次检查的时间一般不超过 3 年；业务特别活跃的机构；以前检查中发现问题较多的机构，尤其是内控方面存在问题或有欺诈行为的机构；总行经营状况不稳定或有负面影响的机构；媒体披露或市场传闻有重大问题或较大风险的机构；一段时间内被举报较多的机构等。

（2）对重点部门的检查。金融机构的会计、储蓄、出纳、计算机管理、信用卡和信贷部门是现场流出和流入的主要渠道，也是产生金融风险和控制风险的关口。在现场检查时，应当将这些部门作为检查重点。

（3）对重点环节的检查。所谓重点环节是金融机构业务操作过程中，容易产生风险的环节，包括账目往来、尾箱管理、票据交换、重要单证和会计印章管理、密押管理、贷款审批、信用卡授信、抵债资产处置等。

（4）对重点制度的检查。金融机构重点制度包括会计结算制度、信贷管理制度、业务人员岗位责任制度、外汇业务管理制度、重要单证管理制度等。现场检查人员在进行现场检查时，应重点检查制度建设的科学性与有效性。

（5）对重点人员的检查。主要包括对金融机构高管人员、部分重点部门和重要岗位有关人员的检查。

（6）对重点过程的检查。一是要对决策程序进行检查和评价，检查高管人员在决策过程中是否严格按照制度规定从事决策，是否存在违规行为；二是检查业务操作过程，各工作岗位是否按照制度规定的程序开展各项业务，是否存在越权审批等；最后要检查金融机构对各项业务的监督过程。

2. 现场检查前问卷调查

为提高检查效率，需要开展检查前问卷调查，以收集被查对象的内部管理情况，分析其管理水平，查找内部管理缺陷。问卷调查的主要内容包括：被查银行业金融机构的内部组织结构，高管人员的职责、分工及授权；管理体制、报告关系和业务发展状况；会计核算方法和账务组织体系；各项业务操作规程及业务管理制度；业务发展计划和财务计划；内部审计工作情况；信贷资产质量状况；资产负债管理状况；其他需要被查银行业金融机构需要提供的资料。

检查组在开展检查前问卷调查时，应根据现场检查工作时间和检查内容的不同，调整问卷内容。如果是小型、单项检查，一般不需要向被查单位发出“检查前问卷”。如果确定发出，一般要在进驻现场前至少 3 天发至被查单位，明确报送要求，明确负责回收的责任人，并安排人员对问题的完整性和真实性进行审核和分析。被查单位填写和报送“检查前问卷”的情况构成对监管机关检查工作配合情况的组成部分。

3. 制定现场检查方案

确定现场检查项目后，现场检查人员要在全面深入分析被查单位的相关资料，与主监管员充分协商的基础上制定现场检查方案。现场检查方案一般应包括以下内容：

（1）立项及制定方案的依据。确立现场检查项目主要有两种形式：一是由银监会直接立项，在一定范围针对一定监管对象开展的现场检查；二是由各派出机构根据各自工作安排和非现场监管发现的线索在辖区内开展的现场检查。

（2）检查对象的名称和基本情况。

（3）拟检查的目的、范围、内容、重点。

（4）检查实施步骤及时间安排。

（5）检查组成员分工。检查组一般设组长1人，主查人1人，其他检查人员若干人，必要时还可将检查人员分成若干专项检查组。通常由检查组组长负责检查的全面工作，领导现场检查工作并对重大事项进行协调。主查人负责现场检查工作的具体组织与实施。检查组组长和主查人应根据检查组其他成员的专业水平、工作能力和现场检查的内容进行合理分工。

（6）检查依据的法规清单。

（7）后勤保障及检查费用预算。

检查方案制定后，要根据现场检查的具体情况确定是否进行检查前培训。检查前培训应包括以下内容：检查立项文件，以明确现场检查的目的、内容、范围、期限、要求等；与本次检查内容相关的业务制度、操作规程和其他材料；被查银行业金融机构上一次现场检查的报告及检查记录，掌握被查单位以往存在的主要问题；与本次检查相关的法律、法规依据等。

（二）实施阶段

1. 实施步骤

（1）进点会谈。检查组应当在进点会谈前明确会谈目的，拟定会谈提纲，并在“现场检查通知书”中确定的日期进入被查单位，出示合法证件和“现场检查通知书”。参加进点会谈的人员为检查组成员和被查单位的主要负责人及其相关部门负责人。进点会谈的主要内容可包括：向被查单位宣读“现场检查通知书”，告知检查的目的、范围、内容、方式、时间以及被查单位的权利和义务等，介绍检查组成员；听取被查单位相关汇报；就检查准备阶段掌握的重要情况或疑问向被查单位进行了解和质询；向被查单位提出配合检查工作的要求事项，并确定具体的联络人员。进点会谈应当明确专人记录，形成“现场检查会谈记录”，并作为检查资料保存。

（2）检查实施。根据检查组制定的“现场检查方案”，灵活运用各种检查技术和方法进行现场检查，对检查中认定的事实和有关资料进行整理核对，比较分析，相互印证，确定查证的问题，并编制“现场检查工作底稿”。

（3）评价定性。根据检查依据，遵循实事求是、客观公正的原则，对查出的问题或事实进行综合判断和定性，做出检查结论。凡是检查中证据不足、评价依据或标准不明的问题，不作结论性评价。

（4）结束现场作业。检查组在检查方案规定的时间退出被查单位。检查组组长确认可以退出被查单位现场后，将退出现场作业的时间告知被查单位，进行现场作业清理，向被查单位办理调阅资料、借用物品等的归还手续，退出检查现场。如有必要再次进场，需提前通知被查单位。

2. 检查方法

（1）总体查阅。从总体上对被查单位的账账之间、账表之间、账实之间的一致性进行现场审核，并查阅被查单位的外部审计报告和内部审计报告，了解和掌握被查单位业务经营和内部管理的基本情况。检查组应对被查单位账表数据的真实性、完整性和合法性进行现场初步审查，其目的是确保检查组一开始便能真实、完整掌握被查单位资产负债总体状况，避免有问题的账表数据误导检查人员。

（2）现场审查。根据检查方案，按各项检查内容采取相应检查方法对被查单位的有关业务和财务资料进行审查，对实际运行状况进行现场查勘。检查方法包括核对、审阅、计算、比较分析、账户分析、绘制流程图、实地观察、询问调查等，并可运用计算机等辅助技术。检查方式包括普查和抽查。普查要求对检查内容所涉及的全部业务、财务资料进行全面审查。抽查要求根据抽样比例和抽样原则对检查内容所涉及的业务、财务资料进行有选择的审查。抽样比例根据现场检查方案的要求确定，抽样原则一般采取判断抽样，或者根据已经掌握的检查线索确定需要检查的范围和业务环节。对被查单位的实际运行状况进行现场查勘一般采取现场观察和写实记录的方式。

（3）调查取证。检查组可视检查需要，调阅有关资料，查询被查单位的计算机业务系统的数据，并进行数据导出、转存、打印、复印等。对需要调查取证的问题，要取得充分的证据。证明材料包括：调查询问笔录、凭证、报表、账册（账页）、问卷、说明材料、被查单位文件、合同、会议记录、外调复函、实物照片等。上述证明材料如为复印件，必要时应要求被查单位负责人（负责人不在时由经办人）签字，或加盖部门公章确认，确有特殊情况未能签字或盖章确认的，主查人应当书面说明原因。在检查证据可能被转移、隐匿或者毁损的情况下，检查组要立即向其所属机构报告，按照《中国银行业监督管理委员会行政处罚办法》第21条的规定对有关证据材料先封后查。检查结束前，检查组要统一汇总检查证据材料，编制调查取证材料清单，并编印页码，由检查组集中统一管理。

3. 质量控制

在整个现场检查期间，检查组组长和主查人要对检查工作进行指导和监督，分阶段听取各检查小组的汇报，及时了解检查各阶段的工作情况，控制检查工作质量和进度，查找检查差错和遗漏，解决检查工作中的各种疑难问题，根据检查工作的进展情况及时调整检查力量，确保检查工作满足检查目的和要求。

4. 文本要求

（1）现场检查调阅资料清单。现场检查操作中，检查组应根据拟检查的内容，确定需调阅的原始凭证、会计账簿、管理报表和有关文件，根据检查需要逐次调阅。检查组调阅资料需填写“现场检查资料调阅清单”一式两份，由检查人员签字后，向被查单位取得上述检查资料。“现场检查资料调阅清单”由检查组和被查单位有关责任人各执一份。检查资料使用完毕后，要及时归还被查单位，并在“现场检查资料调阅清单”上注明归还日期，由接收人签字确认。

（2）现场检查工作底稿。实施检查时，检查人员应当对检查工作内容进行记录，编制“现场检查工作底稿”。检查人员通过编制工作底稿描述检查事实和问题，判断和评价所发现的问题，评估风险状况。检查人员应对所编制的工作底稿的真实性负责。每个检查人员的工作底稿必须由另外一名检查人员进行复核，主查人要对工作底稿进行必要的检查和指导。工作底稿可按照一事一稿进行记录，也可以视检查项目的情况进行合并处理。记录的内容应涵盖以下四个方面的内容：①检查的基本情况，包括检查时间、检查地点、检查对象、检查事项、检查人员、索引号及页次等；②检查发现的问题概述或事实记录，包括检查认定的事项，认定过程中对有关凭证、报表等资料进行计算、分析、比较的内容及其结果，认定的依据等；③评价和意见；④与问题或事实有关的取证材料等附件。

此外，工作底稿所表述的观点必须清楚明确，所附取证材料必须真实可靠，并能充分支持观点。工作底稿应简洁、清晰，符合文档规范。工作底稿应由检查人员和复核人签字。

（3）现场检查事实确认书。检查人员通过编制“现场检查事实确认书”向被查单位确认事实和问题，事实确认书只记录检查事实，不作任何定性评价，可视需要附取证材料。主查人在掌握全部现场检查工作情况和审阅检查人员全部“现场检查工作底稿”的基础上，确定需要被查单位签字确认的检查事实项目，由检查人员根据“现场检查工作底稿”编写事实确认书。事实确认书经主查人逐一审核签字后，交被查单位（部门）负责人逐一签具明确意见，并签字或盖章予以确认。意见分为三种：一是承认事实，二是否认事实及其理由，三是补充相关事实。事实确认书所附取证材料如果能充分证明认定事实成立，但未获被查单位签字确认的，检查组可视情况封存取证材料原件，以避免被查单位篡改或销毁原件。事实确认书中所附取证材料不能充分证明认定事实成立，并且被查单位申辩理由成立的，检查组应注明“认可申辩，不作问题”并留存。

（三）报告阶段

1. 形成《检查事实与评价》

（1）各检查小组初步形成分项目检查事实与评价。各检查小组依据“现场检查工作底稿”等检查资料，将检查中发现和掌握的问题和事实进行分类整理和综合分析，初步认定问题和事实的性质，形成检查小组的检查事实与评价，提交主查人。运用计算机技术辅助检查的，可以由计算机汇总生成检查事实与评价。

（2）检查组对初步形成的检查事实与评价进行讨论分析和综合判断，由主查人组织撰写对被查单位总体的“检查事实与评价”。

（3）“检查事实与评价”包括事实和评价。事实的表述应当真实准确，有详细、充分的数据和文字资料支持，可包括检查前问卷、会谈记录、工作底稿、取证材料等情况。评价要对照适用法律、行政法规和规章作出评述，做到定性准确、有理有据、客观公正。

（4）“检查事实与评价”在递交被查单位之前，应由检查组组长与主查人签字。

2. 与被查单位交换检查意见

（1）“检查事实与评价”形成之后，检查组组长要组织与被查单位的检查总结会谈。总结会谈由检查组组长主持，被查单位的主要负责人及有关业务部门负责人参加，现场检查人员还应通知主监管员参加会谈。由主查人向被查单位宣读“检查事实与评价”，请被查单位就有关问题和事实的真实性、准确性及评价结论提出意见，必要时就有关问题交换意见。

（2）检查总结会谈应当安排专人记录，并整理形成《现场检查会谈记录》。

（3）被查单位对“检查事实与评价”材料无异议时，由被查单位负责人在“检查事实与评价”上签具无异议意见，签字或加盖公章；被查单位有异议时，应在检查组规定的时间内向检查组反馈书面意见。检查组应当对被查单位提出的意见进行研究，充分吸纳被查单位的合理意见。被查单位逾期未反馈意见的，视为对“检查事实与评价”无异议。

（4）如因特殊原因不能与被查单位举行检查总结会谈时，检查组应当将“检查事实与评价”书面材料发送被查单位，由被查单位在检查组规定的时间内反馈书面意见。被查单位逾期未反馈意见的，视为对“检查事实与评价”无异议。

3. 形成“现场检查报告”

总结会谈结束或收到被查单位对“检查事实与评价”反馈书面意见后，检查组应充分吸纳被查单位的合理意见，并由主查人组织起草“现场检查报告”。“现场检查报告”应当以“检查事实与评价”为基础，主要应包括：实施检查的基本情况；被查单位的基本情况；检查出的问题与事实及检查组做出的评价；根据法律法规和有关规章的规定，提出拟作出的行政处罚的建议，以及拟提出的整改意见和监管要求等。检查组组长对“现场检查报告”进行审核后，呈报其所属机构审定，并移交给主监管员。

（四）处理阶段

1. 检查处理的方式

对于不涉及实施行政处罚及其他监管措施的，由检查组所属机构出具“现场检查意见书”；对于涉及实施行政处罚及其他监管措施的，检查组所属机构在出具“现场检查意见书”的同时，还应依照银监会有关规定处理。

2. “现场检查意见书”的作出和执行

“现场检查意见书”是检查组所属机构对被查单位通报检查事实、做出检查评价、提出整改或处理意见的专门文件。检查组负责起草“现场检查意见书”，上报检查组所属机构审批后，按法定程序送达被查单位。“现场检查意见书”的内容主要包括：①检查发现的问题及其评价和判断。②提出整改意见及整改的时间要求。③要求被查单位在收到“现场检查意见书”的一定期限内将整改方案书面报告银监会或其派出机构，并视执行整改方案的进度情况分阶段或一次性将整改书面报告报送银监会或其派出机构。

主监管员依据“现场检查意见书”提出的整改意见和整改时间要求，以及被查单位报送的整改方案，及时跟进被查单位的具体整改情况，包括整改措施、整改进度和整改效果等。主监管员要将整改情况反映在风险评级、评价和年度监管报告内容中，同时研究、确定下一步的监管方案，必要时提出采取进一步监管措施的建议。

（五）档案整理阶段

1. 建立检查档案

在整个检查工作中，检查组应当认真收集、整理检查资料，将记录检查过程、反映检查结果、证实检查结论的各类文件、数据、资料等纳入检查档案范围，为建立档案做好准备。

检查档案包括：现场检查通知书；现场检查方案；检查前问卷、内控问卷及反馈材料；现场检查会谈记录；现场检查资料调阅清单及所调阅的资料；现场检查工作底稿及取证材料等附件；检查事实确认书；分项目检查报告；检查事实与评价及其反馈意见；现场检查报告；现场检查意见书；行政处罚决定书；其他材料。

检查档案应当按照检查项目建立专卷，并按立卷顺序进行装订。档案内容要按照检查准备、检查实施、检查报告、检查处理四个阶段进行分类整理。现场检查资料应根据检查的程序或性质等进行编号和整理，以便查阅和后续检查时参考。

2. 编写档案目录

对归入检查档案的资料要编写案卷目录。目录应按照检查工作流程、环节、内容以及检查资料的主次关系、主从关系等进行编写。其中卷内材料目录、案卷目录一律用统一格式打印。卷内文件资料目录应放在卷首。

3. 制作档案封面和档案管理

检查档案整理完毕后，应当精心装订，制作现场检查档案封面，封装成册。案卷封面应按规定逐项填写清楚。卷内材料要去掉金属物，对破损的材料应进行托裱；字迹已模糊的应复制并与原件一并立卷。无须归档的材料，应进行整理、登记，经批准后销毁。检查档案的保存时间按照有关规定执行。

4. 建立电子版现场检查档案

为适应电子化办公趋势、方便查阅、提高检查信息的实用性和连续性，检查组应建立电子版现场检查档案，并实现在一定范围内的信息共享。

5. 现场检查档案的移交

检查组应将现场检查档案及全套检查资料移交具有管辖权的银监会或其派出机构，以备参考。

（六）后续监管行动

后续监管行动是银行业监督管理机构依据现场检查结果，结合日常监测分析、考评情况，对银行业金融机构及时提出整改措施并对查出问题依法进行处理的行为。这是《银行业监督管理法》赋予银监会及其派出机构的法定权利，即针对银行业金融机构的不同问题采取灵活的、递进的纠正措施和处罚措施的权利，其目的是保护存款人和其他客户的合法权益。

后续监管行动按性质可分为：审慎性后续监管行动和行政性后续监管行动，行政性后续监管行动又包括行政处罚和强制措施两种。

1. 审慎性后续监管行动

审慎性后续监管行动由银行业监督管理机构根据审慎监管目的和监管要求作出，必要时还需明确具体的整改目标和时间表，银行业金融机构应当遵照执行。审慎性后续监管行动可以采取诫勉谈话、责令整改、责成纪律处分、定期书面报告、派驻监管人员及其他监管特别要求等方式开展。

2. 行政性后续监管行动

（1）行政处罚是我国银行业监管工作中较为常见的一种对银行违规行为的处理措施。实施行政处罚必须事实清楚、证据确凿、依据准确、程序合法、处理适当，同时也赋予了被处罚人许多救济权利，如告知权、申辩权、复议权、诉讼权等，目的是为了限制行政权力滥用，依法保护被监管者的合法权益。

（2）强制措施是指银行业监督管理机构为了及时纠正银行的违规行为，或为了减少和避免银行此类违规行为产生危害后果的扩大，对银行所采取的限制性监管措施。由于此类措施有限制或剥夺银行一定权利的性质，因此在法律上称之为准司法行为。

五、现场检查系统

2008年，银监会启动了现场检查系统（EAST系统）的建设，通过试点检查，初步实现了对银行业金融机构大量复杂业务数据的有效挖掘和深度分析，促进监督检查有效性显著提升。EAST系统是集生产系统、管理系统和服务系统为一体的银行业现场检查信息支持平台，分为利用SAS软件筛选重点和可疑交易的“数据筛选模块”，用于任务分配、编制检查文档、质量进程控制的“项目与流程管理模块”，以及提供法规制度、检查手册、现场检查电子档案等共享部分。现在，运用EAST系统进行建模分析，从系统中直接筛选符合条件的信息，实时跟踪数据异动，仅用1分钟就能迅速筛查出过去需要好几天才能查出来的贷款挪作保证金等违规情况，现场检查质效得到大幅提升。

从实践中来看，通过EAST系统的数据直接对接，一方面可以有效克服以往银行机构手工数据录入的选择性规避和操作失误，确保了数据的真实性和一致性；另一方面可以依托系统数据的前期跟踪、监测和分析，准确定位疑点，有效聚焦风险，大幅缩小检查范围，提升检查针对性，实现非现场监管和现场监管的高效联动。EAST系统还能够充分及时地对数据信息进行处理，为监管人员及时捕捉、监测、分析银行风险创造了有利条件，提升了对风险的识别、预判、预警能力，从而将各类风险隐患更好地消灭在萌芽阶段，提高银行业整体风险防控水平。

2009年，EAST系统正式进入试点运行阶段。按照“法人采集、集中分析、联动检查、全面评价”的应用理念，银监会应用EAST系统先后对政策性银行及国家开发银行、大型商业银行、股份制银行、城市商业银行、农村金融合作机构等5类银行业金融机构中的77家法人机构进行试点检查，检查业务范围涵盖信贷、表外、投资、理财等多项业务。通过试点检查工作，全面验证EAST系统在不同规模、不同类型金融机构中的应用能力，实现跨行别、跨区域、跨产品环境下对现场检查工作的精确指导。

EAST系统构造了先进的现场检查系统平台和灵活的系统架构，这一系统颠覆了过去用抽查代替普查，用点上的问题推测面上的问题的监管模式，实现了对银行业金融机构海量数据的有效挖掘和深度分析，这不仅大大提高了现场检查的效率，而且为“精确打击”提供了技术上的支持，是我国银行业监管技术的重要突破。用EAST系统进行现场检查是银监会为贯彻“管法人、管内控、管风险、提高透明度”以及风险为本的监管理念，加强对银行业金融机构现场检查工作的一大重要举措，是对传统检查手段的重大变革和完善。

主要概念

非现场监管　非现场监管信息系统　非现场监管指标体系　现场检查　EAST系统

复习思考题

一、单选题

1. 非现场监管手段不能够发挥的作用是（　　）。

A. 及时掌握最新的情况　　B. 有效配置监管资源，降低成本

C. 查证风险管理和内部控制的效果　　D. 通过模型预测未来风险状况

2. 哪一类监管指标对于衡量识别风险并无很大的用处？（　　）

A. 主要指标　　B. 辅助指标　　C. 合规指标　　D. 特色指标

3. 巴塞尔委员会计算外汇风险总敞口头寸所采用的是（　　）。

A. 短边法　　B. 累计敞口法　　C. 净敞口法

4. 利率风险分析的假设前提条件是（　　）。

A. 100 个基点　　B. 200 个基点　　C. 300 个基点

5. 哪一种属性的风险信息不能够通过非现场监管信息系统采集而获取（　　）。

A. 信用风险　　B. 利率风险　　C. 市场风险　　D. 法律风险

二、多选题

1. 与非现场监管相比，现场检查的优点主要表现在（　　）。

A. 真实性　　B. 目的性　　C. 灵活性　　D. 准确性

E. 全面性

2. 现场检查要注意遵循的原则有（　　）。

A. 不同层次的法律适用“法大优先”的原则

B. 同一层次的法律适用“后法优于前法”的原则

C. 在按“一般程序”做出行政处罚时不须遵循“听证程序”

D. 对现场检查查出的问题必须有确凿的证据，即对查证事实的认定要清楚、准确，证据与结论之间不需要有充分严密的逻辑关系

3. 下述属于定量分析法的有（　　）。

A. 比率分析法　　B. 结构分析法　　C. 配比分析法　　D. 趋势分析法

4. 非现场监管人员应定期对被监管机构的哪些问题进行综合分析判断？（　　）

A. 资本充足状况　　B. 资产安全状况　　C. 流行性状况　　D. 盈利状况

E. 公司治理和内部控制状况

5. 规范的非现场监管工作包括哪些环节？（　　）

A. 制定监管计划　　B. 监管信息收集　　C. 日常监管分析　　D. 风险评估

E. 现场检查立项　　F. 监管评级　　G. 后续监管

三、简答题

1. 非现场监管与现场检查手段的关系如何？
2. 我国银行业监管体系中非现场监管手段存在哪些问题和不足？
3. 现场检查的方法与技术主要有哪些？
4. 银行违规行为的特征和类型有哪些？
5. 你认为哪些后续监管行动比较有效？

第十二章 银行监管评级体系

【内容提要】

本章介绍了银行评级的原理、类别与方法，分析了银行监管评级的意义和作用，介绍了骆驼评级体系概念、背景、作用以及在美国和中国香港地区的实践情况，阐析了要素评级和综合评级的内容、标准和方法以及骆驼评级的程序，并介绍了英国金融业风险评估体系（ARROW）和适用银行分支机构的ROCA评级体系，最后分析说明了我国的银行监管评级体系的发展现状及改进方向。

【重点与难点】

1. 银行监管评级的意义和作用
2. 骆驼评级体系概念、背景和作用
3. 骆驼评级的主要内容
4. ARROW评级的主要内容
5. 我国银行监管评级体系

【学习目标】

重点掌握骆驼评级的概念、背景和作用；熟悉要素评级和综合评级的内容、标准和方法以及骆驼评级的程序；了解我国现行的银行监管评级体系的特点和不足，并引导学员思考我国骆驼评级方法的改进方向。

第一节
概　述

一、银行评级的内涵

银行评级是评级机构通过建立严谨的评估指标体系，依据合适的评估标准和规范的评估程序，由专业人员在全面分析银行面临的各种风险的基础上，对其信用质量做出综合评价，并利用简单直观的评级符号语言列示其资信等级，以表明其在行业领域的优劣，供社会大众参考。简单来说，银行评级就是使用一系列简单的符号来表示银行机构所处的不同风险等级而对银行信用评级的过程也就是揭示风险、测量风险的过程。

二、银行评级的分类

银行评级主要包括监管部门的监管评级、评级机构的外部评级和商业银行内部评级三大类。

（一）监管评级

为了便于监管，银行监管部门定期对商业银行的财务状况和抵御风险的能力进行审慎地评估，以形成制度化评级结果。这一结果通常用于商业银行存款保险保费缴纳数额的参考，以作为监管当局采取后续监管措施的重要依据，一般不对外公开。

最早的银行监管评级系统起源于1926年的MERIT体系。美国纽约联邦储备委员会对其所监管的900多家银行机构进行综合评价和等级分类，并根据银行的管理状况、资产质量以及资本充足率水平三项指标将银行划分为五个等级，这套最早的银行评级体系被称为“MERIT体系”。到了20世纪80年代，许多国家的监管机构为加强对银行机构有效监管，纷纷建立了应用适用于本国的商业银行监管评级制度，形成了几类较为成熟的银行监管评级体系，主要有以美国CAMELS（新骆驼评级法）为代表的主观判断评级体系。在此基础上，一些国家监管当局借鉴CAMELS评级体系，结合本国实际情况加入更多风险要素，以形成符合本国监管需要的监管评级体系，如新加坡的CAMELOT评级体系。CAMELOT将经营风险、其他风险指标和技术风险指标纳入CAMELS评级中。此外，具有代表性的还有英国的ARROW（Advanced Risk - Responsive Operating Framework）和澳大利亚的PAIRS（Probability and Impact Rating System）①。

（二）外部评级

对商业银行的评级由银行监管当局或由监管当局委托有银行业评级资格的中介评级机

① PAIRS从风险发生的“可能性”（Probability）和风险的“影响程度”（Impact）这两个维度对银行机构进行监管评级，评级包含内在风险、管理和控制、净风险以及资本实力四大要素，覆盖银行经营中所面临的多种风险，并在评级中突出了银行自我风险管理、控制与承担能力。值得一提的是，PAIRS的评级结果不仅能与资本挂钩（即银行的资本能否充分抵御预期损失），而且能与外部评级结果挂钩，具有较好的兼容性。

构进行。外部评级是指社会专业资信评估公司针对银行的信用评级活动，评级的目的是为其他投资者的投资提供参考。国际比较知名的评级公司有穆迪公司和标准普尔公司等。

外部评级具有三大优势：一是具有较高的独立性。由于外部评级是中介评级机构以独立的第三方身份开展资信评级，不易受委托方和评级对象的左右，从而保证了评级结果的客观公正性，为政策制定、社会和个人投资、企业和监管当局风险控制和管理提供了客观的参考依据。二是具有较强的专业性。外部评级大多采用国际上通行的评级技术和方法，在技术领域有一定的先进性和专业性，能够通过对评级对象进行较为专业和全面的评价，从而得出相对准确的评级结果。三是具有较强的信息搜集能力。专业资信评级机构通常有着较强的信息搜集能力，从而使得评级结果更为客观全面。评级公司的评级结果最初只是为投资者提供的一种非投资建议的"评估意见和观点"，发展到今天，评级结果经常被用于监管。

（三）内部评级

商业银行内部的银行评级是揭示银行财务状况和风险水平的一个总括性指标，一般包含了对借款人不能按照规定履行偿还义务而带来的损失风险所做的评估。很多国际大银行在进行内部评级评定时会考虑外部评级公司的评级，而许多使用基于专家判断评级系统的银行则在很大程度上依赖于外部评级，会把外部评级作为内部评级的一个起点甚至外部评级主导内部评级。目前，我国银行的内部评级中银行模块因银行的违约数据较少，采用量化模式很困难，多采用打分卡的方法，以主观判断为主，但都尽力校准到违约的可能性上。

三、银行评级的方法

目前，各国对银行的评级有多种体系和方法，但由于对定性和定量风险因素的依赖程度以及获取资源能力的不同，总体上可以将银行评级体系分为两大类：

1. 有条件的主观性判断评级

主观判断类评级主要通过对财务指标进行分析评估，根据评估的结果对银行的定级进行定性、定量判断。常见主观判断评级就是预先设定的一系列定性和定量标准，通过对标准的衡量比较得出评级结果。主观判断评级是基于违约可能性的定性判断来进行评级的，它不能提供受评对象绝对违约概率的具体数据，而是对其偿债能力的相对排序，是一个顺序评级结果和相对性风险揭示。

2. 通过数理统计计算而进行的定量评级

在操作方法上包括各类违约模型的建立与计算，依照评价标准进行打分评比等。模型的建立与计量主要是利用历史数据构建财务以及风险趋势，从而计算出当前财务变量和风险状况的绝对值概率。当然，数理统计方法的评级结果的确定同样也很重视专家判断的作用，因为每个不同的银行机构处于不同的社会文化、历史传统、政治制度、经济环境之下，在具体应用中需要根据实际情况对现成的标准模型以及数据加以修正和完善，从而尽可能地得出较为准确的评级数据。随着评级制度和体系的不断发展，数理统计在银行评级上的应用将会显得尤为重要，而评级的标准和模型的准确性和适用性上的进一步完善正是当前各国金融业监管部门的重点研究课题。

四、银行监管评级的意义和作用

随着信用评级业务在信用风险防范方面的有效作用和不断拓展，银行评级已经成为银行业风险防范的有力工具。监管部门通过监管评级建立起有效的银行风险预警模式，从而提前认识到商业银行经营中存在的问题，实现监管前置化。通过银行监管评级，监管当局可以预先了解到被监管机构在法人治理、信息披露、资本充足性管理、资产质量、传统业务改造与创新业务发展、内控管理机制与风险防范等各个方面所存在的问题，全面衡量银行的经营业绩和管理水平，构建银行监管动态风险预警模式，将监管由“事后监管”变成“事前防范”，由静态时点的检查变为动态持续的监测。

（一）银行监管评级的意义

银行监管评级为全面深入评价一家银行经营管理状况提供了规范统一的方法和标准。

1. 监管评级能有效促进商业银行的自身风险控制

由于监管评级将资本充足率作为评级的重要依据，商业银行在提升评级结果的驱动下，会努力提高自身资产质量，降低不良贷款率，从而控制和降低银行的经营风险、盈利能力和内部管理能力，提高资本充足率。

2. 监管评级为监管当局实施风险分类监管提供有力的技术

监管机构对商业银行的风险评级，既不同于商业银行自身的评价，也不同于商业性评级机构对商业银行的评级。它是监管当局以防范风险为目的，在全面了解所有被监管对象经营情况的基础上，全面、准确地查找银行存在的突出问题及其风险点，制定包括监管目标、监管周期、监管重点与监管措施的分类监管框架。根据各监管对象的监管框架，按照“风险高，多监管；风险少，少监管；无风险，不监管”的原则，配备相应的监管资源，达到提升监管针对性、持续性、有效性的目标，促进商业银行稳健发展。

（二）监管评级的作用

1. 监管评级能有效衡量银行风险

通过对同类银行机构采用同一种整套的评级体系，综合评价其风险状况和运营能力，根据其最后得分的多少，划分相应的等级；通过综合各项业务的同类风险，准确判断银行金融机构所承担的各类风险、运营能力和公司治理情况；通过评级结果，衡量同类银行不同机构间所面临的风险状况。

2. 监管评级促进持续监管

建立在监管评级基础上的分级监管是风险分类、风险评估、规划监管行动、现场检查、确定评级、跟踪监测等一系列以风险为本的监管措施体系。通过现场检查和非现场监管，跟踪落实整改意见，调整监管措施，采取审慎性措施或处罚措施来达到持续监管的目的。

3. 提高监管效率

监管当局通过监管评级对银行风险进行有效识别，在确定风险后根据评级结果制定差别监管的策略，采取有针对性地监管措施，从而合理配置监管资源，将监管力量更多地向高风险的银行机构倾斜，提高监管有效性。

第二节

骆驼评级体系

一、概述

所谓骆驼评级，是银行监管机构用来系统评价银行机构整体财务实力和经营管理状况的一个方法体系。该方法体系包括资本充足性（Capital Adequacy）、资产质量（Asset Quality）、管理（Management）、盈利性（Earnings）和流动性（Liquidity）等五大要素评级和一个综合评级。取五大要素的英文开头字母组成英文单词“CAMEL”，因此，要素评级和综合评级均规定了明确的要点和评级标准；评级结果以 1～5 级表示，评级结果的数字越大表明其级别越低其监管关注程度越高。当银行得到的评级结果是 4 或 5，就会被列为重点监管的对象。

（一）骆驼评级的演变

骆驼评级是美国银行监管机构各自制定的监管制度融合和发展的结果。由于美国的金融监管体制是典型的多头监管模式，各监管机构根据所负责监管对象的特点建立了各自的金融监管系统。其中，联邦存款保险公司（FDIC）有 EMS 制度，美国货币监理署（OCC）有自己的一套“异常评级制度”监管系统。各监管机构建立了自己的监管预警系统，虽然能较好地顾及各类金融机构的特点，有针对性地加以监管，但也阻碍了金融机构风险的横向比较，不利于公众对银行风险的判断。因此，1978 年美联储、联邦存款保险公司、货币监理署等联邦监管部门联合制定了统一评级制度，在联邦存款保险公司 CAEL 系统的基础上增加了 M（经营管理能力）项内容，成为“骆驼评级制度（CAMEL）”。1979 年由美国联邦金融机构检查委员会全面推开，其正式名称为“联邦监管机构内部统一银行评价体系”。

20 世纪 90 年代，美国联邦金融机构检查委员会在 1996 年对骆驼评级进行了重新修订，增加了第六个评估内容，即市场风险敏感性（Sensitivity to Market Risk），主要考察利率、汇率、商品价格及股票价格的变化对银行收益或资本可能产生的不良影响。美国的骆驼评级体系的推出，为其他国家银行监管部门提供了一套系统全面的评价标准和一个同业比较的平台，也逐渐成为各国监管当局的共同语言。香港金融管理局在 1995 年正式采用了骆驼评级。我国银行业监管当局也在同一时期开始接触和试用骆驼评级方法。

（二）骆驼评级的意义和作用

对银行监管当局而言，骆驼评级有着重大的作用和意义，具体表现在：

1. 提供了统一的监管尺度

这主要表现在以下两方面：一是为全面深入评价一家银行的经营管理状况提供了规范统一的方法和标准；二是为同一机构在不同时期经营表现的纵向比较和同类机构的横向比较提供了直观的工具。

2. 提高了风险管理水平

监管人员通过骆驼评级的整个过程，可以准确地识别出机构经营管理中的薄弱环节，从而有针对地采取监管行动和纠正措施。

3. 节约了监管资源

监管人员还可以根据不同银行的骆驼评级结果制定差别监管的策略，从而将监管资源合理地向风险较高的机构倾斜。另外，在实行存款保险或监管收费的情况下，骆驼评级结果还是作为确定保险或监管费率的一个重要依据。

二、骆驼评级的内容和标准

骆驼评级体系以要素评级与综合评级相结合，定性分析与定量分析相结合，以评价风险管理能力为导向，充分考虑银行的规模、复杂程度和风险层次，是分析银行运营是否健康最有效的基础分析模型。骆驼评级主要考核资本充足性、资产质量、管理水平、盈利性、流动性和市场风险敏感度等六项评级要素。综合评级是在要素评级项目结束后，对金融机构管理、财务及运营状况做出整体评价，量化出各银行机构的综合运营情况，为监管当局开展分级、分类监管提供有效依据。

银行监管评级工作由监管当局的银行检查人员负责，检查人员在充分掌握银行定期呈报的各种报表的基础上，将同类规模的银行进行分组，按照相应的检查内容和标准对银行机构开展监管评级。对于业绩好、风险小的银行配置较少的监管资源，对于存在问题的银行采取重点的监管措施。

（一）要素评级

1. 资本充足性

银行资本对银行经营和保护存款人的利益起着至关重要的作用。一方面，银行资本决定着银行资产的总量、种类与特性；另一方面，在银行发生亏损时，可用资本来抵补。同时，银行资本还是保护存款人利益的最后一道屏障。因此，骆驼评级体系把银行资本放在评级指标中的首要位置，主要用资本充足率指标来衡量资本状况。资本充足率是指资本总额与风险加权资产总额的比率，其中资本可分为基础资本和总资本。核心资本包括股本金、盈余、未分配利润。总资本包括核心资本和长期附属债务。

在对资本充足性进行评级时，除考虑资本充足率这一因素之外，还要综合考虑其他因素，包括①资本的质量及构成，即银行资本构成的稳定性、市场价值及其流动性；②银行财务状况对资本的影响；③资产质量及其对资本的影响，包括不良贷款金额的大小、结构和发展趋势以及资产减值准备的充足程度等；④资产负债表的构成和表外项目构成，包括无形资产的数量和性质、市场风险、集中性风险和非交易性活动的风险程度对资本的影响；⑤银行进入资本市场或通过其他渠道增加资本的能力，包括控股股东提供支持的意愿和实际注入资本的情况；⑥银行对资本的管理政策和情况，包括银行制定资本计划的程序和依据、银行的派息政策等。一般情况下对商业银行资本充足性的评级标准可分为五级：

（1）等级1。银行资本充足，预计至少在未来12个月内其资本充足率保持或超出现有水平；银行有非常严密和高效的资本管理计划，资产质量和盈利能力良好，融资能力极强，大股东或母公司拥有非常强的支持力；风险状况良好，该银行所有其他需要考虑评价的因素都获得了正面、有利的评价。

（2）等级2。银行资本水平令人满意，预计至少在未来12个月内资本充足率仍可保持或超出现有水平；银行有一个比较精细和有效的资本管理计划，资产质量和盈利能力令人满意或好于平均水平，有进入资本市场筹资的一般能力，股东或母公司的支持力令人满意。此外，所有其他需考虑的因素也应该获得正面或有利的评价。

（3）等级3。银行资本水平不甚满意，不能完全支持银行风险状况，即便其资本水平超过最低资本监管要求，也仍需改善；银行在资本计划、资产质量和盈利等方面存在一些不足，在短期内会对资本产生负面影响；在上述列出的考虑因素中有一个或更多因素的评估是负面或不利的；银行可能需要寻求股东或其他外来的援助。监管当局需要适当关注这一等级机构。

（4）等级4。银行资本严重缺乏，资本充足比率低于最低监管要求，其资本计划、资产质量和盈利等方面出现严重问题，并且已对资本构成负面影响；银行需要立即寻求股东或其他外来的援助。此外，在上述考虑因素中有多个因素的评估是负面或不利的。监管当局需要密切关注这一等级机构。

（5）等级5。银行资本充足比率严重低于最低监管要求，需要监管当局强烈关注，并需要寻求股东或外来的紧急援助。通常这级机构资产质量和盈利明显恶化，并且资本计划很差，在上述考察因素中有非常多的缺陷等情况。

2. 资产质量

银行的资产质量是监管部门衡量一家银行总体经营状况的重要依据。资产质量主要考察风险资产数额、逾期贷款数额与发展趋势、呆账准备金充足状况、贷款的集中程度以及贷款出现问题的可能性等因素。具体而言，在实际操作中，要主要从以下四方面考虑：

（1）要注意分析银行的资本状况和负债结构，搞清楚银行信用风险管理的优势和劣势。商业银行的资本实力对贷款政策有着十分重要的影响，资本充足状况影响其所承担风险的能力。资本实力较强的银行，往往能够承做期限长、风险较高的贷款。资本实力较弱的小型银行，承做这类业务时就需要格外谨慎。商业银行的负债结构也是制约贷款政策的重要因素。商业银行的主要负债有各种存款，存款的期限结构、地区结构、行业结构，对贷款的种类、期限结构都有直接的影响。另外，监管人员还应关注其负债结构中中长期债券、票据等期限较长的债务型资本与波动性较大的存款负债的比重。如果银行盲目地将波动性较大的存款负债，用以支持房地产等行业的长期贷款，则易发生流动性危机。

（2）要分析资产的结构。一般情况下资产应尽可能地实现多样化，以扩大服务范围，增加盈利，分散风险。贷款期限的确定应考虑存款的期限、经济状况、市场情况、客户要求等因素，并根据上述因素，及时进行灵活调整。对问题资产、问题贷款的分析，应重点关注问题资产的管理及变现能力；问题资产的趋势及严重性；问题贷款的催收管理；识别问题贷款的管理信息系统是否足够；准备金的充足程度等。另外，要加强对资产集中程度分析。银行资产中贷款过分集中会使风险过于集中。

（3）要注意分析银行资产组合及多样性。所谓资产的组合管理，通俗地说，就是对银行资产结构进行管理，目的是优化资产的各种结构，尽量把风险进行内部抵消，尽量把收益提高，保证在一定收益的前提下银行所承担的风险最小，或者在承担一定风险的前提下银行获得的收益最大。

（4）要认真关注表外业务风险的状况。首先，追查一段时间内银行所开展的有价证券投资活动和所保持的存放同业余额水平，以及利率变化对这些资产价值的影响。其次，须注意银行账户和交易账户的问题。对表外业务的分析要注意：要进行总量分析、品种结构分析；与计划差异较大的，要分析原因；品种结构分析要重点关注业务量较大或占比较高品种的风险控制能力。

骆驼评级将分类后的贷款按照风险程度划分为四类：第一类是正常贷款；第二类是次级贷款；第三类是可疑贷款；第四类是难以收回贷款。按照“骆驼评级体系”对商业银行资产质量评级的标准要求，可以通过资产质量比率来衡量。

一般情况下对商业银行资产质量的评级标准可分为五级：

等级 1。表示非常好的资产质量及低而稳定的资产组合风险水平。此外，资产质量明显优于同业，准备金亦十分充足；贷款及投资的政策、程序及日常管理操作等方面都非常安全、健全，有很完整的文件和交易记录。

等级 2。表示较好的资产质量及较小的资产组合风险，资产质量优于同业，且准备金充足。此外，在贷款及投资的政策、程序及日常审批、风险管理等重要方面都是安全及健全的，但也存在一些较轻微的弱点或较等级 1 略高的风险水平。

等级 3。表示根据现在或预期的资产质量问题，银行应受到较大程度的关注。该等级的银行存在中等水平的问题资产，或是预期资产质量会由于借款人偿还能力的减弱或管理系统的弱点（例如，不适当的贷款发放、不完整的文件记录、不足够的贷款管控）而在短期内恶化，准备金不足以吸收目前或将来出现的损失，或者资产质量分类标准较宽松等。

等级 4。表示问题资产处于较高水平，如果不采取改善措施，将会威胁其生存。这级机构存在较高水平的不良资产，并往往伴随有不按照规定发放贷款、不健全的文件记录和贷款管理不善等重大内部控制弱点。

等级 5。表示银行资产质量很差，已经严重侵蚀了该银行机构的资本基础并危及其持续经营。

3. 管理水平

管理水平是银行监督管理机构考察一家商业银行经营状况的最主要的因素之一。从 1996 年开始，美国联邦金融机构检查委员会开始通过对银行管理层识别和管理防范风险的能力进行评估，并以此来确定商业银行的管理能力。具体方式包括与董事会以及高级管理人员进行谈话，实地检查银行的内控管理制度和执行情况，以及各类资产管理和业务运作流程等。

管理水平的评级是比较难的，主要以定性因素来衡量管理者的素质，通过资本充足率、资产质量、盈利性和流动性的评级来间接评定。也就是说，在进行骆驼评级时，通常先做出对资本充足率、资产质量、盈利性和流动性等要素的评级，再依据这四项要素评级的结果来综合考虑管理要素的评级。一般情况下，如果一家银行的上述几个方面的评级都很高，实际上就证明了这家银行的经营管理是成功的。我们对该行的管理水平的评级就应该是“令人满意的”，即 1 级或 2 级。相反，如果一家银行的上述几方面的评级都不高，只有3、4级，也就说明了该银行的经营管理水平不够好。

除此之外还要考虑的因素包括：高层管理人员的经验、水平与信心；高层管理人员是否对中下层管理人员及一般职员实施了有效的监督；雇员人数是否足够，雇员是否得到应有的培训；银行制定的业务政策与业务流程规定以及执行是否合规；银行制定的长、短期规划的可行性；高层管理人员解决问题的能力以及对突发事件的应变能力；高级管理人员的性格及个人品质如何（如，是否诚实，有无从事内幕交易等违法行为的迹象与可能）；该行董事会、监事会、经营管理层的职责履行的有效性以及法人治理结构效果等。值得注意的是，尽管银行目前的整体状况可以代表以往的管理水平或管理能力，但它不是决定管理评级的唯一因素，特别是在新的管理手段出现或管理人员发生更替时，或是在银行的状况受到外部因素和内在缺陷的重大影响时，尤为如此。

对管理要素的评价标准通常可分为五级。

等级1。管理层和董事会效率较高，反应迅速，能成功地应对经济环境转变，快速有效地解决经营中所遇见的问题；银行内部管理系统非常健全。同时，对该行的风险管理评级也为1级。

等级2。银行机构在上述两个方面存在着一些轻微的不足，但管理层处理特殊情况时的表现令人满意。同时，其管理水平评级不低于2级。

等级3。银行董事会或管理层存在某些方面的能力欠缺，且该银行机构内部控制系统也存在着一些弱点。银行管理层的管理能力只是一般或明显地低于同类型、同规模银行机构的平均水平，因而管理层在纠正银行面临不佳状况的能力上存在着一定程度的不足。同时，其管理水平评级不能低于3级。

等级4。管理层的能力或其履行职责的意愿存在严重问题，要么管理层无法稳健地管理银行，要么存在利益冲突的情况，反映到公司治理中，表现为管理层没有恰当地履行管理责任。同时，其管理水平评级不能低于4级。

等级5。管理层已被证明管理能力严重欠缺，或存在私下交易等情况。由于管理层的管理不善，已导致公司治理出现严重问题，所以必须增加管理人员或更换管理层。同时，其管理水平评级通常是5级。

4. 盈利性

盈利性就是银行持续获取适当资产收益率和资本收益率的能力。良好的银行盈利状况能使一家银行为其业务拓展提供资金保证，让其在市场上保持竞争活力，补充和增加资本金。从监管部门的立场来看，银行盈利（包括利润和盈余公积）的根本目的，就是为了提供一种吸收消化损失的能力，银行的盈利能力是防范银行营运风险的最原始保障。因此，盈利性所代表的是防范银行资本金因资产价值下降的第一道防线。

监管机构在对银行的盈利性进行评级时，首先要考虑该行一两年内的净盈利情况。资产收益率衡量一家银行的盈利水平的一个重要比率是：

资产收益率 = 净盈利/平均资产 × 100%。资产收益率在1%以上为1、2级，若资产收益率在0~1%之间为3~4级，若该比率为负数则评为5级。

另外，监管机构还应考虑其他因素，如近几年收益率的走势，未来几年收益率变化的趋势，资产收益的质量，该行的盈利有多少作为留存利润归入资本以及有多少用作股息的分配。合格的银行盈利归咎于以下五个关键因素：良好的合乎质量标准的资产；稳定的资金来源；控制得当的费用开支；健全的资金管理行为；对市场的洞悉程度。此外，银行控股公司所属机构的状况也不能忽视，因为母公司可能会在某些重要方面对附属机构施加影响。比如，直接向上支付的管理费用水平、红利分配情况、收入所得税额以及银行盈利资产的类型。假如一家银行的盈利水平很高，足以获得1、2级的评级，但该行都将其盈利的绝大部分作为股息分配给股东，留存很少，恐怕该行只能获得低于1、2级的评级。

一般情况下对商业银行盈利性的评级标准可分为五级。

等级1。表示在适当考虑资产质量及机构发展后，盈利仍够银行提取必要的准备金及积累所需的资本。各项定量指标均达到1级标准，盈利稳步且明显持续增长。一般而言，盈利性为1级的银行主要比率大大高于同类机构的平均水平及行业标准。

等级2。表示盈利水平相对较高且稳定，各项定量指标大致在2级标准，并且一些主要比率高于同类机构的平均水平。

等级3。表示银行的盈利仅够提供因正常经营所承受损失的准备金及机构发展所需的资本。这级机构的盈利可能因停滞或不稳定的变化趋势，依靠非营业性收入来源，盈利持续低于可接受的或同类机构的平均水平，高股息分派比率及低于满意水平的资产质量等因素而呈现不明朗的前景。

等级4。表示银行可能有以下的特性：净收益呈现无规律的波动；盈利走势向下；有偶然的损失；依靠非营业性收入或收入比前期出现重大的跌幅。银行的一些主要比率大大低于同类机构平均水平。

等级5。表示银行出现持续性的亏损或盈利情况较等级4的银行更差。亏损可能已经严重侵蚀了资本，并令银行的清偿能力受到明显威胁。

5. 流动性

商业银行保持足够的流动性是为应付存户的提款和满足客户的贷款需求。要评定银行的流动性是否充足需要考虑几个方面的因素：①该商业银行存款的变动情况；对借入资金（如大额存款等）的依赖程度；②可随时变现的流动资产数量；③银行对自身资产负债的管理、控制能力；④该行从外部借入资金的频率；⑤该行在遇到流动性问题时迅速筹集资金的能力。另外，还应将该行的流动性比率与其他同类银行的流动性比率进行比较。

一般情况下对商业银行流动性的评级标准可分为五级。

等级1。流动性比率很高，短期资产负债匹配良好；在整体资产负债管理策略下，银行能够随时以优惠条件从外部获取资金；流动性管理政策完善，流动资金风险、利率风险和货币风险的管理体系健全。

等级2。流动性比率高于平均水平，但可能存在流动性政策、遵守流动性目标水平、资产负债管理或利率风险和货币风险管理等方面的轻微不足，可能存在依赖已建立的融资额度来应付现金的需求。

等级3。短期资金错配略高于可接受的水平；流动性比率仅仅能符合监管要求，需要依赖高成本的融资来获取资金，融资额度和途径非常有限；在流动性政策、资产负债管理及利率风险和货币风险管理等方面存在明显不足。

等级4。将来未必能一贯符合流动性比率的监管要求，短期期限的负缺口不断增加，各定量指标大致符合4级水平，法定指标仅可达到最低要求。除非给予较高的利率，否则在获取融资额度方面会有困难。同时，在流动性政策、资产负债管理及利率和货币风险管理等方面亦存在较严重的不足。这类机构通常需要立即采取纠正措施，寻求外来资金援助以满足到期负债的支付。

等级5。银行短期资金缺口较大，需要立即寻求外部资金以应付到期债务，否则将会在短期内出现流动性危机。

6. 市场风险敏感度

市场风险敏感度主要考虑的因素有：①银行盈利性或资产价值对市场因素反向变动的敏感度；②管理层对利率变化引致风险的理解程度；③管理层在市场变动较大时，识别、度量、监测和控制敞口的能力；④源自非交易性头寸利率风险敞口的性质和复杂程度；⑤相对于市场风险敞口水平的盈利水平和资本充足度；⑥资产负债匹配情况，资产风险结构及组合的多样性；⑦风控部门的人员素质和风险管理能力。

一般情况下对商业银行流动性的评级标准可分为五级。

等级1。市场风险敏感度控制得很好，盈利水平或资本头寸几乎没有受到负面影响的可能性。

等级2。市场风险敏感度得到有效控制，盈利水平或资本头寸受到负面影响的可能性小。

等级3。银行控制市场风险敏感度工作需要改进，盈利水平或资本头寸受到负面影响的可能性很大。

等级4。银行控制市场风险敏感度工作不令人满意，盈利水平或资本头寸受到负面影响的可能性非常大。

等级5。银行控制市场风险敏感度工作非常不令人满意，所承担的市场风险水平威胁到机构的生存。

（二）综合评级

骆驼评级体系先对各个单项进行评级，再进行综合评级。综合评级要求在各项目评估基础上对管理、营运、财务及遵纪守法等各方面情况进行综合评价，对风险管理的质量作总体评述，是在汇总六大要素评级结果的基础上，根据其重要程度的不同，给出不同的权数，得出的反映金融机构在总体上的经营水平和资信级别。

一般情况下对商业银行的综合评级标准可分为五级。

综合评级1级。银行各方面几乎都是健全的，评估中所发现的问题基本上比较轻微，能够在工作中解决。该类银行对外来经济和金融动荡有较强的抵御能力，有能力应付环境的无常变化。

综合评级2级。银行经营基本上稳健，但存在一些需要在经营中加以改正、性质不重的弱点；该类银行具有良好的抵御外部环境起伏变化的能力，但存在的弱点可能发展成为较大的问题。由于该类银行存在的弱点可在经营中得以改正，因此给予的监管关注较少。

综合评级3级。银行明显存在较为严重的弱点，位于或低于平均水平；银行勉强能够抵御业务经营环境的逆转，但如果不能纠正自身弱点，很容易导致经营状况恶化。该级别的银行虽然从整体实力和财政能力来看不大可能倒闭，但仍很脆弱，应该给予特别的监管关注。对于那些存在重大不遵守法律、法规问题的银行，也给予这一评级。

综合评级4级。银行一般都存在资本水平不足或其他一些不令人满意的表现；银行可能存在比较多、比较严重的问题或一些不稳健做法，而且未得到满意的处理或解决；如果不立即采取措施纠正，情况可能进一步恶化，进而损害银行持续经营能力。银行存在倒闭的可能，但不会马上发生。监管当局需要密切关注该级别银行，并给予明确的整改方案。对于资本净值为正数但达不到资本监管要求的机构，通常也给予这个评级。

综合评级5级。这一评级是给予那些即时或近期极可能倒闭的银行的。这些银行业绩表现非常差，缺点的特性和数量，或是不稳健做法都到了非常严峻的地步，以致需要从股东或其他途径获取紧急的援助。需要对这些银行立即实施救助，并且给予持续的监管关注。如果未采取紧急明确的救助措施，银行可能面临清盘、挤兑或被兼并或收购等。

第三节 其他评级体系

一、英国金融业风险评估体系

（一）英国金融业监管评级制度演变

英国具有独特的银行监管制度和方式，其监管的模式一直以非制度化著称，较少颁布成文法规，对银行很少使用现场检查并监管，而主要采取道义劝说、君子协定等方式进行银行监管，是以自律为主的监管哲学。20世纪90年代，随着金融混业经营的不断发展和巴林银行倒闭等一系列国际金融事件的发生，促使英国金融业监管当局开始探索高效的监管模式，1997年5月，英国金融服务局（FSA）开始履行统一对银行、证券、保险等金融领域的监管职责，并开始着力于探究一套完善的监管方法和程序。2003年2月，英国金融服务局制定了《金融机构风险评估框架》，该框架当中详细阐述了对银行和其他金融机构统一的风险评估方法，就是沿用至今的ARROW（Advanced Risk - Responsive Operating Framework）评级体系。ARROW是一种风险导向型的评级制度，通过设置统一的评价标准和风险评估程序，根据金融机构内部存在的各类风险发生的可能性和影响程度，进行风险管理过程的评估定级，为金融业监管提供帮助和支持，从而防范和化解金融风险。

（二）ARROW的基本内容

ARROW是英国金融服务局对银行、证券、保险公司等金融机构实行的一种监督评价方法，是一种重在对金融机构内部风险管理程序的过程监管评级体系，而并非仅就银行的经营结果开展评估，监管当局依据评估结果，按照风险关注度的高低划分监管对象，对被监管机构实行过程控制，防止风险的恶化与扩散。

ARROW主要包括三部分内容：风险影响力评估、风险可能性评估、确定风险关注程度和风险缓释计划。

1. 风险影响力的评估

依据金融机构的总收入、总资产、总负债等指标来判断其风险影响级别，规模越大的金融机构风险影响程度越高，规模越小的金融机构风险影响程度越低。ARROW 将风险影响力划分为 4 个级别：高风险（High）、中高风险（Medium High）、中低风险（Medium Low）以及低风险（Low）。

2. 风险可能性风险评估

风险可能性风险评估是指金融机构发生风险发生的可能性，包括外部环境风险和金融机构的特殊风险。外部环境风险是可能性风险评估的关键因素，它主要包括政治和法律、经济、社会与人口、技术、市场结构和市场竞争共六类风险因素。金融机构的特殊风险是指存在于金融机构自身内部的风险形式，它包括机构业务经营风险和内部控制环境风险。业务经营风险包括财务稳健性，产品与服务，以及战略、市场、信用、操作和承保风险。内控环境风险包括内控体系，组织结构，董事会和高级管理层管理架构、公司治理、企业文化和客户关系。

3. 风险关注程度和风险缓释计划

ARROW 按照风险可能性与风险影响程度的加权得出风险关注程度，依据风险关注程度的不同划分为高、中高、中低、低、不适用、不清楚共 6 个风险等级。ARROW 提供四类风险缓释计划：一是诊断工具，主要用于识别或计量风险；二是监控工具，通常用于监控风险；三是预防工具，主要用来降低已确认的风险，在前两种工具不能有效控制风险的情况下，通过预防工具采取一些限制性措施来防范风险（如提高被金融机构的资本充足率要求）；四是补救工具，用来处理已确定的风险，主要采取强制性干预手段（如限制其经营范围和活动，取消同业资金拆借资格等）来防止风险的进一步继续扩散，维护金融安全与稳定。

（三）ARROW 的特点

第一，ARROW 是一种对风险过程进行评估的程序和方法，侧重于对风险管理过程的评估，而不是简单就经营结果进行评级。

第二，与其他强调外部监管、注重以定量评估为主的结果监管评级不同，ARROW 强调对被监管机构内部风险管理程序的过程监管。它关注被监管机构内部存在的、对监管目标构成威胁的风险，其风险的大小由对风险的关注程度来表示。

第三，ARROW 评级制度采用两维风险评估方法，除了对单一机构的风险可能性进行评估外，还对银行风险影响力进行评估。通过经验判断或固定指标来判断被监管机构风险影响级别。该结果与风险可能性结果一同构成了不同级别的风险关注程度。

第四，它根据金融机构内部存在的各类风险发生的可能性和影响程度，设置了统一的评价标准和风险 IT 评估程序，通过对金融机构内部存在的风险进行持续确认和评估，科学确定风险的影响程度和风险发生的可能性。

第五，ARROW 评级制度强调持续不断的过程控制，发现问题可以对被监管机构提供及时的辅导和帮助，引导被监管机构提高风险管理和内控水平，是一种预防式的监管思路。这种监管方法重点并不在于他律和惩罚，而更侧重于追求共同目标下的自律与合作。

（四）ARROW 的评级流程

ARROW 的评级流程是将监管期间细分为七个阶段，即准备评估阶段、可能性风险评估阶段、制定风险控制方案阶段、内部确认和调整阶段、发送信函与沟通阶段、跟踪评估阶段、新的评估循环阶段。这七个阶段首尾相连，形成一个连续的监管闭环。

1. 准备评估阶段

在这一阶段，英国金融服务局需要解决两个问题：一是从被监管机构众多的经营实体中确定评估范围和具体评估对象；二是根据既定的评估标准确定评估对象的风险影响程度。这一阶段既是评估的基础，也标志着评估的开始。

（1）确定评估范围和对象。英国金融服务局根据以往的评估结论及对非现场监管过程中掌握的信息，初步判定需要对目前监管的11000家金融机构中的哪些行业、该行业中的哪些机构立即进行评估，这些行业和机构潜藏着影响监管目标的哪些风险，需要引起何种程度的关注。在确定评估范围的具体过程中，需要特别注意两个问题：

①确定集团评估主体问题。对于一个跨行业、涵盖多个经营实体的集团性银行（公司），英国金融服务局需要通过研究被监管机构的内控体制、业务特点以及管理结构，确定一个或数个经营实体作为该集团的评估主体。经营实体对集团的整体风险有着关键性影响，并且是集团主要收入来源的机构，确定的方法一般采用“10%标准”，也就是说，经营实体在集团中的收入、税前利润或资本金占到10%或以上。如一个保险集团涉及寿险、财险、再保险等公司，在集团总利润中所占的比例分别为45%、30%和7%。按照上述标准，寿险和财险利润占比超过10%，应确定为重点关注的经营实体。

②司法管辖权问题。随着金融国际化的发展，越来越多的英国本土金融机构拥有庞大的海外分支机构或直接从事海外业务，同时，其他国家的金融机构也在英国开立分支机构或者直接开拓英国业务。这导致其他国家金融监管的效率和质量直接影响英国金融服务局监管的效果。为此，英国金融服务局从多个指标体系出发，评估其他国家金融监管机构的监管水平，以决定对英国海外分支机构或他国在英国设立分支机构的监管方式。

（2）风险影响程度的评估。通过影响力评估来确定需要评估的金融机构。通过量化银行资产规模和存款将银行影响力分为高、中高、中低和低四个等级，对影响力界定为“低”的银行无需开展风险评估（见表12－1）。

表12－1　英国监管当局的ARROW评级体系影响力评估表　　单位：英镑

影响力级别	资产	存款
高	大于180亿	大于65亿
中高	大于18亿	大于6.5亿
中低	大于9000万	大于3250万
低	小于9000万	小于3250万

2. 风险发生的可能性评估

这一阶段英国金融服务局的工作目标是：在确定风险影响程度的基础上，进一步评估被监管机构风险发生的可能性。可能性风险评估主要依赖于非现场监测已掌握的资料；如果已掌握的信息和资料不足，英国金融服务局还要对被监管机构进行现场评估访谈。

在访谈前9周，发出评估通知书，正式通知被监管机构。访谈前7周，要求被监管机构报送最新的资料，包括组织结构、公司战略变化情况，高级管理层的讲话，内部有关部门的风险报告书以及内外部审计部门的检查报告等。访谈的内容主要包括对已掌握的情况进行拾遗补缺；跟踪检查以前发现问题的整改情况及风险控制实施情况；与被监管机构关键人士的访谈等。通过访谈可以掌握进一步的信息，证实已有的判断。在掌握充分的信息之后，英国金融服务局将开展以下三方面工作。

（1）诊断外部环境风险。英国金融服务局认为，外部环境风险是决定被监管机构风险发生可能性的关键因素。外部环境风险主要包括以下六大类：政治和法律风险、社会和人口风险、技术因素风险、经济因素风险、竞争风险以及市场结构风险。通过对被监管机构外部环境信息的综合分析，英国金融服务局可以确定主要外部环境风险。如对一家从事储蓄业务的零售银行，英国金融服务局重点关注竞争风险、市场结构风险等。

（2）识别特定风险。相对于外部环境风险来说，特定风险是指被监管机构的内部风险。识别被监管机构的特定风险包含两个方面内容：一是风险从何而来；二是特定风险对英国金融服务局的哪个监管目标产生影响。ARROW 评级体系将金融业面临的风险分为业务经营风险和内控环境风险两大类，其中，业务经营风险包含四类，风险控制能力包含五类（见表 12－2）。

表 12－2　　ARROW 评级体系的九类风险

业务经营风险	内控环境风险
1. 公司战略 2. 所面临的市场、信贷、承保和操作风险 3. 公司财务的稳定性 4. 公司产品和服务，以及客户性质	1. 组织架构 2. 内控体系 3. 董事会、管理层和员工的风险控制能力 4. 合规要求、企业文化和公司管理 5. 客户关系

以上九类风险又被进一步细分为战略的质量、市场风险、操作风险、法律风险等 45 项风险要素。通过对业务经营风险和风险控制能力的综合分析，英国金融服务局可以对金融机构的具体风险进行充分识别，并将具体风险与监管目标风险 RTO（Risks to Objectives）进行对照。RTO 风险是可能对英国金融服务局的四个法令目标产生不利影响的风险，具体包括以下七项：金融失败；操作失误或管理不当；消费者知情权；欺诈或欺骗事件的发生；市场滥用；洗钱；市场素质。RTO 风险和上述 45 个银行具体风险因素共同构成一个风险状况矩阵图。监管当局根据掌握的信息，将 45 个风险因素都加以评估以确定该银行是否在存在 RTO 风险，从而进行评级。

（3）弥补信息缺口。为了完成对银行机构的完整有效评级，英国金融服务局采用多种渠道收集被监管机构的大量信息，包括监管期间收集的重要情报、与公众的直接接触，市场调研，以及经济和市场监测数据等，以综合判断被监管机构的风险影响程度。通常英国金融服务局在会安排一次实地查访以收集更多信息，完成该银行的风险状况矩阵图，包括与银行核心人员、董事会、管理层、审计人员和股东进行会谈，对被监管机构所处的行业及其服务的顾客进行常规性的重点调查等。

（4）完成风险评价并汇总。在完成信息收集后，英国金融服务局结合监管目标，根据所掌握的信息进一步评估 45 个风险因素中已识别的风险对监管当局法令目标的影响程度，同时还要综合考虑银行机构的风险控制能力对整体风险的影响，对风险影响程度和风险可能性加权计算得出风险关注程度，从而确定风险并分为以下六个等级：①高度风险，与当局的监管目标风险相关度高，必须采取相应的行动来消除所面临的风险因素；②中高度风险，与当局的监管目标风险相关度显著，可以采取行动消除所存在的风险因素；③中低度风险，与当局的监管目标风险相关度确定，可以或无须采取行动来消除潜在的风险因素；④低度风险，与当局的监管目标风险相关度低，一般无须监管当局采取行动；⑤D/K，信息不足或了解不充分，无法判断此类风险，需要进一步调查；⑥N/A，所得到的信息与风险无关，对监管目标无任何影响。

评估结果形成后，英国金融服务局一般要向被监管机构进行初步反馈，主要目的是在正式形成风险控制方案前，就检查发现的主要问题与被监管机构进行沟通，就一些关键事实作进一步核实，以保证风险控制方案的准确性和合理性。

3. 制定风险控制方案

在完成对银行的风险评级后，英国金融服务局开始根据被监管机构风险评价等级的高低确定应当采取的措施，形成风险控制方案。RMP 监管措施主要可归为四类：

（1）诊断性监管措施。主要包括确定被监管机构的风险状况、衡量现有风险的关注程度、对被监管机构进行风险提示，决定是否采取进一步的风险控制行动等。

（2）监测性监管措施。监测的内容包括对已经掌握的信息进一步核实，对被监管的金融机构的管理体系和内部控制进行评估，以及及时了解被监管机构最新的信息等等。

（3）预防性监管措施。在前两种监管措施无法有效控制风险或风险存在继续恶化的趋势时，英国金融服务局通常会采取提高资本充足率等一些限制性措施，以便对缓冲或降低可能发生的风险。

（4）补救性监管措施。对已经产生风险的被监管机构，英国金融服务局会帮助设计一整套补救行动计划，通常包括限制其经营范围和活动、取消同业资金拆借资格等一些强制性的管制措施。

通常来说，英国金融服务局会根据具体情况对金融机构采取一种或几种监管措施，以达到预期效果。

4. 内部确认和调整阶段

这一阶段英国金融服务局的工作目标是保证评价结果和风险控制方案的准确性、一致性和可行性。具体来说，在完成风险关注程度的评价并制定风险控制方案之后，英国金融服务局一般不会立即向被监管机构反馈，而是在内部对评价结果和方案作进一步确认和调整，避免出现工作失误。

对于“高度风险”和“中高度风险”的评价结果，要由英国金融服务局直属的有关委员会正式开会研究，并对风险控制方案中的相关措施逐条论证。对“中低度风险”的评价结果，要由英国金融服务局内不同的监管部门进行交叉审查。这种内部确认和调整，一是能够对评估人员的工作进行有效监督；二是对被监管机构的风险状况和评价结果进行横向比较，从而对评估和风险控制方案的准确性和一致性把关；三是确认风险控制方案的执行成本（包括英国金融服务局的监管成本及被监管机构的控制成本），以论证其可行性。

5. 发送信函与沟通阶段

这一阶段英国金融服务局的主要工作目标，是与被监管机构就评价结果进行沟通。具体来说，英国金融服务局在内部充分讨论风险评价结果和风险控制方案之后，最终向被监管机构的高级管理层发送一封信函，这封信中包括风险评估的最后结论、风险控制的具体建议以及英国金融服务局拟采取的措施。在这一阶段，被监管机构也可以就有关问题及更有效的整改建议与英国金融服务局进行沟通，一般情况下，被监管机构应当对风险控制方案给予正式回复，详细说明整改情况。

6. 跟踪评估阶段

在跟踪评估阶段，英国金融服务局的主要工作目标是监测风险控制的结果。具体来说，这一阶段的主要工作是了解风险控制方案的执行情况，跟踪、监测被监管机构的风险变化，对被监管机构进行持续评估；对风险进一步恶化的机构，通过调整风险控制方案，加强监管措施，以实现风险的有效控制。英国金融服务局一般采取监管期间连续评估的方式，跟踪、监测被监管机构的风险变化，如果有重大事件发生时，评估也可以随时进行。

总之，在整个监管期间，英国金融服务局会持续跟进风险控制方案的实施进展，并不断采取措施保证风险控制方案能够在规定时间内达到预期效果。

7. 新的评估循环阶段

重新开始前述评估，形成一个连续的监管闭环。

二、ROCA 评级体系简介

（一）ROCA 评级体系的适用性

评级体系最早由美国银行监管机构推行，在国际商业银行分行的监管领域具有广泛影响。ROCA 评级是基于风险监管的理念，主要适用于对商业银行非法人机构的经营和风险状况作出综合评判。ROCA 评级体系由风险管理（Risk Management）、营运控制（Operational Control）、合规性（Compliance）、资产质量（Assets Quality）四个项目构成，在分项评级基础上，形成 ROCA 综合评级。

由于商业银行非法人机构主要是执行政策，属于操作层面，因此应用更强调对执行层面运作情况进行评级的 ROCA 评级体系更适用监管部门对商业银行分支机构的风险评级。从 ROCA 体系的分项设置分析，如该体系将 CAMEL 体系中的“管理”指标具体化为“风险管理”和“营运控制”两大指标，并增加了合规性指标，也反映了 ROCA 评级体系更加关注执行层面运作情况的评级特征，更适合商业银行分行的运营特点。

从国际经验来分析，监管部门对非法人机构风险评级也多采用 ROCA 评级体系。1995 年，日本 Daiwa 银行纽约分行由于违规操作造成巨额损失，引起美国监管当局的强烈反应。为了加强对境内外国银行分行的监管，美国监管当局针对外国银行分行非独立法人的特性，采用 ROCA 评级体系，此后，美国监管当局对境内外国银行分行的控制力明显加强。

（二）ROCA 的评级程序及评级要素

1. ROCA 评级程序

银行监管部门既可直接组织也可委托社会中介机构如会计师事务所、审计事务所、专业评估机构采用 ROCA 评级体系对商业银行非法人机构进行风险评级。但无论采取何种形式，ROCA 评级应至少包括准备、现场评估、反馈征求意见、形成评估报告等几个环节。

（1）准备阶段。主要做好前期资料收集与预分析。在收集资料的基础上，对已有资料进行初步分析，形成对被评估机构的初步评级印象，为现场评级做准备。

（2）现场评级。评级人员按照现场检查的操作程序进驻商业银行后，从 ROCA 四要素对被评估机构风险管理和营运控制状况进行实地考察，实施分项评级，按照“1～5”的等级初步确定各分项评级的等级，并在此基础上形成综合评价等级的评定意见。

（3）征求被评级机构管理层意见。评估人员在形成初步评级意见后，应征求被评估机构管理层的意见，在充分考虑其对评级结论的意见后，确定最终的 ROCA 评级结论。

（4）形成正式评级报告。评级结论确定后，监管部门应以书面形式向被评估机构管理层正式通报 ROCA 综合评级结果及理由，同时对其财务状况、风险管理和营运控制等方面提出建议。该评级报告至少应包括评价等级、评价分析的内容和理由，以及附录说明等。

2. ROCA 的评级要素

（1）风险管理评价。由于商业银行分支机构所处的地理位置与作为法人的总行不同，因此有效的风险管理系统十分关键。对非法人机构的风险管理评估主要是评估其管理架构能否有效识别、衡量、监测和控制各类风险，主要涉及两方面的内容。一是风险管理措施是否足以监控已有业务产生的风险；二是现有风险管理措施是否能保障管理层对全部业务保持全面而持续的监控。

（2）营运控制评估。对非法人机构的营运控制评估目的在于确认其各项业务操作有无按法人或内部的规章制度、政策或指引规定进行，风险控制的内部环境是否良好。主要内容包括：一是是否构建起了与其业务规模与复杂程度相适应的内部控制体系，实现适当的授权及恰当的职责分离；二是内部审计职能是否真正独立、充分、有效；三是有无组建起完善的管理信息系统且信息沟通渠道畅通，确保管理层能及时得到任何负面信息。

（3）合规性评估。合规性体现了商业银行满足最低监管要求的能力与意愿，强调依法合规经营也是商业银行对自身的最低要求。监管部门对非法人机构的合规性评估，主要应评估：法人有无制定充分的政策措施确保分支机构能遵守法律法规要求；分支机构是否建立了完善的政策与程序以满足合规经营所需；检查分支机构开展业务是否遵守已制定的各项法律规章等。

（4）资产质量评估。资产质量评估主要是评估与分析非法人机构不良贷款（或不良资产）水平，督促其改善资产质量，增强偿债能力。主要评估内容包括：一是审查其风险分类准确程度，评估资产质量的真实性；二是评估其整体资产质量，考察其不良资产的数量和比例；三是分析资产质量结构，分析不良资产中次级、可疑、损失的比例，分析不良资产中停息资产、逾期资产和重组资产的占比；四是分析资产质量的发展变化趋势；五是审查拨备计提情况。

当然，银行监管部门应用 ROCA 评级系统对非法人银行机构进行风险评级并不是为评级而评级，其最终目标是要体现在分类监管、提高监管有效性上。ROCA 评级结论应作为监管部门实施分类监管的依据，依此确定现场检查频率和应采取的监管措施，并可作为机构增设和业务准入申请的参考，从而实现对商业银行的持续监管与分类监管，促进商业银行的稳健发展。

3. ROCA 综合评级的标准

根据分行独特的组织和经营特征，通过审查 ROCA，评估商业银行分行的经营文件性和持续经营能力，重点反映需要引起监管当局关注的因素，并对银行的经营趋势做出前瞻性的预测。ROCA 分项评级和综合评级结果按从优到差的顺序，分别以等级 1 ~ 5 来表示，划分标准如下：

等级 1。表明银行各方面经营状况良好，只需给予适当的监管关注。

等级 2。表明银行经营状况令人满意，管理层能够通过正常的经营活动逐渐纠正某些不直接影响安全和稳健经营的不规范情况，通常不需要监管部门给予特别关注。

等级 3。表明银行经营状况尚可，但管理层未能采取必要的措施纠正某些可能影响到安全和稳健经营的问题，通常需要监管部门给予更多的关注。

等级 4。表明银行存在对安全和稳健经营产生不良影响的问题或风险，且这些状况未能得到管理层的足够重视，如放任自流将有可能威胁到银行的生存，通常需要监管部门给予密切关注并采取相应监管措施。

等级 5。表明银行风险程度高，经营和管理存在严重的问题，需要管理层立即采取重组行动，监管部门必须给予特别关注，参与重组计划或直接接管。

综合评级等级为 1、2 的机构被视为正常类或基本正常类机构，等级为 3 的被视为关注类机构，等级为 4、5 的则被视为有问题机构与危机机构。当营运控制和综合评级在等级 3 或者更差时，监管部门需要采取特别的审计程序。在等级 3 的时候，特别审计可以通过内部审计职能完成，如果在等级 4，就有必要引入外部审计。一家银行的分行风险管理和运营控制存在重大问题往往意味着其他分行也存在类似的系统问题，因此，应将问题及时上报上级监管部门，拓展特别审计的范围。

（三）ROCA 评级体系应用中应关注的问题

第一，监管部门对商业银行分支机构的 ROCA 评级应具有连续性、系统性，原则上应每年一次。同时，要结合现场检查与日常非现场监管过程中掌握的信息对评估对象的 ROCA 评级进行随时复检，并根据实际情况调整相应组成部分及综合评价等级。根据调整后的评级结果有针对性的采取相应的监管措施，从而使被监管对象的整体经营管理状况一直处于监管部门的全面持续监管之中。

第二，应用 ROCA 评级时，主要是以定性标准为主，要与分行过去的经营表现、同类机构的平均水平和行业标准来确定，需要依靠评估人员的历史经验与主观判断，因此不同的评估人员有可能得出不同的评估结论。这就需要考虑如何提高评估结果的客观性。为防止出现这一问题，一方面要加大对评估人员的培训力度，提高参估人员的业务素质；另一方面监管部门应尽量对 ROCA 涉及的四个方面内容进行量化，制定出详细的可操作的定量标准，从而减少评估时的随意性。

第三，评估人员在评估 ROCA 各要素时，还应注意到，由于 ROCA 评级系统每个项目都受到银行信用风险、市场风险、利率风险、流动性风险、国家与转移风险、操作风险、法律风险、声誉风险等八类风险的直接或交叉影响，因此，在进行 ROCA 评级时，应综合考虑对八类潜在风险的评估情况。

此外，针对非法人机构的评级法还有 SOSA（Strength of Support Assessment，母行支持度评估）评级法，即对外国银行进行有效经营和背景支持的评估。SDSA 评级体制的可借鉴之处在于：①将外资银行分行和办事处作为其跨国机构的有机部分进行监管；②对外资银行的全部业务进行统一监管，体现整体性；③注重风险管理、内部控制、监管的安全与效益双重目标。

第四节 我国商业银行监管评级体系

一、我国商业银行监管评级体系的发展历程

自 20 世纪 90 年代开始，在外资银行监管中，我国监管当局开始小范围逐步推广使用了以 CAMELS 评级体系为基础的非现场评级和现场检查方法。1999 年，我国银行监管部门分别对各政策性银行、商业银行、城乡信用社和其他非银行机构出台了新的非现场监管指标体系。从监管当局对商业银行监管评级的这些指标体系中可以看出，我国基本上就是运用的 CAMELS 评级体系。

2000 年，中国人民银行参照美国的 CAMELS 评级体系，针对我国四家国有商业银行制定了《商业银行考核评价办法》，该评价办法采用定量考核的方式，以涉及资产质量、流动性以及盈利和发展能力四个方面的 12 项定量指标开展对国有商业银行的考核评价，成为我国商业银行监管评级体系的前驱。然而，由于《商业银行考核评价办法》侧重于定量考核，而较少对资产质量、内部控制和管理能力进行定性和定量分析，因此这一制度还不能真正意义上称为监管评级制度。

经过监管当局的不断探索和经验累积，2004 年，中国银行业监督管理委员会分别出台了《股份制商业银行风险评级体系（暂行）》、《外资银行风险评价手册》和《农村合作金融机构风险评价和预警体系指标（试行）》等若干个风险评价体系，针对国内商业银行、外资银行，以及农村金融机构全面开展分类监管。其中，《股份制商业银行风险评级体系（暂行）》是在借鉴 CAMELS 评级方法的基础上，结合我国股份制商业银行的实际做出的，体现了信息收集的内外相结合、要素的单项评价与综合评价相结合、指标定性与定量相结合以及差别等级和分类监管相结合的特点，有效地实现了对股份制商业银行的监管评级。

2006 年 1 月，我国监管当局将各类商业银行的监管评级统一起来，颁布了《商业银行监管评级内部指引（试行）》，对商业银行的资本充足状况、资产质量状况、管理状况、盈利状况、流动性状况和市场风险状况六个单项要素进行评级，并对单项评级进行加权汇总得出综合评级，最后再依据其他因素的性质和对商业银行的风险状况的影响，对前面得

出的综合评级进行正向或负向的微调，从而构建了具有中国特色的“CAMELS+监管评级”体系，对我国商业银行持续、稳定、健康地发展和提高监管有效性具有重要意义。

二、我国商业银行监管评级体系现状

（一）监管评级体系概述

《商业银行监管评级内部指引（试行）》作为我国商业银行监管评级体系的主要组成架构和实施依据，是在借鉴国际通行的骆驼评级法的基础上，结合我国商业银行和银行监管队伍的实际情况设计出来的。它确定了具有中国特色“CAMELS+监管评级”体系，即对商业银行的资本充足状况、资产质量状况、管理状况、盈利状况、流动性状况、市场风险状况六个单项要素进行评级，并对各单向要素评级进行加权汇总得出综合评级，然后再依据其他因素的判断以及依据其他因素对商业银行的风险影响，对综合评级作出正向或负向调整，使得评级结果更为细致全面。在监管评级上，单项要素和综合评级的结果都按照相应标准分为6级，以供监管机构实施分级分类监管，合理配置监管资源，并采取恰当的监管措施。

《商业银行监管评级内部指引（试行）》（以下简称《内部指引》）主要分为评级要素、评级流程、结果运用三个部分。《内部指引》对监管评级的依据和监管评级适用范围、对商业银行的评级要素、评级结果在监管当中的运用、监管评级操作步骤，以及监管评级的信息披露等内容作了说明。目前，《内部指引》已成为国内监管当局对在国内所设立的所有商业银行的法人机构（包括中资商业银行、外资独资银行和中外合资银行）进行监管评级的主要依据。

《内部指引》的发布，有利于推行分级分类监管，提高监管效率。《内部指引》以资本充足性、资产安全性、管理严谨性、支付流动正常性和收益合理性作为判断的主要依据，将我国风险评级办法建立在科学系统的定量和定性分析基础上。

（二）监管评级体系原则

《内部指引》所建立的评级方法和操作步骤，能够全面深入地评价商业银行风险和经营状况，对商业银行进行监管评级需要遵循以下几个原则。

1. 全面性原则

银行监管评级需要在全面收集商业银行相关信息的基础上，综合开展银行监管评级工作。即风险评价应尽可能全面地收集商业银行相关信息，在此基础上综合有关信息对商业银行当前的风险状况或潜在的风险情况进行较为全面的分析评价。

2. 客观性原则

信用评级是对能反映评级对象信用状况的综合信息进行分析、论证的过程。因此，评级对象信用信息的客观性是决定评级结论准确性的基础。对商业银行的监管评级要使用统一标准，力求广泛、完整，对占有的信息资料要调查核实，去伪存真。

3. 审慎性原则

商业银行监管评级应当遵循审慎监管原则，对商业银行可能存在的风险进行有效界定和识别，促进有效的金融监管；按照一定的监管周期采取有针对性的审慎监管，维护金融系统稳定。

（三）监管评级体系特点

与以往的评级体系相比，《内部指引》有以下几个突出的特点：

1. 增加了定性因素分析的相关内容

《内部指引》在指标设置上通过定性与定量指标分析相结合确保了评级结果的客观与公正。在对商业银行的监管评级过程中，定量指标具有易掌握、抗干扰性强，方便易行，能为评级提供一个客观的标准等特点，而定性指标往往能对一些细致直观的情况做出主观的反映，使得评级结果更为系统全面，因此定性指标与定量指标相结合确保了评级结果的客观与公正。

2. 内部信息与外部信息相结合

确保商业银行风险评级结果准确性的前提是信息收集的广泛性和全面性。随着金融全球化和银行业务创新的不断深入，银行业的经营管理日益复杂，所面临的风险隐患呈现出多样性、隐蔽性的特点。要想对商业银行的风险状况做出全面准确的评级，就必须收集各方面的银行的信息。《内部指引》在操作规程上明确了对商业银行的信息收集过程。监管人员应充分收集各方面的信息，包括对商业银行的现场检查、非现场监管信息，以及商业银行公布和提交的各类信息和对商业银行的各种报道和评价。通过全方位的信息收集全面体现监管评级中内部信息和外部信息的结合。

3. 新增对市场风险状况的评价

随着金融业开放和竞争的进一步加剧，银行在经营过程中所面临由市场价格（利率、汇率、股票价格和商品价格）的不利变动而使银行表内和表外业务发生损失的风险也日益增加。在评级要素中加入市场风险要素对有效防范银行业风险具有重要的意义。

4. 新增其他要素以细化评级结果

其他因素主要是指对于银行风险可能产生重大影响的其他事项，监管当局依据这些事项的性质，对商业银行资产安全和所面临风险的影响程度，对原有的综合评级作出更加细微的正向或负向调整，从而得出更为准确的评级结果，以形成中国特色的“CAMELS + 监管评级”体系。

5. 进一步细化评级结果

我国银行业监管当局在《内部指引》中，依据我国当前银行业经营的环境和状况，对评级结果进行了进一步细化，将要素评级和综合评级分为6级，体现了更为细化的分类监管，有利于防范和控制金融风险，符合当前我国的社会与市场金融环境。

（四）监管评级体系操作规程

1. 收集信息

商业银行监管评级的基础是评级信息的收集和整理，在对商业银行的监管评级中，监管当局应力求全面广泛地掌握评级所需要的全部信息。

（1）收集基本信息。在对商业银行进行评级之前，主监管员应充分收集以下信息：非现场监管信息；现场检查报告；银行的内外部审计报告；银行向公众披露的信息；银行提交的年度经营计划、经营状况报告和市场准入申请等；其他监管机构的监管信息；跨境监管信息；国内外评级机构对银行的商业评级结果；各种媒体报道的银行信息等。

（2）筛选分析和进一步收集信息。监管当局对这些收集的基本信息进行仔细的整理、筛选和分析，确定商业银行的关键问题和风险以及需要进一步了解的评级信息。在评级信息不够充分的情况下，监管当局可以通过与现场检查人员、银行高级管理层和银行外部审计人员进行会谈等途径进一步收集评级信息。

2. 初评

监管当局根据收集的信息完成被评级银行的评级步骤，力求对每一项评级内容的分析、判断、预测和评价都理由充分、分析深入、判断合理，以全面准确反映商业银行经营管理状况，并填制完成相关的评级工作底稿。

（1）综合分析。监管当局对于所收集到的评级信息进行整理分析，在分析过程中，应该充分考虑定量因素和定性因素，以静态分析和动态分析相结合。对于银行不愿意提供的信息，应视为不利于银行的信息；对于不能确定有利于银行的情况，应视为不利于银行的情况；对于可能导致银行遭受损失甚至发生流动性问题的明显迹象，监管人员应当做出合理的判断和审慎的预测。

（2）确定初步的评级结果。监管当局依据监管评级体系所规定的评级标准和方法，在综合分析评级信息的基础上，合理、准确地判断银行的风险状况，确定各个单项要素和综合评级的初步结果，并依据其他因素的性质和对银行风险的影响程度，对综合评级结果做出更加细微的正向或负向调整。

3. 复评

复评工作由被评级银行的主监管员、现场检查主查人及其上级主管负责完成。复评是复评人员在初评基础上对被评级银行的风险与经营状况进行再评价。复评人员不同意初评人员意见的，应当阐明理由，并提出具体的修改意见。复评人员可以形成不同于初评结果的监管评级级别。

4. 审核

评级结果最终由银监会监管部门及银监会各级派出机构的负责人审定。评级审核应当采取监管部门主任办公会议和银监（分）局局长办公会议的形式，由所有初评、复评人员以及资深监管人员参加，会议采取初评人员陈述、复评人员补充、集体讨论的形式进行。根据讨论结果，最终确定被评级银行的监管评级结果。审核会议力求统一评级尺度，保证评级结果的客观准确和公平公正。商业银行的监管评级结果的责任由监管部门和各级派出机构的负责人最终承担。

5. 结果反馈

（1）通报监管评级结果。对商业银行的监管评级工作结束后，银监会及其派出机构应将综合评级结果以及各单项要素存在的主要风险和问题，通过会谈、审慎监管会议等途径通报给商业银行的董事会，必要时一并通报要求对商业银行的整改建议。同时，针对评级当中发现的问题，监管机构还应要求商业银行在一定时限内对监管评级结果提出反馈意见。

（2）接收反馈意见。商业银行在接到监管机构关于监管评级结果的通报后，如果对综合评级结果有异议，应当在10个工作日内向监管机构提出反馈意见，并提供新的信息资料以支持更加准确合理的评级结果；如果对监管评级结果没有异议，应当在一个月内向监管机构提供回应报告和确认书，确认评级结果并报告对问题和缺陷的整改措施。

（3）对反馈意见的处理。对于商业银行提出异议的监管评级结果，监管机构可以通过内部审核程序并结合银行提供的信息资料进行再次审定，除非确有重大评级信息被遗漏，或者评级人员出现重大判断失误，原则上不对原始评级结果进行调整。

6. 档案归集

评级工作全部结束后，参与此项评级工作的主监管人员应当做好评级信息、评级工作底稿、评级结果、评级审核会议纪要、评级结果反馈座谈纪要等文件材料的存档工作。

（五）监管评级指标体系

为全面、准确地评价金融机构风险，《内部指引》采用6个风险要素和1个其他要素，以及23个具体风险评级指标（如表12－3所示）进行商业银行监管评级，加权汇总得出综合评级，评级结果分为6个等级。其中，对于资本充足状况（C）、资产质量状况（A）、盈利状况（E）、流动性状况（L）、市场风险状况（S）采用定量（60%）和定性（40%）指标相结合来确立要素风险等级；对于管理状况（M）和其他项（O）采用定性判断来确立要素风险等级，其中对于其他项（O）的判定一般不可以改变综合评级结果，但可以通过“+”、“－”符号标识出评级结果正向或负向的趋势，作为对综合评级结果做出更加细微的正向或负向调整，以增强风险评级结果的准确性。

单项要素评级和综合评级结果均以1级至6级表示，越大的数字表明越低的级别和越高的监管关注程度，如表12－4所示。各要素评分90分（含90分）以上为1级，评分75分（含75分）至90分为2级，评分60分（含60分）至75分为3级，评分45分（含45分）至60分为4级，评分30分（含30分）至45分为5级，评分30分以下为6级。

综合评级结果是6个单项要素评级结果的加权汇总，即各单项要素的评价分值分别乘以对应的权重系数后进行加总，得出综合评分。资本充足状况（C）、资产质量状况（A）、管理状况（M）、盈利状况（E）、流动性状况（L）、市场风险状况（S）六个要素的权重分别为20%、20%、25%、10%、15%、10%。此外，《内部指引》还特别提高了资本充足状况（C）的权重，特别规定资本充足率低于8%的银行，其综合评级结果不应高于3级；如果资本充足率低于8%且呈下降趋势，对该银行的综合评级结果不应高于4级。

表12－3　　商业银行监管评级指标体系

评级要素	权重	定量指标（60分）	定性因素（40分）
资本充足状况（C）	20%	资本充足率（50%）； 核心资本充足率（50%）	银行资本构成和质量（6分）； 银行整体财务状况及其对资本的影响（6分）； 资产质量及其对资本的影响（6分）； 银行进入资本市场或通过其他渠道增加资本的能力（8分）； 银行对资本的管理情况（14分）

续表

评级要素	权重	定量指标（60分）	定性因素（40分）
资产质量状况（A）	20%	不良贷款率/不良资产率（30%）； 正常贷款迁徙率（10%）； 次级类贷款迁徙率（5%）； 可疑类贷款迁徙率（5%）； 单一集团客户授信集中度/授信集中度（10%）； 全部关联度（10%）； 贷款损失准备充足率/资产损失准备充足率（30%）	不良贷款和其他不良资产的变动趋势及其对银行整体资产安全状况的影响（5分）； 贷款行业集中度以及对银行资产安全状况的影响（5分）； 信贷风险管理的政策、程序及其有效性（10分）； 贷款风险分类制度的健全性和有效性（10分）； 保证贷款和抵（质）押贷款及其管理状况（5分）； 贷款以外其他资产风险管理状况（5分）
管理状况（M）	25%	—	公司治理的基本结构（10分）； 公司治理的决策机制（10分）； 公司治理的执行机制（10分）； 公司治理的监督机制（10分）； 公司治理的激励约束机制（10分）； 内部控制环境（10分）； 风险识别与评估（10分）； 内部控制措施（10分）； 信息交流与反馈（10分）； 监督评价与纠正（10分）
盈利状况（E）	10%	资产利润率（30%）； 资本利润率（30%）； 成本收入比率（20%）； 风险资产利润率（20%）	银行的成本费用和收入状况以及盈利水平和趋势（15分）； 银行盈利的质量，以及银行盈利对业务发展与资产损失准备提取的影响（15分）； 财务预决算体系，财务管理的健全性和有效性（10分）
流动性状况（L）	15%	流动性比例（30%）； 核心负债依存度（25%）； 流动性缺口率（15%）； 人民币超额备付金率（15%）； （人民币、外币合并）存贷款比例（15%）	资金来源的构成、变化趋势和稳定性（5分）； 资产负债管理政策和资金的调配情况（5分）； 流动性的管理情况（20分）； 银行以主动负债形式满足流动性需求的能力（5分）； 管理层有效识别、监测和调控银行头寸的能力（5分）
市场风险状况（S）	10%	利率风险敏感度（50%）； 累计外汇敞口头寸比例（50%）	董事会和高级管理层的监控（10分）； 市场风险管理政策和程序（10分）； 市场风险识别、计量、监测和控制程序（13分）； 内部控制和外部审计（7分）
其他项（O）	银行经营的外部环境；银行的控股股东；银行目前的客户群体和市场份额情况；银行及其关联方涉及国家行政机关调查、法律诉讼、法律制裁等情况；国际、国内评级机构对银行的评级情况；新闻媒体对商业银行的报道		

表12-4　　商业银行监管评级得分与结果对应表

评级得分	90分至100分	75分至90分	60分至75分	45分至60分	30分至45分	0至30分
评级结果	1级	2级	3级	4级	5级	6级

（六）评级结果运用和监管措施

监管评级结果应当作为衡量商业银行风险程度的依据。对商业的监管评级是以打分划分级别的形式对商业银行经营中风险的全面衡量（见表 12－5）；银行监管评级的结果应当作为监管规划和合理配置监管资源的主要依据；银行监管评级的结果应当是监管机构采取监管措施和行动的主要依据，监管当局应当针对商业银行的监管评级结果，深入分析风险及其成因，并结合单项要素和综合评级的结果，制定每家银行的综合监管计划和监管政策，确定监管重点，以及非现场监管和现场检查的频率和范围（见表 12－6），并作为商业银行市场准入的重要参考因素。

表 12－5　　商业银行监管评级与风险程度对应表

综合评级结果	银行风险程度
1 级	表示银行的每方面都是健全的，所发现的问题基本上都是轻微的且能够在日常运营中解决。此外，银行对外来经济及金融的动荡有较强的抵御能力，且有能力应付环境的无常变化。
2 级	表示银行基本上是一个健全的机构，但可能存在一些能够在正常业务经营中得以纠正的适度的弱点。银行是稳健的且具有良好的抵御经营环境起伏变化的能力，但是存在的弱点再发展下去可能产生较大的问题。由于存在的弱点能够在正常业务经营中改正，因此监管关注率较低。
3 级	表示银行存在一些从中等严重程度到不满意程度的弱点。银行勉强能抵御业务经营环境的逆转，如果改正弱点的方法不当，便很容易导致银行经营状况的恶化。综合评级为 3 级的银行，虽然从其整体实力和财务状况看来不大可能出现倒闭情况，但仍很脆弱，应该给予特别的监管关注。对于那些存在重大不遵守法律法规的银行机构，也应该给予这一评级等级。
4 级	表示银行存在资本水平不足或其他不令人满意的和差的情况。这类银行可能存在比较多的严重问题或一些不安全、不健全的情况，而且这些问题或情况尚未得到满意的处理或解决，除非立即采取纠正行动，否则有可能进一步恶化从而损害银行未来的生存能力。该等级银行存在倒闭的可能性，但是不会立即发生，应给予密切的监管关注，以及确定明确的纠正计划。对于资本净值为正数但达不到资本监管要求的银行，通常也给予这个评级。
5 级	表示银行即时或近期内极可能倒闭，这些银行的业绩表现非常差。无论是缺点的特性和数量，或是不安全、不健全的情况都到了非常严峻的地步，以致需要从股东或其他途径获取紧急的援助。这些银行需要即时采取补救行动及给予持续的监管关注。如果没有采取紧急及明确的补救措施，银行可能需要清盘及偿付存款人，或需要其他形式的紧急援助、合并或收购。
6 级	表示银行面临严重的信用危机和支付问题，已经无法采取措施进行救助，需要立即退出市场。

表 12－6 商业银行监管评级与监管措施对应表

综合评级结果	监管措施
1 级	一般不需要特别的监管行动和措施，应积极支持其发展，可以在现场检查的频率上相应放宽。
2 级	一般也不需要特别的监管措施，只需指出其存在的薄弱环节，督促其做出相应的整改，现场检查时应重点关注其存在风险的领域。
3 级	需要适当加强对其非现场监管分析与现场检查的频度和深度，督促其加强风险管理与内部控制，改善财务状况。
4 级	应提高现场检查频率，加大现场检查力度，密切关注其经营态势，督促其加大经营调整力度，积极降低风险，同时在机构市场准入和新业务审批方面进行限制，必要时应对其高级管理人员进行谈话，责令整改。
5 级	应对银行的产品和业务活动进行一定的限制，特别是高风险的经营行为，要求其改善经营状况，必要时采取更换高级管理人员，安排重组或实施接管，甚至予以关闭等措施。
6 级	应尽快启动市场退出机制，予以关闭。

三、完善我国银行监管评级的建议

我国现行的银行监管评级广泛吸收了美国、新加坡和我国香港地区监管机构关于监管评级的良好做法，较以前有了很大的改善，但比照各类机构较为先进规范的评级方法，我们的监管评级体系仍需进一步完善。

（一）改进监管评级方法，提高评级结果的有效性

在美国、英国、澳大利亚、新加坡以及我国香港的监管评级中，监管人员的自主判断起着很重要的作用，即使是使用数理统计方法，评级人员的专业判断也是最终评级结果的决定因素。我国银行监管评级综合评级结果仅仅是各单项要素评级结果的算术平均数，在对各项要素打分时，也是将每项评级要素及其评级指标都作了细致划分，而且还分别设置了最高分值。这样，即使某一问题再严重，其结果也无非是该项指标得分为零。从对整个银行的风险识别和衡量来看，监管人员的权力其实被限定在极为有限的范围内，也因此在很大程度上削弱了评级的有效性和应发挥的作用。现行的评级方法考虑了我国监管人员的整体经验和能力，但有必需进一步借鉴国外新的先进经验，及时完善、改进现有的监管评级方法体系，引入更多的量化指标，特别是要考虑风险的程度和出现频率及风险对资本的影响等，同时充分发挥监管人员主观判断的重要作用。

（二）适时修订监管评级要素，更好地识别预判银行风险

为了更好地识别银行风险，无论是外部评级机构还是银行内部评级以及各国监管当局，都应因市场发展、国际监管标准的转变及本身的需要而在评级实践中不断地修订、改进评级方法，包括对评级要素以及要素权重进行取舍或增减。为了增强监管评级的动态分析特点和灵活性以及评级结果的精细化，银监会也在现行监管评级中引入了“其他因素”，但这些因素是不能改变评级结果的，仅可用来标识评级结果未来正向或者负向趋势。而这些“其他因素”中的外部环境、银行的控股股东、银行的客户群体和市场份额

情况等无疑都是影响银行经营过程和经营结果的重要因素，这些因素也是其他各类评级机构银行评级（包括很多监管评级）极为关注的重要因素。如果不将这些因素纳入评级结果的调整因素中，不仅很难达到引进这些因素的目的，而且会导致整个评级要素体系欠缺合理性和完整性。此外，通过这样的方式来增加评级的动态和标示评级结果的未来走向是否恰当、合理也尚需商榷。将现行的风险评估整合到骆驼评级中，也许是增加评级动态以及评级结果精确性的更优选择。

（三）既要确保评级体系的灵活性，也要确保评级结果的一致性和可比性

不同规模、不同类型、不同区域的银行差异性很大，评级机构和银行内部评级都会考虑银行的具体情况而具有一定的灵活性，监管评级也不例外，如 PAIRS 和 ARROW 以及香港金管局在评级时也都考虑了这种情况并在评级时对不同的机构而有所差异。目前，中国的监管评级在这方面尚存不足。不过，这种灵活性并不意味着缺乏一致性和可比性，相反，银行评级体系应该不论国家银行、区域银行还是专业银行得出的评级结果要具有一定的可比性和一致性。要改进评级结果的可比性和一致性以及可靠性，在提高监管人员素质的同时，可借鉴外部评级机构的做法，进一步完善现有评级程序，同时利用 1104 工程非现场监管报表体系，开发适合我国的监管评级的模型，并设定更科学的定量指标标准值。

（四）整合风险评估和骆驼评级体系，提高评级的敏感性和监管效率

一个好的评级不仅要具有稳定性（在风险评估期间，评级是稳定的）还要具有敏感性，应当对被评对象的任何变化做出反应（较高或较好质量的评级应当在违约发生之前提早降级）。近年来，各大评级公司都在努力通过各种方式来提高其评级的敏感性，力求更及时地反映受评银行的各种变化；从监管评级来看，即使是有条件的主观判断监管评级体系中，也把风险评估作为极其重要的环节，评级体系也因此而变得更有时效。ARROW 和 PAIRS 评级体系更强调过程控制，对各类风险的评估体现在每个环节，从而能更好地判断各类金融机构的风险，迅速采取监管措施，提高有问题机构的监管水平。从银监会现行监管框架中对风险评估和骆驼评级的定位来看，是用风险评估来指导现场检查，CAMEL 作为一个监管周期的成果，且风险评估得到的风险管理评级是骆驼评级管理要素的重要内容，骆驼评级再反过来修正风险评估的结果。2006 年银监会就在监管程序中引入了风险评估，但风险评估结果一直未被很好地利用，骆驼评级也是侧重于对银行风险的静态分析和事后评价，其前瞻性、及时性不足。风险评估和骆驼评级所关注的五大重点在范畴上是一致的，因此完全可以把两者直接整合在一起，这样，既能提高 CAMEL 评级的敏感性和前瞻性，又能提高监管效率。

主要概念

监管评级　CAMELS 评级　ARROW 评级　ROCA 评级　商业银行内部评级　外部评级　要素评级　资本充足性　资产质量　盈利性　流动性　市场风险敏感度　综合评级

复习思考题

一、单选题

1. 骆驼评级产生于（　　）。

A. 美国　　B. 日本　　C. 德国　　D. 香港

2. 一家银行的 C、A、M、E、L 的单项评级分别为 2、3、3、4、2，它的综合评级一般应该为（　　）。

A. 2 级　　B. 3 级　　C. 4 级　　D. 1 级

3. 下列不属于盈利能力指标的是（　　）。

A. 资产收益率　　B. 资本金收益率　　C. 预期损失率　　D. 净业务收益率

4. 在 ARROW 评级体系中，下列哪一因素属于业务经营风险？（　　）

A. 公司内控体制　　B. 公司财务的稳健性

C. 公司组织架构　　D. 企业文化

5. 下列关于贷款迁徙类指标说法不正确的是（　　）。

A. 风险迁徙类指标是衡量商业银行风险变化的程度，表示为资产质量从前期到本期变化的比率，属于动态指标

B. 期初正常贷款期间减少金额，是指期初正常类贷款中，在报告期内，由于贷款正常收回、不良贷款处置或贷款核销等原因而减少的贷款

C. 期初关注类贷款向下迁徙金额，是期初关注类贷款中，在报告期末分为关注类/次级类/可疑类/损失类的贷款余额之和

D. 期初可疑类贷款向下迁徙金额，是期初可疑类贷款中，在报告期末分类为损失类的贷款余额

二、多选题

1. CAMELS 评级包括（　　）等要素。

A. 资本充足性　　B. 资产质量　　C. 管理

D. 市场风险敏感性　　E. 流动性　　F. 盈利性

2. 市场风险指标包括（　　）。

A. 不良资产率　　B. 预期损失率

C. 累积外汇敞口头寸比例　　D. 市值敏感性比率

E. 贷款损失准备金率

3. 下列哪些表述不正确？（　　）

A.《商业银行监管评级内部指引（试行）》是采用定性判断模式评级

B. 香港金融管理局的骆驼评级与我国目前使用的《商业银行监管评级内部指引（试行）》的方法是一致的

C. 当综合评级为3级以下时，管理要素评级是最重要的考虑因素

D. 当风险评估中的风险管理评级为3级的时候，骆驼评级中的管理要素评级不能高于3级

4. 下列说法正确的是（　　）。

A. ROCA评级法又称母行支持度评估法

B. ROCA评级法主要对银行的风险管理、操作调控、遵守法规、资产质量四个方面进行评估

C. ARROW评级澳大利亚采用的监管评级体系

D. CAMELS评级是国际通用的、系统评价银行机构整体财务实力和经营管理状况的一个方法体系

5. 对商业银行进行监管评级需要遵循哪些原则？（　　）

A. 全面性原则　　B. 公开性原则　　C. 客观性原则　　D. 审慎性原则

三、思考题

1. 简述银行监管评级的意义和作用。
2. 简述骆驼评级体系的演变。
3. 银行的监管评级与外部评级公司对银行的评级之间有什么不同？
4. 我国须从哪几方面完善银行监管评级？

参考文献

Referenc

1. 巴塞尔银行监管委员会，杨力、吴国华/译：《巴塞尔协议3（综合版）》，中国金融出版社，2014年版。

2. 中国银行业监督管理委员会/译：《加强银行公司治理的原则（中英文全本）》，中国金融出版社，2011年版。

3. 王兆星：《非现场监管报表使用手册》，中国金融出版社，2013年版。

4. 中国银行业监督管理委员会/译：《有效银行监管核心原则（2012年）：银行监管的国际标准》，中国金融出版社，2012年版。

5. 施晓春、周江银：《商业银行会计》，中国财政经济出版社，2014年版。

6. 贾青、陈伟钢、蔡录昌：《金融应用文写作》，中国财政经济出版社，2014年版。

7. 阎庆民：《银行现场检查》，中国金融出版社，2013年版。

8. 刘明康：《商业银行资本充足率管理办法释义》，经济科学出版社，2004年版。

9. 王兆星："非现场监管：功能、地位及有效性"，《金融监管研究》，2012（5）。

10. 中国银行业监督管理委员会国际部：《商业银行资本监管法规文件汇编》，中国金融出版社，2014年版。

11. 史纪良：《银行监管比较研究》，中国金融出版社，2005年版。

12. 刘明康："公司治理是银行永续发展的基石"，《中国金融》，2011（1）。

13. 潘功胜、李涛等：《中国商业银行拨备理论与实践》，中国金融出版社，2010年版。

14. 刘畅、郭敏、张桥云/编译，罗平校审：《银行监管的未来》，西南财经大学出版社，2011年版。

15. ［美］霍华德·戴维斯（Howard Davies），［美］大卫·格林（David Green）/著；中国银行监督管理委员会国际部/译：《全球金融监管》，中国金融出版社，2009年版。

16. 黄毅：《银行监管法律研究》，法律出版社，2009年版。

17. ［美］肯尼思·斯朋（kcnnclh spong）/著，中国银行业监督管理委员会/译：《美国银行监管制度》（第五版），复旦大学出版社，2008年版。

18. 廖继全：《巴塞尔协议3解读与银行经济资本应用实务》，企业管理出版社，2013年版。

19. 潘敏：《商业银行公司治理：基于银行业特征的研究》，人民出版社，2013 年版。

20. 史生丽：《商业银行公司治理与银行监管》，法律出版社，2010 年版。

21. 潘敏、朱迪星："金融危机后银行公司治理的反思与改革［J］"，《北京金融评论》，2012（4）。

22. 雷凌、范灵琳："加强银行公司治理的原则的历史演变及其启示［J］"，《中国城市金融》，2011（5）。

23. 康华平：《金融控股公司风险控制研究》，中国经济出版社，2006 年版。

24. 刘晓勇：《银行监管有效性研究》，社会科学文献出版社，2007 年版。

25. 黄毅：《银行监管与金融创新》，法律出版社，2009 年版。

26. 詹姆士·R. 巴茨（James R. Barth），杰瑞德·卡普里奥（Gerard Caprio. Jr.），罗斯·莱文（Ross Levine）/著；黄毅、张晓朴/译：《反思银行监管》，中国金融出版社，2008 年版。

27. 刘明康：《中国银行业改革开放 30 年》，中国金融出版社，2009 年版。

28. 中国银行业监督管理委员会/译：《有效银行监管核心原则暨核心原则评估方法》，复旦大学出版社，2007 年版。